卓 新 平 学 术 散 论 ④

“间”性探幽

——对话集

卓新平 ⊙ 著

中国社会科学出版社

图书在版编目（CIP）数据

“间”性探幽：对话集／卓新平著．－北京：中国社会科学出版社，2011.10

（卓新平学术散论④）

ISBN 978－7－5161－0129－2

Ⅰ.①间…　Ⅱ.①卓…　Ⅲ.①哲学－文集②宗教哲学－文集　Ⅳ.①B－53②B920－53

中国版本图书馆 CIP 数据核字（2011）第 188511 号

特约编辑　陈　林　等
责任编辑　陈　彪
责任校对　韩天炜
封面设计　张建军
技术编辑　王炳图

出版发行　中国社会科学出版社
社　　址　北京鼓楼西大街甲 158 号　　邮　编　100720
电　　话　010－84029450（邮购）
网　　址　http：//www.csspw.cn
经　　销　新华书店
印　　刷　北京金瀑印刷有限公司　　装　订　广增装订厂
版　　次　2011 年 10 月第 1 版　　印　次　2011 年 10 月第 1 次印刷
开　　本　710×1000　1/16
印　　张　17.25　　插　页　2
字　　数　266 千字
定　　价　45.00 元

凡购买中国社会科学出版社图书，如有质量问题请与本社发行部联系调换

目　录

就是片中借用相传为六世达赖喇嘛仓央嘉措“但曾相见便相知，相见何如不见时？安得与君相诀绝，免教辛苦（一称‘生死’）作相思”的诗句而发挥了关于“相”的感触：“最好不相见……便可不相恋”，“最好不相知……便可不相思”，“最好不相伴……便可不相欠”，“最好不相惜……便可不相忆”，“最好不相爱……便可不相弃”，“最好不相对……便可不相会”，“最好不相谈……便可不相负”，“最好不相许……便可不相续”，“最好不相依……便可不相偎”，“最好不相遇……便可不相聚”。这一称为“最好不相见”的片尾曲是此片最后的精彩，扣人心弦。其实，这种“相”正是“间”性的动态表达，而所涉及的活动则带来了相应的结果或后果。不过，相见不一定就能相知，相遇或许仍难相识，由这种“间”性带来的不同结局使人们对“相”的作为有着复杂的感觉。若“相”能达到“间”性的良性互动、积极效果，那么这种“相”是能让人刻骨铭心、激动难忘的；但如果“相”使“间”性关系恶化或生出种种误解及误会，则会让人后悔莫及，发出“相见何如不见”的伤感和叹息。在后一种情况下，人们有可能会再次封闭自我，独舔伤痕，由此感到独立孤寂反而是一种享受，是一种内在的宁静和幸福，从而作出淡泊人生、独往孤行的另类选择。为此，人们会感慨“距离让人陌生”，可是“距离也会产生美”。“距离美”让人对相遇、交往这种“间”性关系却步。如果相遇、相见不是通往相思、相爱而是造成相恨、相别，反而不如保持以往的“间”性距离，留有模糊、陌生的美感。爱情如此，世事亦然！“间”性关系的形成会给人温馨，但也可能让人身陷险境。所以，“间”性是一种未知，也是一种冒险，而“间”性之“相”则恰似探险之旅。可是，人类社会及其成员的群居性不可能让人们彼此之间孤独相处、不相往来。正如影片中李香山之女所朗诵的诗歌“见与不见”在印证的场景：“见”与“不见”，都“就在那里”！社会交往、思想交流的关系无处不在、无孔不入。因此，现实人生中很难有享受“空谷幽兰”的“隐士”，人与人之间更多是不得不相互面对。对于过于拥挤、近距离或零距离接近的人际关系，德国人在其语言中会用“害怕”、“恐惧”（Angst）来表达，这是“间”性不可避免的窘境。也是我们必须正视的现实。人生相遇是一种“苦”，也是一份“缘”，同样也有其“乐”。相遇的最多方式即“间”性对话，尽管其“间”会错位、有误解，但还是会带来许多沟通、了解、理解、交友的乐趣。既然无法回避人际交往的“间”性，那就应该采取坦然、积极之态去面对。所以说，“间”性探幽，也是一种敞开心扉、坦诚相见的机缘，我们不必错过，而且或许还有意外之喜、格外之获。正是以这种态度，自己在过去近三十年来敢于与社会各界人士展开各种交谈和对话，而接触他者、享受“间”性，可谓让人大开眼界、获益匪浅。

必须承认，在自己的学术和工作交往中，也不时遇到一些理解上的障碍或误区，人与人之间坦诚相待、推心置腹的机会并不多。在“君子之交淡如水”、“距离产生美”的误读或遁词下，现实生活中有着“间”性上的不必要隔膜与疏远。其实，这主要是缺乏对话、交流的结果。就个人性情而言，我是非常坦率、耿直的，并乐于与人对话。如果有机会，我也会非常健谈，甚至会不时爆出一些令人印象深刻的“冷幽默”。当然，对话理解绝非易事，就是在彼此言谈之间也会发生歧义、产生误解，造成分殊。所谓言不达意，或者因为说、听反而生异，描述的正是这种尴尬处境。考虑到可能发生的这种场景，人们宁愿保持沉默，以免“言”多必“失”，“说”而不当，甚至“祸从口出”！虽有“善言为银”的公共交往的常识，不少人却更相信“沉默是金”的金规则。显而易见，就是在我们敞开心扉与人对话时，同样也可能产生过误表、误听和误解。“间”性沟通之难，由此可见一斑。

在我所居住小区范围内，曾有一个题为“间”性小屋的商店，以出售工艺品、纪念品为主，小巧而雅致。因其店名“间”（Between）而吸引了我的注意，我在路过此地时偶尔也会去光顾，顺带略买一两件礼品留存。我老是主观猜想，如此店名恰好说明这所小店立意于与顾客之间的沟通，旨在和气生财。然而也不知什么原因，不久前小店终于关门、转让。此后每当我回家途中不再看到“间”的店牌，心底不免有所惆怅和失落。或许，当人们沟通不畅，“间”性交往受挫而难达“通幽”之境时，也就会重新回归心灵自我，导致关门自闭。在当代转型社会的复杂人际关系中，这种现象已频频出现，也总会让人默然无言。

打破现代社会中的封闭和自闭，是我们研究精神世界者所特别关注的。其表现方式之一，就是自我积极参加对话，全力投入对话，让对话真诚，并有深度和广度。为此，自20世纪80年代末以来，我也有了与各种人士、各种话题的对谈，有些映入脑海，有些则留在笔端。这样，也就有了本书中的约二十篇对话记载。当然，对话是两人以上的合作，表达了多人的努力。在上述对话中，我多是被动者，是被找来而应答。因此，许多对话记录最早也是出自他人之手，即为我的对话伙伴的辛勤劳动成果。不过，一旦答应对话，我会毫无保留，积极沟通，因而虽为被动，却很配合。在各种不同的对话中，自然既有“共识”、“知音”的喜悦，也会意识到分歧、区别的存在，既有淋漓尽致的畅谈，也不乏小心翼翼的慎言。在上述对话经过录音整理，形成文字之后，我一般会在自我审读时有所掂量，相应修饰。既然对话已经是一种公共行为，有其开放性、公开性，所以我也衷心希望能有更多的人参与对话，或是认真倾听，或是积极建言，让“间”性更为活跃，使“相”互更少遗憾。为了弥补自己曾有的被动，我想将这些对话汇聚成集，出版留存，从而成为主动的编著者。这些对话涉及许多内容，大致勾勒出我三十年来对人生、对社会、对学问、对研究工作以及对更广意义上的文化艺术之所思、所想和所谈。书中的这些表述虽有其随意性，但建基于友好的对话、真诚的交流，因而是自己真实思想、内在心境的自然表露或表白。当然，对话者的志趣、兴致比较明确，自己的关注也相对定向。出于种种考虑，在重新组织这些对话稿件时自己在其方式上、内容上、结构上和文字上也有一些调整或修改。在此，一方面要特别感谢各位对话伙伴对我的支持和关爱，另一方面也请大家原谅我在公开这些对话时的微调和修饰。

历史上有许多思想大家在回顾自己的一生经历时曾多以“忏悔录”或“沉思录”命题，相比之下，我自惭还没有达到那种自省自悔的思想境界，尚无澄明、透彻的觉悟，但从内心也非常向往他们剖析自我时的真诚和深沉。以此为参考和借鉴，则可摸索人间话语的真谛和真道。虽然这里记载的并非自己内在反省的独白，却有着坦率而诚意的双向沟通。而敞开

“间”性，就是衷心希望人们在人际交流、思想沟通时能有真情表白，并唤来真诚回应，以使这个复杂的世界能够稍微真实、透明一点。

卓新平

2011 年 3 月 6 日于北京车公庄

一　关于今日中国宗教的谈话

——1988 年回国前与《分享的外衣》
特邀记者比勒菲尔德对谈

记者题记：自从 1978 年中华人民共和国开放国际学术与文化交流以来，约有 64000 名年轻的中国学者被送往 76 个不同的国家留学进修。这些学生绝大多数选择到资本主义社会尤其是美国去深造，而去苏联及东欧其他国家的中国学生却微乎其微，至 1985 年只有 138 名学生在其大学注册学习。

中国送往国外学习的留学候选人绝对是学界精英，他们来自著名的研究所、科学院和行政机构。但人们也察觉到他们中有大部分人出国学习后并不想重新回到家乡，其原因虽然可以理解，但这些海外进修学者不愿回归对于中国教育领域的投资和学术力量的增长却是巨大的损失。与之相反，迄今在被送往海外学习的中国学者中仍然约有 30% 的人表示准备回到中华人民共和国去。毫无疑问，只要提供相应的机会，这些人的回归肯定能为中国现代化的计划作出贡献。

在这些准备回国的人中间就有卓新平博士，他于 1983 至 1988 年作为我们的奖学金生在慕尼黑大学研习哲学、宗教学和国际汉学，并以《中西当代宗教理论比较研究》的论文在欧根·毕塞尔教授指导下获得了博士学位。在卓新平博士计划于 1988 年 11 月回到北京其原来就职的中国社会科学院世界宗教研究所工作之前，我们有机会与卓博士进行了下述对谈。

记者：卓博士，您于 1983 年 6 月来到联邦德国留学，你们这批学者怎样能够在中华人民共和国获得出国留学的奖学金呢？

卓新平：这有着各种渠道，通常会以国家学术交流项目的方式来取得。例如，中华人民共和国与联邦德国的各种政治及科学基金会有着合作，也与各大学和研究所开展了系列的学术交流计划。因此，一位合格的学者或是通过中国相关研究机构的提议、或是基于与国外的学术联系而获得邀请，都可以到欧洲或美洲去留学。

在资助留学上大致有两种模式：一种是通过国家，即通过我们的教育部、通过各科学院或各个大学来解决；另一种则是以自费的方式，其中也包括通过在国外亲戚朋友的资助来解决。当然也有不少人员是通过获得国外各种奖学金而得以出国留学的。

记者：在联邦德国留学五年多之后，您现在准备回国了。那么您是否已经知道在中国您会做什么呢？具体来说，您将会做什么工作或有何种任务呢？

卓新平：回国后我将回到中国社会科学院世界宗教研究所工作。我们研究所在中国是研究全世界各种宗教最好的研究机构之一。我本人将会在研究所的基督教研究室工作。自己的研究将包括对欧洲中世纪哲学史的探讨，寻根溯源，以便能更好地理解西方当代的发展。我还想将欧洲的经验与中国相比较，由此可有利于我们今天中国社会的现代化。

记者：你们在北京的世界宗教研究所在中国整个学术领域和公共社会中有何种地位和价值？

卓新平：我们研究所对于中国的宗教研究来说有着重要意义。全世界大多数人都有着宗教信仰和相应宗教社团的归属，了解这一点并对宗教加以研究，对于认识整个人类及人类历史发展绝对必要。宗教与人类文化的发展历史密切关联，如果不能正确理解宗教，就不可能正确地研究并理解人类历史、文化、经济或人之本性及本质。宗教其实与哲学、政治、文学或者说与绝大多数精神科学以及自然科学都有着交织和相应关系。当然，这一任务非常艰巨，当代中国社会对宗教的认识仍然差距很大，分歧明显，争论尖锐。我回国后也很难回避对宗教的理解和界定问题，而我对宗教的解释和论述也可能会被误解和受到批评。对此，应有一些思想准备和足够的勇气。

记者： 您在《中西当代宗教理论比较研究》的博士论文中，触及一些自身并非宗教信仰者的理论家的思想和立场。宗教在中国是否仍然被视为只是过去社会的一种残余？是否也可把宗教看作是一种从理论、精神和文化史意义上值得关注和研究的现象？

卓新平： 目前中国在论及物质文明建设和精神文明建设。如果人们真想正确理解终极存在或探究终极意义，就必须观察、思考并研究宗教现象。不少中国学者过去对宗教的理解比较狭窄，其表述的宗教意义也是内涵大、外延小，从而不把中国视为具有宗教信仰的国度。中国古代传统中的儒家世界观被解读为一种人生哲学、似乎与宗教毫无关系。基于这种理解，对宗教的评价多为否定性或贬低性的。由于中国过去五十年曾被西方社会所封锁，在对外思想文化交流上处于一种隔绝的状况，没有与外界宗教学者或哲学家们关于宗教的论述展开广泛对话和深层次沟通，由此中外的宗教认知及理解差异很大，缺少一种接轨和共识。因此，在德国被普遍认可的宗教观在中国则可能仅是极少数人的看法。二者能否真正做到“和而不同”，难度很大。但促进双方的对话，达到深层次的沟通，像我们这样从西方社会留学归国的中国学者，理应起到在彼此之间筑桥铺路的作用。

在今日中国，当人们从学术意义上谈论宗教时，争论较多的问题之一就是究竟应从内在还是从外面来观察、理解宗教。中国有句老话：不识庐山真面目，只缘身在此山中。从不同的角度来观察会有不同的印象或收获，但也会有各自的弱点或局限。如果从内部观察就难以把握其全貌，但仅从外部观察则深度不够，难窥其堂奥、悟其真谛。我在博士论文中有意识地尝试在中国没有宗教信仰背景的理论家与西方神学家、宗教学家之间展开思想对话，以便双方能更好、更准确地了解并理解彼此。在过去，中国社会及学术界对于宗教的误解实在太多，而西方对中国的偏见同样也不少，其原因就是只从自己的一方来观察思考，缺乏一种换位思维和双向互动。在一个多元化的社会中，人们要想相互理解、获得对彼此的正确认识，就必须注意观察、倾听并认真研究各种不同的意见和观点，加以比较对照，开展对话沟通。通过深入讨论和真诚对话，就能克服过去的误解和偏见，甚至可能找到双方都可认同的连接点。然而这种理论对话目前刚刚开始，对话的未来前景不明，会面临许多意想不到的困难，可能要走漫长、艰辛的探索之路。对此，既要有勇气，也要有充分的思想准备。

记者：在一个无神论——社会主义的社会中，有着反宗教或不理解宗教的氛围，那么宗教会怎样生存、其意义何在？

卓新平：按照传统的理解，信仰宗教的人在中国只占少数。这种理解主要是基于对宗教社会组织的分析评价，其基本把握即社会存在中的宗教社团，由此来展开对宗教与社会，生存基础与上层建筑，意识形态与经济形态的探讨。被普遍接受的基本思路深受社会学、政治经济学等理论的影响。其不足之处是对人的精神灵性、尤其是宗教性关注不够，或者说缺乏考虑。而在现实生活中，不与宗教社团组织直接挂钩，还普遍存在着宗教观念、宗教情感、宗教心理即人们的“宗教性”问题，加之中国固有的民间、民俗和大众信仰，这种精神氛围和灵性追求并不与世界其他任何地方有着本质区别，因此，我不同意中国“无宗教”、中华民族是“无宗教”的民族之说，不同意以“无宗教”来简单或草率地作为中国与世界其他民族的根本区别。其实，在20世纪初中国学术界主张中国“无宗教”最坚决、最极端的几个领军人物，后来都不同程度地肯定了宗教在中国的存在，承认较为普遍的人之灵性或信仰精神，并主张或极为赞成中国人对佛教的信仰。

从纯社会学的角度研究宗教诚然重要，却仍远远不够以此来真正揭示宗教的奥秘、正确解释复杂的宗教现象。如果我们回溯历史则不难看出，中华民族如同人类其他民族一样，宗教的存在与发展对于中华文明的古今大观有着重要的意义，中华文明有着深厚的宗教底蕴。若将宗教因素从中华文明体系中剥离出去，那么这一文明则失去了其实质性内容而仅剩一个空壳。正如西方的发展与基督教有着紧密的关联那样，中国的发展同样也离不开儒教、道教、佛教的积极参与；甚至要想深刻剖析中国的思想、哲学体系，也必须对宗教在其中的作用及影响有深入、透彻的了解和把握。今天中国实行对外开放政策，其与世界的整体关联自然也包括文化多层面的接触和交融，其中就有对宗教之重要性的重新认识和强调。

不过，许多中国人对自“鸦片战争”以来基督教在华传教的评价基本上是否定性的，这种否定和反感来自这种传教活动曾与帝国主义、殖民主义侵华有染，其当年的成功也是因为西方各国强加给中国的“不平等条约”对传教的保护、支持和纵容。卷入这场帝国主义文化侵略和殖民主义侵犯“人权”之中的传教士自然没有给中国人留下好的印象。对此，西方基督教反思和反省都很不够，而当年卷入这场“东方入侵”的西方大国迄今也仍然没有严肃、认真地向中国认错、赔罪。脱离这一历史背景而只是一味抽象地谈论所谓中国“宗教自由”、“人权”等问题，中国人当然会反感、会本能地对之坚决抵触，并认为是以往历史上西方强权、霸道的继续、再现。我认为西方教会人士应在解开这个“心结”上有对中国更加诚恳、尊重的态度，而不能再延续历史上的那种居高临下之位、颐指气使之态。“谦卑”、“悔罪”、“和解”、“博爱”才是西方教会基于其信仰本真而对待中国的正确态度。当基督教文明与中华文明这两大文明相遇甚至相撞而互不相让、都不愿意低低自己“高昂的头”时，我们这些研究宗教尤其是研究西方基督教的学者显然会有要遭受理解“磨难”之感，会有在彼此的冲撞、摩擦中穿越“炼狱”的经历，会感到如履薄冰、如临深渊，所以也只能小心翼翼、步履维艰地开展相关研究了。从这个意义上来看，我们的宗教研究显然就是一门“险学”了。

但从积极态势来看，中国社会也开始比较整体、全面地评价基督教在华传教的历史、承认其中外文化交流、思想沟通的历史功绩，也看到了基督教在这一巨变的中国近代历史发展中出现的自我批评和变化发展，包括对一些来华传教士在促进社会福利、改善文化教育等方面所作出的贡献也有了充分的肯定。这种态势也使我们对未来发展感到乐观、充满期望。

记者：自从圣方济各·沙勿略于1553年在中国南部沿海的上川岛逝世以来，中国就被视为基督教在远东传教充满魅力、具有巨大吸引之地。耶稣会随之建立起欧洲与中国之间最早富有意义的联系。这种交往对于欧洲而言比对中国有着更大的意义，西方人迄今仍保留着这一印象，因而今天还想继续这一来往。您看这种印象是不是一种幻觉、是否会让人失望？

卓新平：这的确有道理。尽管第一批基督教传教士给中国带来了欧洲的科学和基督教信仰，但另外他们也向欧洲输入了中国精神及东方智慧。通过欧洲学者与来华传教士的书信来往，通过探险东来的传教士和旅行家关于在中国宣教或游历的报道，中国的哲学和精神历史也对欧洲社会产生了巨大影响。例如，伏尔泰曾认为不要往中国派传教士，而应该邀请中国传教士来欧洲，以便向欧洲人传述儒家伦理和道德哲学。而莱布尼茨在其构设二进位时也与来华传教士讨论过中国的阴阳观念、《易经》的演算及其奥妙等，这种交流所碰撞出的思想火花对其科学发明及突破也带来了不少刺激和启迪。同理，基督教在华传教也给中国带来了许多新的科学知识，尤其是促进了中国自然科学的发展。通过传教士的引进，我们在天文、数学、机械制造等技术方面获得了新知识、学到了新方法、有了新眼界。此外，我们也由此接触到西方的许多哲学理论、政治思想、社会观念，从而感到耳目一新、海阔天空。这些社会政治理念曾在中国近代变革中起到一定的作用。所以，我们必须从文化高度来看待这种交流和融合，并对之加以积极和肯定的评价。

记者：从最早的耶稣会来华宣教算起，基督教徒在中国还从来没有达到过其总人口的百分之一。对于西方而言，中国仍然是对其宣教富有挑战性的召唤，因为在其看来，中国人的皈依总是有着可能性的，是一个已经开放、可以开拓的领域。您怎样来前瞻基督教在中国的未来？

卓新平：这是一个关涉到基督教在华本色化的问题。基督教在华宣教过去曾经历过所谓“礼仪之争”，由此导致当时整个传教活动的失败。在我看来，除了政治原因之外，宗教的本色化是其传播最为关键的因素。在某种意义上，相关宗教会反映或代表某种文化。这样就出现了一个问题，基督教所代表的文化是否可能被中国人百分之百地接受？或者说，有无必要找到一种妥协，发现相关合题，从而使这一宗教在新的文化处境中仍然能够继续生存和发展？根据我们的研究和总结出的历史经验，基督教在华传教还没有从根本上恰当地解决其本色化即“中国化”的问题。

在20世纪的现实处境中，我们在重新讨论宗教本色化的根本性问题。只有某一种宗教很好地适应某种文化，也就是说，将其原有文化因素与新的文化因素有机结合、达到理想的和谐共构时，它才有可能在另一种文化处境或社会环境中生存下来，继续发展。除此之外则别无他途。

从另一方面来讲，一种宗教若完全放弃其原有传统和文化因素，也不可能继续生存。一旦在文化意识上完全失去自我，在社会存在上也就不再有自我的立足之地。这种情况最为典型之例就是犹太教在中国过去历史上的存在与消失。当年河南开封的犹太教在完全接受中国文化、逐渐放弃其民族特性之后，就难觅其历史踪迹，成为现在世界上的犹太人都百思不解之谜。犹太教在中国儒家传统亲和力浸染下的销声匿迹，也使基督教害怕在华重蹈覆辙，故而一方面推广其价值体系，另一方面又想在中国文化传统中具有守住自我特色的免疫力。这样，输出与吸收、占领与适应、“中华归主”与“主归中华”就形成了张力，这种紧张到现在还没有松弛。对于宗教与文化研究者来说，这是一种非常有趣的现象，因为它表明本色化之维对于宗教在新的文化环境中的生存与发展所具有的重要性以及可能带来的担心和疑问。我个人觉得，如果基督教能够更为成功地解决其在华文化本色化和在中国社会处境化的问题，自然也就会有其更新更大地发展机遇和令人乐观的前景。

记者：可以明显察觉到的对西方开放，社会转型的变化态势，以及在您的论文中所提及的在今日中国关于宗教各种不同的评价，所有这些现象的深层原因究竟是什么？

卓新平：我们在“文革”中有着非常痛苦的经历，在反思过去中人们开始自问：为什么在整个世界中都代表着最高发展的中国文明中会出现这样的不幸，必须面对如此痛苦的经验教训？这种自我反省和自我批评对我们的触动很大。回顾历史，中国一旦闭国锁国、自我封闭，就会保守、落后，而在对外碰撞中也就会处于被动之状、就会受气挨打，而且会输得很惨。为此，我们在当代重新觉醒、要“振兴中华”；在这一变革过程中我们也必须学习其他国家、民族和文化的经验，以充实、提高、改善我们自身。虽然现当代的开放发展也会有冲突、有较量和竞争，但这种相互学习、彼此交流、和平共处、和而不同则是更重要、更必需的。在这一进程中，我们留学西方的中国学者回到自己的祖国，扮演文化交流、和平对话的使者，自然也是一种义不容辞的使命和责任。

从悠久丰富的中国文化来看，我们有着好的传统，也有着很好的制度；但为了进一步发展，为了达到更好的改善，就必须注意观察、比较、研究、甚至学习其他传统和制度。为了避免再犯以往的错误，我们目前正非常具体地观察、探究欧洲或整个西方的发展，注意到其技术、自然科学、精神和社会科学的所有领域。对于我们自己的现代化而言，我们想学习其他国家的先进经验，希望能不再重复别人的错误，少走弯路。其中非常重要的一点，就是不要简单地将科学技术与社会和精神思想的历史发展分隔开来，把它们看成两个不相干的领域，作出一手硬、一手软的失衡选择。例如，宗教在其他国家的文化发展中曾发挥了非常重要和积极的作用。而我们中国在对宗教的近代认知上是走了弯路的，理应纠正。可惜目前在中国知识界、文化界、甚至政界对此尚未达成共识，这也是我的担忧之处，更是我回国后从事宗教研究工作必须面对、正视的一大难题。为此，我将尽我的努力来推动这种共识的达成，改变这种认知窘境。也就是说，我会不断强调：在我们祖国的现代化建设中，我们应该分享宗教对文化、社会的贡献经验，充分发挥好我们过去在某种意义上曾经忽视、甚至遗忘掉的宗教积极因素和重要价值。

（注：本采访对话的德文稿发表在德国斯图加特出版的杂志《分享的外衣》1989 年第 1 期，第 16—18 页。）

二　德国大学的文科教育及其研究生培养

——1989年与北京青年政治学院教师的对话

问：卓博士，请您给我们学院的教师谈谈西方国家大学文科教育及研究生培养的情况。

卓新平：承蒙相邀，能有机会在此与各位老师座谈、交流，感到非常高兴。西方国家大学文科教育及研究生培养的体系和方式方法与我们有很大的不同，因此其教材编写及推行亦与我们有别。考虑到自己曾在德国留学多年，且直接经历了博士研究生的培养过程，所以想具体讲讲我所知道的德国大学（即原来的西德大学）的文科教育和研究生培养情况，希望能对大家有所启发和帮助。当然，我的留学生活主要是在慕尼黑大学度过，而对其他大学的情况了解不多，因此只能以该大学为例来说明；虽属管窥蠡测之举，只能见得一斑，却望能达“一滴水见大千世界”的效果。另外，由于本人是以研究宗教为主的，在外亦是学习与宗教相关的哲学、神学、宗教学、汉学、文化比较等专业课程，谈论中可能会出现“三句话不离本行”的现象，讲到德国大学中宗教学习和研究的一些情况，可能与各位教学及科研方向并无直接关系，所以还请大家理解、原谅。下面，我想从三个方面来谈，一是大学的体制结构、二是其师生来源、三是其具体教学情况。

问：好，那么德国大学的体制结构是什么状况呢?

卓新平：与英美等国不同，德国大学现在绝大部分为公立大学，属于联邦各州，只有极个别的私立大学，而且规模较小、鲜为人知。各州由政府的文化教育部负责管理大学。从德国大学的体制结构上，通常可将之分为校、系这两层机构。

从大学的校级机构来看，它包括校务委员会和教务委员会，形成既分工、又合作的两套管理系统。校务委员会分为由校长、副校长和教务长组成的校长委员会（Präsidialkollegium），以及由全校各系的著名教授和有关代表组成的大学评议会（Universität-Senat）或众议会（Versammlung），由校长总负责。校务委员会下设大学计划常务委员会，由一名副校长负责；大学教学、财政、基建常务委员会，通常由教务长负责；以及大学教师培训委员会，由一名副校长负责。教务委员会则负责大学行政和教学事务，由教务长负责，总管全校的具体工作。大学校长一般由著名教授担任，其社会声望和学术地位较高，但对学校的具体工作过问不多。这与美国私立大学的校长职责不同，美国私立大学校长的责任主要是为大学筹款，找钱的任务较重。而德国公立大学的经费基本上来自政府的财政拨款，大学校长的选任故不必从筹款的使命来考虑。德国大学行政上的日常工作主要由教务长去具体负责和组织，其教务委员会下设有各个分支，负责各方面的具体工作。其下设机构主要包括：大学法律及综合事务处，负责全校的法律事务、统计资料、执行校务委员会布置的具体任务，以及负责本国学生入学资格、奖学金、住房和学校规章制度等事务；大学教务及外事处，负责全校各系的课程计划、课表安排（教师授课教室安排）、大学有关选举事务，学生入学、转学、停学、退学、毕业、注册、报名、转系转科、学科设计（如学习某一具体主科专业，还必须学哪些副科、可以选学哪些副科等）、成绩检查与考试，以及外国留学生的入学资格、奖学金名额、语言学习和住房帮助等（外国留学生的入学资格、学历证明、学科选择等都由外事处审定，该处也有可能为极少数外国留学生提供奖学金和协助联系学生宿舍，但绝大多数要靠自己去解决留学资助和住房问题），本国学生去国外留学，也可在此处咨询或获得机会；大学基建后勤处，负责全校教学、科研及生活设施的改建、扩建计划，管理学校的财产和地产，负责大学校舍及其设备的管理、检查、维修，以及安全保卫等事务；大学人事处，负责全校教职员工的人事安排及工作计划，包括教职员工人事档案（履历）的保管，对其生、老、病、死方面的处理，旅游度假、困难补贴上的照料，全校税收任务，教学人员的流动、升迁，以及为学校行政提供打字、资料保管和门卫人员等；大学财务和医务处，负责全校财政预算、教学科研基金的安排，与各基金会和社会资助的联系，以及大学附属医院的管理和教职工的医疗保险工作；大学学习顾问处，主要负责学生的学习计划、学科安排等咨询工作。

此外，在校务和教务等方面直接受大学一级机构领导的还有大学学生宿舍管理委员会、学生会、大学教牧协会（即宗教界在大学的思想信仰、道德教育工作，主要分为新教的学生牧师和天主教的学生司铎，大学一般都有天主教学生活动中心和新教学生活动中心等，定期安排有电影录像、讨论座谈、文艺舞会、读经礼拜等活动）、大学外籍学生语言实习学校（帮助学生通过大学入学所要求的语言考试）、大学预科（即学历补习学院，为外国学生中学历上不够上大学者进行补习，通常一至二年，学生通过考试方能入大学就读）、大学图书馆、计算机资料中心以及大学印刷厂（负责印刷每学期的大学课程目录、各系的课程目录、大学有关文献资料以及学生的毕业论文）等。

从大学各系这一层来看，其机构则比较简单。通常每系选有一位系主任，由系里的教授轮流担任，二年或四年左右进行轮换，系主任负责全系的行政事务。由于系主任并不脱离教学工作，所以教授们一般都不太愿意担任这一职务。于是，作为对占用其时间与精力的弥补，一般规定凡是担任系主任的教授可以在任职期间或期满之后享受到一个学期至一个学年的全额带薪学术休假，以便能专心从事研究和备课工作。此外，各系设有系主任办公室，配备有专职秘书和助手，为系主任服务。这样，仍坚持教学工作的系主任可以同时有两位专职秘书为其服务，一为专业工作的秘书，另外则为行政工作的秘书。为了熟悉全系情况和工作方便，系主任虽然会四年左右一换，但负责全系行政工作的专职秘书通常都不换，可以一直在此工作到退休。

除了系主任办公室外，理工科各系通常都设有本系的考试委员会，而文科中一般只有法学、神学和经济学等特殊专业或较大专业设有本系单独的考试委员会，其他人文学科或社会科学各系通常则由多系组成一个综合性的考试委员会，负责这些系的学生考试工作。考试委员会选有一名主席，成员由各系教授担任，每年开会两次（春、秋两季）讨论申请硕士、博士考试的学生的报考资格、审查其学习成绩和毕业论文、审核、评定其考试成绩、颁发学位证书。

系下面分为各个研究所，相当于我们大学各系中的教研室，其所长即相当于我们的教研室主任。研究所依其专业发展规模而大小不等，大所有十多位教授、小所仅有一位教授。研究所内又可细分为不同专业方向。例如，我曾就读主科的系全称为哲学、科学理论与统计学系，全系约有30多位教授、分为3个研究所，即哲学研究所、人文主义思想史研究所以及统计学与科学理论研究所。哲学研究所又分为哲学研究室和基督教世界观与宗教哲学研究室这两个机构，前者拥有3个讲座教授和多名一般教授，后者仅有2个讲座教授和几个讲师、助教。所谓讲座教授即主持某一学术领域的讲学、开设大课和多种研讨班、在所里起着负责作用、在系里为学科带头人的教授。而一般教授讲课较少，以开设讨论班为主。一般而言，每位讲座教授都至少配有一位秘书和一位助手，秘书负责来往信件与公文的处理、担任打字员、应付日常行政事务，助手即为教授的业务帮手，他们或是博士研究生、或是已取得博士学位者，在大学中亦被称为助教，协助教授的教学与科研工作，并独立开设初期讨论班课程。一些著名教授甚至可以拥有两位秘书；比如，外面大学想挖走一位教授去该校担任同一级的教授，提出的条件通常就是给这位教授多增加一位秘书；而本校想留住这位教授，也会相应地提出为之多增加一位秘书。德国同级别的教授待遇在各大学都差不多，工资标准是相对固定的，文科领域也没有太多的外来课题，如果外来课题任务太重，负责课题的教授就必须从课题费中拿出一笔钱来请代课教师替其完成其在担任课题期间的教学任务。因此，学校为教授多提供一位专职秘书，这对教授就是很高的待遇了，因为秘书工资由学校负责，而秘书工作则是专为该教授服务，这实际上就很大地提高了该教授的待遇，使其能干更多的业务工作，能出更多的学术成果。此外，以教授和助教为中心，每一研究所或专业讲座都会吸引几名业务较好且有兴趣的学生来参加其学术活动。他们通常为攻读硕士学位的德国学生和攻读博士学位的外国留学生；德国博士生除助教外参加这类活动者不多，因为他们如果读完硕士、修完学分，可以不注册上学而边工作边写博士论文，待写完论文后再来大学参加考试答辩。上述骨干学生组成一个教研小组，协助该所或该讲座的课程安排、其图书杂志的管理、学生的业务辅导，并定期举行小型学术讨论会，为教师提供一些最新学术动态和学术信息。具体而言，每个学生都有一个确定的研究方向，在决定其报告的日期后由他自己去搜集本方向的学术资料和成果，其报告内容可为介绍某一学术会议、评价某部学术新著以及分析某种新的学术理论等。例如，我曾参加宗教学研究所的教研小组活动，这个小组有四五个德国学生，分别负责欧洲、北美、非洲、阿拉伯世界、印度和中国的宗教发展及研究动态方面的报告。没有奖学金的学生在参加教研小组活动时能从研究所得到一点资助，也算是一种小小的勤工俭学。此外，研究所未来的助教一般也会从这些学生中产生，因为他们熟悉所里情况，教授对他们也比较了解。

有些系还受到双重领导，如大学天主教神学系和新教神学系除了受大学领导外，还要分别受其所隶属的教区领导，其人员安排、课程设置、学生毕业考试等都须与当地教会磋商解决。欧洲许多大学最初都由教会创建，这些大学后来虽然大部分经历了世俗化或国有化的过程，但其神学系与教会的特殊关系仍保留了下来。天主教神学系一般分为圣经解释学研究所、教会史研究所、教义（或称“信理”）研究所、基本神学与普世神学研究所、道德神学与基督教社会伦理研究所、中世纪神哲学研究所、实践神学研究所和教会法研究所。而新教神学系则包括旧约神学研究所、新约神学研究所、教会史研究所、系统神学研究所、实践神学研究所、宣教与宗教学研究所等。由于大学中人文学科和社会科学各专业分得较细，所以文科各系一般规模很大，包括许多专业。例如，德国的汉学专业一般在文化科学哲学系中的东亚研究所，这个系多达十几个研究所、上百个专业，其中仅东亚研究所就包括有汉学、日本学、朝鲜学、蒙古学、越南学、泰国学等专业。过去我们习惯将其汉学专业称为汉学系，这实际上是不确切的。西方汉学源自13世纪意大利旅行家马可·波罗（1254—1324）留下的《东方见闻录》（习称《马可·波罗游记》）、16世纪门多萨斯在罗马出版的《中华大帝国史》（1585）和著名传教士利玛窦（1552—1610）所写的《中国耶稣基督教的起源》等介绍中国的著作。但大学设立汉学讲座则始于法国，1814年法兰西学院汉学讲座的开设被视为西方大学汉学专业的肇端。法国汉学研究影响较大，出了雷慕沙、儒莲、德理文、沙畹、伯希和、马伯乐、葛兰言、巴拉兹、雷威、谢和耐等著名汉学家，目前其汉学研究以法兰西学院、巴黎大学文学院和国立东方语言与文化学院为中心。英国大学也较注重汉学研究，著名新教传教士和翻译大师理雅各（1815—1897）返英后于1876年受聘为牛津大学第一任汉学讲座教授。目前英国牛津大学、剑桥大学、伦敦大学和利兹大学等都有系统的汉学研究，尤其是伦敦大学的东方和非洲研究学院享有盛誉，它于1968年专门设立了现代中国研究所。美国汉学研究始于传教士裨治文（1801—1861），他创立的《中国丛报》（亦译《中国知识宝库》）乃是美国最早的汉学资料。另一传教士卫三畏（1812—1884）所著《中国总论——中华帝国的地理、政府、教育、社会生活、艺术、宗教及其居民概况》被视为美国汉学的权威著作，他于1877年返美后执教于耶鲁大学，是该校第一位汉学教授。目前美国有上百所大学开设有汉学课程，如耶鲁大学、哈佛大学、康乃尔大学、哥伦比亚大学、柏克莱大学、华盛顿大学、普林斯顿大学、夏威夷大学、西雅图大学、克拉蒙大学、芝加哥大学、斯坦福大学、加州大学联合学院、密西根大学、宾夕法尼亚大学、威斯康星大学等，其中尤以著名汉学家费正清主持的哈佛大学东亚研究中心和1928年建立的哈佛燕京学社在国际汉学界享有盛誉。德国大学的汉学研究始于20世纪初。1909年，汉堡大学的前身汉塞城汉堡殖民学院设立了汉学讲座，傅兰格（Otto Franke，1863—1946）应聘担任其首任教授。1912年，柏林大学也设立汉学讲座，聘请荷兰学者戴·格鲁特（J. J. M. de Groot，1854—1921）任教。1924年，著名汉学家尉礼贤（Richard Wilhelm，1873—1930）返德担任法兰克福大学汉学讲座教授，翌年又建立德国的第一个中国研究所，创办《汉学》（Sinica）杂志。1946年，慕尼黑大学设立东亚语言文化学讲座，由赫尼希（Erich Haenisch，1880—1966）担任教授。此后该讲座发展为东亚研究所，聘请多名教授任教，其中包括著名中国历史学专家、原巴伐利亚科学院院长傅兰克（Herbert Franke）教授。目前（1989年）西德大学中共有16个正式汉学讲座，其讲座教授分别为汉堡大学的斯图姆普费尔特（Hans Stumpfeldt）和比肖夫（Friedrich A. Bischoff）、慕尼黑大学的鲍尔（Wolfgang Bauer）和施密特—格林策尔（Helwig Schmidt-Glintzer，中文名：施寒微）、波鸿大学的威特霍夫（Bodo Wiethoff，中国历史讲座教授）和马丁（Helmut Martin，中国文学讲座教授）、哥廷根大学的罗斯内尔（Erhard

Rosner)、明斯特大学的温格尔（Ulrich Unger)、科隆大学的吉姆（Martin Gimm)、柏林大学的冯·门德（Erling von Mende)、波恩大学的陶泽特尔(Rolf Trauzettel)、法兰克福大学的张宗同（Tsung-tung Chang 音译)、乌尔茨堡大学的施坦宁格（Hans Steininger)、海得堡大学的德布恩（Günther Debon)、埃尔朗根大学的李佩尔特（Wolfgang Lippert）和蒂宾根大学的格里姆（Tilemann Grimm)。此外，与汉学相关的还有慕尼黑大学的中国考古学与艺术专业教授芬斯特尔布施（Käte Finsterbusch）和中国医学教授波克尔特（Manfred Porkert)、波鸿大学的东亚经济讲座教授克伦内尔（Klenner）和东亚政治讲座教授韦伯—歇菲尔（Peter Weber-Schäfer）以及海得堡大学的东亚艺术史讲座教授雷德候（Lothar Ledderose)。慕尼黑大学的东亚研究所以研究中国古代历史、哲学、宗教、文化为主，而汉堡的东亚学研究所则侧重于对中国现状（政治、经济等）的研究。

问：德国大学的师生来源情况如何呢?

卓新平：德国大学教育分为高专（即高等专业院校，如音乐学院、美术学院、工程学院、哲学高校等)、技术大学（以自然科学、工科为主）和综合性大学。所招收的大学生一般从人文中学毕业，相当于我国的高中，但他们通过人文中学的毕业考试（Abitur）就获得了上大学的资格，没有全国或全州统一的高考。当然，毕业成绩优秀者在选择大学和专业上都占有优势。此外，人文中学包括分成文理科和不分科这两种类型，在学科选择上各有不同，学生毕业后挑选高校及其专业也有所不同。外国学生一般要在本国学完大学本科才能有德国大学的入学资格。但这些本科毕业生入学后若成绩突出或能证明其相同学历（如提交论文、通过考试等）就可以免去两年的大学初级学习，直接进入高级学习。在初、高级学习之间有一种升级考试称中间考试（Zwischenprüfung)，通过考试者即可入高级班学习。如果外国留学生在本国大学没有毕业，一般则需要在德国先上一至两年的大学预科（Kolleg)，预科学校一般开设数学、物理、化学、生物、德语、外语（拉丁语、英语或法语)、文学、地理、历史、社会科学（包括社会、国家、经济、法律等基本知识）以及哲学和宗教等课程。学生若通过预科考试即等于补到了德国人文中学毕业考试的成绩，就可正式去上大学。已拿到硕士毕业文凭的外国留学生一般首先要到大学外事处和各系考试委员会得到承认或部分承认其学历的许可，才能获得读博士的资格。通常在有些教育制度与西德相似的国家毕业的留学生和攻读个别较特殊专业者能够直接读博士，而中国留学生由于国内没有与之相同的研讨班教学制度，一般则需要部分或全部补齐学分才能写博士论文，有些专业甚至还需要参加一种博士资格考试。在德国大学和其联邦及各州文化教育部有一份中国大学的名录，如果中国学生在国内所上的大学在这份名录中，那么认证学历就比较方便。我在国内是中国社会科学院研究生院硕士毕业，但当时我们的研究生院是新成立的，尚不在其名录之中，结果我的学历被送到波恩的联邦教育部去认证，几经折腾才部分承认，即在修完全部硕士、博士学分的前提下可以直接写博士论文，而可不再参加博士资格考试；此外，由于我在中国的学历是哲学硕士，因此在慕尼黑大学只能以哲学为主科，其他专业可以作为副科来修。本来我已经在大学新教神学系注册，这样才转至哲学系，以基督教思想研究和宗教哲学专业为主科。刚到德国，我就经历了德国大学制度的严厉和死板。

由于德国大学不需要学生交学费，所以上学的人很多，外国留学生也很多。例如，慕尼黑大学已有五六万学生，慕尼黑技术大学也有三四万学生。不过，学生与教职员工的宿食等问题主要由社会来解决，或由师生自己去想办法，因此大学这方面的工作人员并不多，学校本身也没有太大的负担。在德国基本上是社会办大学，围绕着大学社会兴起了许多服务产业，形成了大学城的特色。而我们中国主要是大学办社会，在围墙内的校园中由大学来负责师生的一切生活设施，这就使大学的行政负担很重，后勤工作任务繁多。德国大学的学生宿舍只负责解决一少部分学生的住宿问题，且需要学生提前很久（半年至两年）登记排队，租住期也有一定的年限。其他学生则必须自己去找住房，包括找社会福利机构办的学生宿舍、教会办的学生宿舍、青年中心旅馆，或租住在私人家里。学校虽然办有学生和教职工食堂，但一般只负责一顿中餐，早晚餐则由师生自己解决。我国的大学一般是教学与生活小一统，学生（包括部分教师）吃、住在学校，显然有着种种方便之处，而德国则靠社会的大一统来解决师生吃、住问题，借此减轻了学校的压力和负担。另外，学生的思想教育工作这一部分在原西德主要是由教会来承担。整个社会的道德伦理教育、社会责任心教育、思想信仰、理想追求教育以及如何做人、解决人生问题的教育具体上都是教会的任务。西德有90%左右的人信教，其灵性修养、品德教育各由他们所归属的天主教中的神父或新教中的牧师们来进行。如前所述，两个教会在各大学都设有学生活动中心，并有专职神职人员负责。所以，他们没有我们国家大学中的这种辅导员制度，学生有思想问题要么自行解决，要么去找有关的神职人员帮助。至于业务上的辅导，则由有关教授安排教研小组的学生去进行。

文科学生除特殊专业外，在学科安排上一般要求选一门主科、两门副科，并且都得通过考试才能毕业。法学、神学和经济学系的学生要求在本系内挑选主科和副科，而其他文科学系的学生则可在本系挑选主、副科，也可在本系学主科、在别的系选修副科。例如，学汉学的学生，一般以汉学为主科，副科可在本系本所选修日本学或朝鲜学，也可在外系外所选德语作为外国语教学或民俗学等。德语科班毕业的中国留学生留德时大多在德语作为外语教学、德语语言学和德国文学这三种专业中挑选一门为主科，另一门为第一副科，再在外系选汉学、英国文学或艺术史作为第二副科。根据国内研究的专业需要，我的留学主科是哲学系哲学研究所的基督教世界观与宗教哲学专业，第一副科在神学系宗教学研究所上比较宗教学专业，第二副科在文化科学哲学系东亚研究所上汉学专业，搞中西文化比较研究。德国文科这种学科设计的优点是，学生知识面较广，为今后就业或转行提供了灵活性。例如，学汉学的学生在本专业除了学会汉语，还必须了解中国的历史、哲学、宗教、文学、艺术等方面的知识，此外又要学其他两门副科的知识。我认识一位德国学生，他的主科为汉学，第一副科为企业经济学，第二副科为德语作为外语教学。这种选择使他获得到一个与中国做生意的德国公司实习的机会，毕业后并一度进入该公司工作，曾被其派往中国办事，他在中国又利用其所学之长而教中国同事如何学习德语。选科上的有机组合使他在后来工作、生活中的灵活性、适应性都很大。他后因该公司与中国的交往减少而失了业，于是又重新进入大学，以企业经济学为主科、以社会学和统计学为副科继续攻读。按照大学的规定，作为副科学过的专业可以作为主科继续来学，但不能再作为副科重复学习，而当过主科学过、又已毕业的专业则不能再学。

由于文科一门主科两门副科的要求，使学生学习年限一般拖得较长，通常学完硕士要花六七年时间。德国大学学制没有中国大专、本科的那种3年、4年或5年等硬性规定，所以有些学生学习时间已长达10年也不毕业，成为“老学生”。我认识一位德国学者，她已在外校获得了教授位置，而与她同时就读的另一位同学还没念完硕士。大学生在就读期间，其住房、交通、医疗保险等方面都受到优惠，而且可以向国家申请今后就业后再还的助学金，也有不少学生以打工为生、勤工俭学。大学生在社会文化生活中也能得到各种照顾，如免费或半价参加文化活动、参观艺术展览，在演出前凭学生证花5马克就能买到本来高达七八十马克的音乐会或歌剧票，等等。这种种便利使许多学生留恋大学生涯并尽可能使之延长，其结果是大学中的学生越来越多，给学校教学等带来了一些问题和麻烦。为此，不少学校进行了必要改革，对就读年限有了相应的规定。20世纪80年代慕尼黑大学校务委员会开会讨论此事时，一些学生曾进行了抗议游行，并将整个会议室围得水泄不通。但校务委员会仍照常通过了有关决定。按此规定，学生读到第13个学期（6年半）时必须申请毕业考试，第14个学期进行考试。如果学生在第13个学期没有申请考试就算第一次考试不及格，于第14学期申请补考，也就是最后一次机会。到第16个学期学生补考无论及格不及格都得离校，及格者由大学发给毕业文凭，不及格者则算白读。这就意味着学生按新规定在大学读硕士最长（包括补考）时间不能超过8年。这套制度一经确定，执行起来就很严，学生也开始有了紧迫感和心理压力。

硕士毕业生只有在毕业考试成绩达到良好（2分）以上者才能申请继续攻读博士学位。德国文科学生读博士者也不多，一是因为博士生很难得到奖学金，个别人能经过其导师之外别系两名教授的推荐而得到名额甚少的大学博士奖学金，幸运者能得到大学助教之位，而大多数人则须自谋生路；二是因为博士毕业后就业问题较难。攻读博士的德国学生一般也是在修完所需学分后离开大学，边找工作（或边工作）边写博士论文，其间定期找教授讨论问题、修改论文，在论文全部完成后再回校参加答辩考试。这一过程通常会拖四五年，甚至更久。有的人甚至先参加工作，等退休后再提交论文、准备博士答辩。只要申请者能找到导师，且已修完有关学分

(学分成绩单留多少年大学都承认),就能参加最后答辩。所以,有的人拿到博士学位时已是70多岁的老人了。当然,这对他们来说乃主要为了求得一种文化修养程度的标志,得到一种实现自我价值的满足,或是打算花掉退休后太多的休息时间,使退休生活得到充实,过得更有意义。

德国学位制度分为硕士和博士两等,而没有我国教育制度意义上的那种学士学位。理工科大学毕业一般获得 Diplom(大学毕业证书),此词虽然常被译为“学士”,实际上与硕士程度一样,拿到这一学位者就有资格攻读博士。文科学生大学毕业文凭分为 Diplom(学士)和 Magister(硕士)两种,二者等级一样,其区别是读 Diplom 要通过国家考试(神学系学生则要通过教会考试),而不必写硕士论文;读 Magister 则必须写硕士论文。文科读博士一般需要有 Magister 这一硕士学位,而获得 Diplom 学位者虽不能直接读博士,却有着极为可观的就业机会。例如,慕尼黑大学新闻研究所并不限制攻读硕士学位的学生名额,其每年招收的一个新闻记者学士班却限额为20名。这20人毕业时若能通过国家考试,基本上全都可以分到工作,其性质如同定向培养。

既然硕士毕业后大多数人并无工作保障,那么学生在选择专业上也就比较自由、超脱一些,基本上可以按照自己的兴趣爱好来选择主科和副科。这样,学生是为提高自己的知识兴趣和文化修养而学,因此对学习时间的长短、其进程的快慢等都由自己来把握。

攻读硕士的学生首先应上初级研讨班。一般而言,至少主科要修两个初级研讨班的学分、每一副科各修一个初级研讨班的学分后,才有资格申请升级考试或上高级研讨班的课程。当然,对有些专业和有些教授来说,一门大课在学期结束时的考试成绩也相当于一个研讨班的学分。读完初级班的时间通常为两年,然后可进入高级研讨班学习。读高级班时有些学生可以转学到其他大学的相同专业学习一个学期或一个学年,然后再回到本校继续攻读。而学汉语的学生在学完这两年后通常要来中国大陆或台湾进修两年汉语,然后再返校读高级班课程,准备硕士论文。申请硕士考试的学生必须修完主科两个高级研讨班的学分、每一副科各一个高级研讨班的学分(即至少4个高级班学分)才能到考试委员会申请考试,通常应提前半年申请,可以提前交硕士论文,也可在笔试之前交上。论文题目由学生在选修高级研讨班时找导师商定。硕士考试分为笔试和口试两种，笔试主要为主科，时间一至两小时；而口试分为主科和副科，主科为一小时，每一副科各半小时。口试主要了解学生在有关专业上的知识深度和广度，其内容可能与硕士论文毫无关系。所以德国的硕士、博士口试就叫口试，而不是我们所理解的硕士论文或博士论文答辩。论文上交后由导师打分，然后考试委员会将论文评分、笔试和三科口试成绩相综合算出总分，通知考生。这样，学生一般只知道总分成绩。当然，笔试和口试的单科成绩有时也能打听到，或者在考完后由主考教授告诉学生。总分可分为 4 分（不及格)、3 分（及格)、2 分（良好)、1 分（优秀）和 0.5 分（特优，即满分）这 5 等。只有总分在 2 分以上者才可申请继续攻读博士学位。读博士者必须修完主科 4 个高级研讨班学分、两门副科各两个高级研讨班学分，共 8 个高级班学分，比硕士多一倍。学生可边写论文边修学分，也可在修完学分后再写论文，不少学生在修硕士学分的同时就提前修完读博士所需的学分。为了满足博士生修学分的需要，教授也专门开有无固定主题的博士生研讨班，其学分与高级研讨班学分功效一样。博士论文题目由学生与导师一道商定，学生在写作前应向导师出示论文提纲、征求意见。博士生必须提前半年向考试委员会申请考试，申请时除了交上所需要的全部学分证明外，还须交上两份已经打印好、装订成册的博士论文。博士考试只有口试，其中主科为两个小时，两门副科各一小时。博士论文除交导师打分外，还由考试委员会指定另一位教授打分。最后由考试委员会综合论文评分和三科口试成绩算出总分，通知学生，发给成绩证书。通过考试者的博士资格按规定从通过最后一门口试的那一天算起，但博士学位证书则必须等考生上交完所需数量的博士论文后才能颁发。德国大学对硕士、博士论文的页数有一大概性规定，通常硕士论文应为 150 页左右、博士论文应为 300 页左右。硕士论文不用成批打印上交，而博士论文必须打印 120 份上交考试委员会，由大学分送到国家和各大学图书馆。如果博士论文能在某一学术出版社公开出版发行，且在出版时标明为某大学某系的博士毕业论文，则只需上交给考试委员会 5 本样书留校保存。硕士、博士考试不及格者在一年后有一次补考机会，补考不及格则前功尽弃。此外，申请硕士、博士考试者应该有通过拉丁语或其他古典语言考试的证明，如有些专业可以用古希腊语、古汉语或梵文等考试成绩来代替。

文科博士、硕士毕业后就业机会不太多。他们一般都争取留校当助教（Assistant），但一个讲座教授通常只有一个助手，所以这一位置的竞争也很大。西德大学的助教与我们所理解的中国大学助教不一样，因为其硕士或博士毕业者都有可能得到这种机会。硕士毕业当助教者可以边教学边写博士论文，但一般只能当短期（一两年）或临时（一两学期）的助教。而博士毕业后当助教者通常是边教学边写教授资格论文，年限较长。这种助教期限一般为 3 年，但写教授资格论文者可再要求 3 年，共 6 年，6 年之后还可延长到 8 年。通常 8 年为极限，候选人完不完成论文都得离开大学另谋出路，如果找不到工作就算失业。

教授资格申请者写完资格论文后交给系里，由系主任组织全系教授加以评议，最后表决接不接受这一论文。如果论文被接受，那么申请者就成为待聘教授。通常情况下大学不直接聘用本校产生的待聘者当教授，而由别的学校去聘请。一旦获得教授资格者被聘用，就成为终身教授，不再有后顾之忧。此后如果其母校需要用这些已被聘请者，则可想法从别校将之再聘请回来。这种制度促进了学术交流，避免了一个大学出现近亲繁殖现象。如果获得教授资格者没有被外校所聘用而又没找到有关工作，实际上也就等于失业。待聘教授在待聘期间可以在本校讲课，参加其学术活动，称为大学的讲师；但由于他们不是本校正式教师、没有公职，故被称为“私人讲师”（Privat-Dozent）。这些私人讲师如果学术出版较多，可在此校讲课多年后（一般为 6 年左右）被大学授予一个教授头衔，但没有教授讲座之位。获得教授资格者中有一部分人能得到这种教授头衔，但只有少数人能成为真正的大学讲座教授。

鉴于这种教授资格制度（Habilitation）是西德大学独有的，所以德国人不承认一般的外国教授为与德国大学同等意义上的教授，例如认为在美国大学中只有那些获得终身教授资格的学者才相当于德国的教授。德国教授一般到 65 岁退休，名教授也可延长到 68 至 70 岁。教授退休后仍可在大学讲课，只是不再负责研究所和大学讲座的工作，不再组织一般的研讨班活动，最多为其博士研究生开设博士研讨班，使之能补齐所需学分。

德国教授分为 4 种情况，第一种为退休教授（I）、第二种为 C4 级别教授（II）、第三种为 C3 级别教授（III）、第四种为 C2 级别教授（IV），其中 C4 级（II）为正教授，而 C3 级和 C2 级（III 和 IV）相当于副教授。此外大学还有一些名誉教授和客座教授，但不算其正式教授。大学教授位置是固定的，不轻易增加。本校毕业的待聘教授只是在特殊情况下才能直接在本校当教授，例如，新成立的科系或研究所急需教授，而新设立的教授位置一时不能在外找到理想的应聘者。此外，神学系出现的某些意外情况，也可能使大学不得不增加教授位置。从我知道的情况来看，如果天主教神学系中某位原来乃神职人员出身的教授自行结婚，就失去了其在天主教神学系继续任教的资格；或者，如果某位天主教神学教授因与罗马教廷的观点对立而被免去其讲授官方天主教神学的资格，也就必须离开天主教神学系；一般情况下神学系都不会放弃这些教授原来所占有的讲座位置，而西德的教授为终身性质的公务人员，受到法律的保护，大学必须为离开神学系的教授在别的系（通常为哲学系）安排一个教授位置，甚至为其单独成立一个研究所。如果新教神学系的教授改信天主教后不能再在原系任教，也会出现类似情况，大学必须设法解决。

德国大学教授、副教授位置的固定、其基本工资的固定，使本校教职级别较低者不能直接接替本校教职级别较高者的位置。这在一定程度上也有利于大学之间人才的流动和其学术的交流。例如，本校的一个副教授被别的学校聘为教授，他就有可能离开此校；因为如不流动，他在本校只能当一辈子副教授。教授的流动更有竞争力和戏剧性。例如，某一学校可以聘请另一学校的副教授甚至正教授来接替。如果聘请的也是正教授，那么这一学校可能是在地理位置、城市、经济或大学名气上占有优势，富有吸引力。如果该教授的原校不想放人，则可提出为他增加一名秘书或一名博士助手的条件来挽留，让其权衡、选择。此外，某校想用增加秘书或助手的条件来挖走别校的教授，后者也会在放人或改善条件来挽留上加以决断。正因为如此，有的大学的名教授往往一人就有两三个秘书或两个博士助手。当然，多增加一名秘书或助手，学校就得多付一笔钱。而教授多得一名秘书或博士助手，在学术上就有可能多出成果，获得更大的名气与声望。这种研究所或讲座教授加秘书与博士助手的人员结构，使西德大学中教职员的人数虽然不多，却有很高的办事效率，教学业务和日常事务工作也都能得到顺利处理，虽忙碌却井然有序。大家各负其责，既有压力也有活力，形成一种能动、积极而协调的业务关系和人际关系。

问：德国大学在教学方面有哪些具体安排？

卓新平：由于当今世界正处于“知识大爆炸”的时代，其特点是信息量大、知识面广，而且各种新事物、新学问层出不穷；所以，德国大学的文科教育比较注重学生学习、研究能力的培养，而不是限于具体知识的灌输和讲解。用我们常说的话来讲，不是给学生现成的金子，而是教他们点石成金的“点金术”。这种教育的特点是发挥学生的主观能动性，培养学生自己钻研问题、解决问题的能力。从学术及学科意义上，德国的综合性大学基本上以“通才教育”为主，而学校和教师也深受19世纪著名教育家威廉·冯·洪堡（Wilhelm von Humboldt）创办柏林大学的“现代大学理念”的影响，强调教学与科研相结合，但侧重于学术及科研本身的结合，而不是与现实社会发展直接需要的结合，即想体现所谓“为学术而学术”、“为科研而科研”的意向。因此，其学生形态基本上是“学者”型而不是“技师”型的人才。这种优势和不足在德国科技崛起的时代得以凸显，因此德国以“高专”、“技校”的方式来培养实用人才，以弥补其综合性大学教育中“通才”有余、“专才”不够的缺陷，这种技术中高等教育曾被视为德国现代工业技术发展的秘密武器。

在德国大学，学生与教授和助教除了在课堂上见面外，平时见面机会很少。从课程安排来看，一个教授通常每星期讲1至2次共约2至4个小时的大课（每次最多讲2个小时），另外还有2至4个小时的高级研讨班；一个助教每星期约有2至4个小时的初级研讨班，此外还参加教授主持的高级研讨班。他们各自每周另外还有2个小时左右的固定谈话时间（Sprechenstunde），学生问问题、谈论文就是利用这个谈话时间，有时要事先登记或排队等候。每个学生与教师谈话的时间一般为一刻钟，时间过长，别的学生就会有意见。上述机会，几乎就是学生与教师见面的全部时间。

新生入校在学习上遇到的第一件事，就是被系里组织去参观图书馆，包括国家或市立图书馆、大学图书馆、系图书馆、甚至研究所或某一专业的图书馆。学校请图书管理人员向新生详细讲解如何运用本图书馆的资料，在查阅图书方面的基本功和常用的工具书，以及熟悉图书馆的各种细节等。俗话说，“工欲善其事，必先利其器”。而文科学生的工具主要就是如何利用图书资料、掌握各种信息。所以，新生在大学的第一个印象是：这里有各种各样的图书馆，老师又教给我们怎样利用图书资料的知识，看来是要我们自己来找有关书籍资料阅读、研究了！

在课程设置上，大学几乎在每学期都有一个围绕当时相关主题的全校性公共讲座，称为“联合讲座”（Ringvorlesung），由全校各系的有关教授讲演，并可特邀外校的专家、教授作专题报告。全校学生可以自愿参加，学生对此类学习在学期末也没有考试之忧。讲座还为感兴趣者在报告后专门准备了半个小时的提问、讨论活动。德国学者（包括许多西方人）讲课写书的一个特点，就是奇峰突起，抓住某一点深入下去，而不求面面俱到。这种方式对于东方思维、特别是我们中国人来说就很有吸引力。因为我们的教师和学者讲课、写书时有一个共同特点，就是平铺直叙，力求面面俱到。这虽然能使人感到有滴水不漏、轮廓分明的效果，却往往让人找不出什么特色和新奇之处。这类教科书读多了，人们就会感到它们大同小异，几乎都雷同如一，没有深见卓识。这种雷同的教材对于死记硬背、应付八股文式的考试或许有帮助，但对个人分析问题、解决问题却效益不大。与之相反，西方人的专著若只看一本、其报告仅听一次，却会使人感到它虽有深度、却无广度。读者或听众若对涉及的问题缺乏知识，则会有不知所云、全然不懂之感。而且，真有兴趣的人在看完一本书或听完一次报告后总会感到不足，觉得没有解决自己的全部问题。西德大学中的这种联合讲座，就是一个既发挥其专家教授各人深度有余之长、也弥补其涉猎广度不足之短的尝试。不同的教授从自己不同的学术角度或研究视野对同一主题尽情阐述、发挥，而听众则从各人的报告中渐渐理出了头绪，真正理解到其中的奥秘。人们借此一方面尝到于己有用的知识，另一方面又能集思广益，摸到大家做学问的不同方法，使自己的治学能力在其熏陶中得到潜移默化的提高。

1983 年我刚到德国开始自己的留学生涯时，慕尼黑大学夏季和冬季两个学期的联合讲座就给我留下了难以磨灭的印象。

1983 年 3 月 14 日是马克思逝世 100 周年纪念，慕尼黑大学夏季学期联合讲座的主题便为“卡尔·马克思”。为了知道西方人、尤其是马克思的同胞德国人今日如何评价马克思，我便常去大学听这一讲座。它每星期有一次，通常安排在晚上 6 点左右，由一名教授主讲。我们第一次去听讲座的教室本为一间能容下三四百人的大教室，谁知听课者来得太多，将之挤得水泄不通，大学只好临时将讲座换到一个更大的梯形教室，能容纳下五六百人。此后讲座就一直在这个教室举行。第 1 讲开始前由大学联合讲座的组织者作一个约一刻钟的导论，对这一主题的意义加以评述，以便为随后各讲起个引导作用。主持人的导论为“卡尔·马克思：幻想与真实”，他从西方学者的角度来谈马克思逝世 100 年来其理论对东、西方社会的影响和作用，分析马克思的预言和展望哪些已经实现、实现的程度如何，哪些理论只是一种理想、迄今尚未实现，或者按西方人的观点不可能原封不动地完全实现，以及今天研究马克思的意义是什么，等等，最后还代表校方对各次的主讲人表示感谢。对马克思的分析评价，在这次联合讲座中共讲了 11 个专题：第 1 讲由新闻专业的教授主讲，题目是“卡尔·马克思作为新闻工作者”。他首先介绍了在东、西德研究马克思从事新闻工作的一些最新学术成果，以及这方面的重要专著，然后讲了他自己在这一领域的研究心得，如马克思是怎样走上搞新闻出版之路的，马克思所办的《莱茵日报》有何特色和在当时起到的作用，以及马克思在巴黎、布鲁塞尔等地的写作与出版情况。第 2 讲由政治哲学教授主讲，题目是“从黑格尔到马克思”。他系统分析了德国古典哲学的终结、青年黑格尔派的发展以及马克思主义的产生，重点从哲学发展史上勾勒出从黑格尔到马克思的这一思想连线和突破。第 3 讲由宗教哲学教授主讲，题目是“马克思与上帝问题”。他探讨了马克思自幼受到的家庭及社会的宗教影响，其从事革命活动后在宗教问题上的选择与决断，以及马克思在宗教批评上的基本理论，重点分析了马克思对宗教理论中上帝问题的看法。第 4 讲由政治理论史教授主讲，题目是“马克思的理论作为实践的工具”。他重点讲理论与实践的结合在哲学和政治上的意义，马克思使理论与实践联系起来所起到的历史作用。第 5 讲由哲学人类学教授主讲，题目是“人的使命与劳动的尊严——论马克思主义人类学的基本特征”。报告专题探讨了马克思对人类发展史、社会发展史的深入研究。第 6 讲由宣教学及比较宗教学教授主讲，题目是“马克思与第三世界”。他专门谈了第三世界国家在政治理论上和社会实践上所受到的马克思的影响，以及马克思主义传入这些国家后给它们思想文化上带来的变化。第7讲由政治学教授主讲，题目是“马克思与恩格斯”。主讲人乃研究国际共运史的专家，他详细分析了这两位革命导师在生活经历与学术理论上的同与异，指出两人在研究上既有合作又各有特长，并具体阐述了两人在自然辩证法、历史理论以及体系与方法上的共同或不同之处。第8讲由社会学教授主讲，题目是“思想大师与流放地——论马克思与真正的马克思主义体系”。他从社会学的角度提出马克思以理论探究为主，而列宁、斯大林以社会活动为主的观点，认为列宁、斯大林在新的世界形势下有可能亲身实践马克思的一些理论；但在这种实践中，因其个人经历和社会环境的不同而使他们的指导思想与马克思的原初设想并不完全一致，出现了一些区别和偏差。第9讲由历史学教授主讲，题目是“马克思与马克思主义——从世俗化角度来观察”。他主要从宏观上论述了马克思主义诞生以来的历史发展及现状。第10讲由德国语言文学教授主讲，题目是“马克思与民主德国文学中的马克思主义”。他具体谈及原东德文艺理论界对马克思主义理论的研究和运用。第11讲由经济学教授主讲，题目是“经济理论家马克思”。他专门讲述了马克思的重要经济理论及其政治经济学体系。作为一个学文科的人，应该了解马克思；而作为一个德国人，也应该了解马克思。所以，这一讲座很受欢迎，效果极佳。人们通过参加这一联合讲座活动，就可以对西德马克思研究的情况有一个初步了解、获得一个大体印象，同时也就掌握了进一步深入研究的一些信息和方向，学到了一些研究方法。这样，人们还可以通过自己的深入探讨来对这些学者的研究成果表示赞同或提出不同意见。讲座结束后，大学将这些专题报告结集出版，形成这一课题的重要参考教材。

1983年11月10日则是德国宗教改革家马丁·路德诞生500周年纪念。为此，慕尼黑大学冬季学期的联合讲座组织了引人注目的专题演讲“马丁·路德：其宗教改革工作与近代文化”。为了纪念其改革教会的创始人，这次讲座的报告几乎都被新教神学系各专业的教授们包了下来。讲座共有14讲，其题目为：第1讲“‘传道的人’或神学家的伟大与局限”，第2讲“路德神学的圣经基础”，第3讲“信仰与伦理——个人与事功：关于马丁·路德伦理神学的现代争议”，第4讲“马丁·路德与僧侣制”，第5讲“德文旧约圣经：论路德对翻译宗教文献之理论与实践的贡献”，第6讲“路德的教义问答简编：受坚信礼者的家庭读物、信仰著作、学习材料?”，第7讲“马丁·路德神学对第三世界教会的现实意义”，第8讲“路德对于教会信仰的意义”，第9讲“新教责任意识的根源”，第10讲“马丁·路德对于基督教礼仪史的意义”，第11讲“近代主体性精神——基督教自由的实现者还是其竞争者?”，第12讲“路德信仰理解的普世意义”，第13讲“路德及路德宗的虔敬与市民生活世界”，第14讲“路德与德国人的教育”。这些题目论述了路德思想及其意义的方方面面，阐明了路德宗教改革与西方近代发展的重要关系，从而吸引了许多听众。所以说，西德大学举办的这种称为“联合讲座”的全校性公共讲座是深受师生欢迎的。

文科学生上课的主要形式之一是听教授讲大课（Vorlesung），这与我国大学教育情况类似。不过，西德大学教授讲课的内容一般为其最近正在研究并已拟出初步提纲的东西。所以，在同一讲座教授的课程中，几乎每一学期的教材都各不相同，都是新的内容。这是因为德国文科各领域的学术研究工作也以大学为主，教授乃教学科研二者兼备，而专事研究工作的科学院、研究所等规模不大、人员不多。新生入校后可以自由选听任何与之有关的大课，而各届新生在第一学期所听之课也各不相同。这一点不像我们大学教学三年或四年一循环，有着固定的教材和教学大纲，各届新生在第一、二学期等所听课程几乎完全相同。如前所述，由于知识信息太多，德国大学不以单纯传授知识为主，而是以传授知识作为培养学生自行学习、自行研究、达到自我充实和提高的一个途径或一种方法。一般而言，教授讲大课时在每一章节前都会介绍这方面的一些参考书目，而其讲授的内容迟早也会以出书的形式公开问世。学生若对某一领域特别感兴趣，可以靠自己去看这些参考书籍来解决。听大课可以了解教授目前正在研究什么课题、运用了什么方法、已经达到了什么程度、已有何种收获和成果等。大课的内容基本上是已出版的书本上暂时还没有的，许多体系和观点也都是最新的。这样，师生可以真正达到教学相长。教授在讲课中可以通过试讲、学生提问、讨论、听课堂反应而不断提高、充实、完善自己手头的半成品，为其今后的成型进行了检验、做好了准备。而学生则可以直接在课堂上了解某一领域的进展，摸到学术进程的脉搏。从这一点上讲，大学各个学期基本上没有相同或重复的大课内容，教授的讲座只代表着他从事的学术领域，其内容是变动不居的。其成果问世后，则可成为今后课程的参考教材。而新生既可在夏季学期、也可在冬季学期入学，这与理工科专业大有区别。大课在学期结束时往往会有一次笔试，学生的成绩可以算一学分（相当于一张研讨班的成绩）。由于大课内容一般不易在其他书本上找到，所以学生也必须认真听课、提问、记笔记，以便从教师那儿学到一些重要知识，并得以顺利通过期终考试。

大学学习的另一主要形式，则是研讨班（Seminar）。研讨班分为初级研讨班（Proseminar）和高级研讨班（Hauptseminar）两种。类似初级研讨班的课程还有练习课（übung）和阅读翻译课（Lektüre）等，相当于高级研讨班的也还有研究生研讨班（Oberseminar）、博士研讨班（Doktoranden-seminar）或专题学术研讨会（Kolloquium）等。研讨班的主题由教师在前一个学期确定，假期中由学校和各系贴出下一学期的课表、列出一些参考书目，学生可以按照课表要求事先做一些准备。从总体来看，初级研讨班的题目往往是学生在打基础阶段应该知道的一些专业领域，而高级研讨班的主题则往往是教师计划要进行研究的一些课题设想。研讨班每星期一次，每次两小时。在开学第一星期的研讨班上，教师把有关参考书目告诉大家，拟出计划讨论的十几个小题目和其讨论的具体日期，然后由愿意参加研讨班的学生向教师登记自己的姓名、地址、所属系所和专业以及是几年级（第几学期）的学生，最后一个步骤则是让学生自己挑选一个小题目、知道自己作报告的具体时间。如果参加研讨班的人很多，也可以两人、甚至三人合作一个小题目。如果参加者较少，在自愿情况下学生也可以一人选两个题目准备。大学规定，若参加研讨班的学生少于三人，这个研讨班就可以取消，人数若不多也可以提前结束。研讨班人多时可达四五十人，人少时只有五六人。学生可以自己旁听研讨班，参加提问讨论，但如果不作专题口头发言或不写书面报告则没有学分。第一次研讨班时间主要是进行上述安排，因此结束得很早。当然，如果教师认为有必要讲解一些东西、作一次导论，也可安排在此次进行。或者，如果有学生已在假期和教师商定好第一次的小题目并已做好准备，也可在大家分配完其他题目后立即正式开始讨论班学习，由这一学生作报告。但通常是在第二星期的研讨班上才进入正题。

初级研讨班由助教负责，教授不参加，但有些专业因特需也可由教授组织初级研讨班。选好小题目的学生要拟一个提纲，好心的学生还会把其提纲复印后分发给大家，然后在规定的日期中作一个 15 分钟左右的发言。大家围绕发言进行提问、讨论，助教则进行一些必要的讲解或指点。如果参加的人数多、小题目也较多，一次可以作两个专题发言。报告人根据大家讨论的结果，在本学期结束时或下学期开学时交一份 15 页左右的书面报告。助教给报告阅卷打分，3 分为及格，对有些不合格的报告会退给学生重写。因报告水平太差而不及格者则领不到这一学分。学生在做发言前或在写报告中若有困难和问题，可利用教师规定的谈话时间去找其商讨解决。至于找资料、对之分析研究的工作则全由学生独自完成。这对学生的自学能力是一个很好的训练。有时，教师不再把这些报告退还给学生，而作为其研究资料保存备用。

高级研讨班只有教授才有资格出面组织，但助教可作为其助手而参加具体工作。大学还有跨系、跨专业的高级研讨班，由不同院系或不同专业的教授联合举行，与其相关之系所或专业的学生都可参加。选好题目的学生在规定的日期中要作 30 到 45 分钟的发言，大家围绕报告发言讨论，报告人则根据讨论结果修改并完成一份 30 页左右的书面报告，交由教授打分。学生的讨论报告，有时也为教授的进一步研究工作提供了参考资料。

有些研究所或专业的研讨班就在本专业的图书馆中进行，教师将与主题有关的全部馆藏图书集中在一排，供学生们拟提纲和写报告之用。这些书籍平时不外借，只能在图书馆里查阅，在周末时学生可以借走，但星期一上午必须还回原处。当然，如有必要，学生可以在大学图书馆或市立乃至国家图书馆借到有关书籍。

研讨班形式不仅对作报告的学生，而且对参加讨论的同学都是一个发挥自己主观能动性的好机会。积极参与者会有多方面的收获，得到各种做学问的锻炼。而消极参与者则可能会一无所获，甚至连学分也争取不到。不过也有不少学生不为学分而来，是因对其主题、讲解和讨论感兴趣而自愿参加。概而言之，研讨班的收获包括提高学生的阅读能力，分析、综合能力，提出问题、解决问题的能力，讲演能力，辩论能力，答疑能力和写作能力。就我自己而言，原来觉得用德文写博士论文非常之难，就靠那点速学而成的德语知识几乎不可思议。但在正式写博士论文前，我先后参加了许多初级、高级研讨班，共写成了2个初级研讨班报告、9个高级研讨班报告，合计约300多页。这一系统训练使我动笔写博士论文时就轻松、自如多了，一部300页的专题论文半年就基本上写了出来，而且是一次成功，几位不同领域的教授看了初稿也都非常满意。所以，从个人体会来看，我觉得大学文科办研讨班的形式很值得提倡。

从德国大学硕士考试要求来看，研讨班的成绩约占总成绩的三分之二，而听大课之后的期末考试成绩只占其三分之一。攻读博士学位所要求的成绩，即所谓博士资格，则有90%以上都是研讨班上取得的学分。

问：能否具体介绍一下研讨班的学习情况？

卓新平：好的。下面，我就想简单谈谈上述初级研讨班和高级研讨班的具体实例。

初级研讨班主题以导论为多。例如，我曾参加宗教学研究所的一个初级研讨班，其主题是“非基督教宗教研究导论”，即为基督教文化传统氛围中的学生了解、研究其他宗教之用。主题下面分有如下一些小题目：1. 西方宗教研究的起源，2. 宗教史学与比较宗教学，3. 宗教现象学，4. 原始宗教理论，5. 宗教人类学，6. 宗教社会学，7. 宗教心理学，8. 宗教地理学、生态学，等等。教师开了一个书目，让大家选择了有关的题目。学生们利用教师提供的资料线索进行了充分的准备。例如，谈西方宗教研究起源的学生在报告发言中首先讲了为什么会有宗教学的产生。报告人认为西方长期以基督教神学为主，曾将其他宗教一概斥为异教，但随着文艺复兴以来欧洲兴起的宗教宽容精神以及近代“地理大发现”以后欧洲人与世界其他地区宗教与文化的接触，使人们认识到有必要了解其他宗教。而这种了解与研究若要想具有真正的科学价值，则必须摆脱传统的偏见和神学的束缚，这样就产生了西方的宗教学。其次，报告人又具体讲了从哪些方面产生出现代意义上的宗教学研究，于是便提到西方古代语言学、考古学、人类学和文化史学等对形成宗教学的贡献。在讨论提问中，大家就神学与宗教学的界限，以及还有哪些学科曾促进了宗教学的发展等又进行了分析和补充，如指出神学是以信仰为前提、而宗教学则无这一前提，古典地理学、近代社会学、心理学对宗教学之形成的促进，等等。通过这一讨论，大家对此问题基本上一目了然。报告人对其发言进行书面整理和提高，就可形成一份很有意义的论文。论及宗教史学与比较宗教学方面，报告人谈了二者的发展和联系，其他学生在讨论总结时则归纳出史学为纵向研究、比较为横向研究，历史为研究范围、比较为研究方法等。其他题目也与之一样吸引大家，都引起过热烈的讨论。到学期结束时，参加研讨班的学生对这一必须熟知的专业领域已基本上有了较满意的了解。正是参加这一研讨班受到的启发，才激起我更深入、系统研究西方宗教学的兴趣。通过几年的努力，使我终于完成了一部题为《西方宗教学研究导引》的著作。

我这里还有一份哲学系哲学研究所宗教哲学专业一个初级研讨班的材料，包括其主题、小题目和参考书目。此材料由研讨班主持教师编出，组织学生讨论。其主题是“英国启蒙运动时期的宗教哲学：霍布斯、洛克与休谟”，即研究这三人的宗教哲学思想。其中第 1 小题目是关于宗教的自然根源，分析霍布斯《利维坦》第 12 章，休谟《自然宗教史》第 I—III 部分；第 2 小题目是关于宗教的理性根据，分析洛克《人类理智论》第 4、第 9 至 10 章，休谟《自然宗教对话录》第 II 章，等等。所分发的材料对要讨论的部分非常具体，但对抓住什么要点、应该讨论什么、怎样去分析研究却只字未提，留待学生自己去摸索、探讨。教师在参考书目上详细列出了研究上述三位哲学家原著的辅导资料，如其他人研究霍布斯、洛克和休谟的专著等，即我们常说的第二手材料。这样，第一手、第二手材料都有处可查。给学生提供求知的拐杖，不让其瞎摸乱闯，这是教师的指导作用。至于学生对这些材料怎样查、如何用，则需学生发挥自己的主观能动作用。学生要想在研讨班上对这一题目有所收获和长进，就必须具有强烈的参与意识。

在哲学系曾有一个题为“现代哲学及其意义”的高级研讨班，教授列举了 19、20 世纪的马克思主义哲学、新马克思主义、科学哲学、存在主义、语义哲学、解释学、现象学、宗教哲学、弗洛伊德及其流派的深蕴心理学等小题目。通过讨论和教授的启发，最后大家总结出现代哲学的基本内容和其独特意义。例如，在哲学分类上，学生认为现代哲学可分为人生哲学和理性哲学两大类；前者与人文相关、后者与科技相连，前者讲人的意义和价值、后者论自然的结构和规律，前者在欧洲历史上与宗教、道德、价值哲学等有渊源关系，后者则与自然哲学、逻辑论证以及19世纪的自然辩证法传统等有承袭、扬弃的因果联系。在方法论上，学生认为现代哲学因不同范式的提出、真理与方法之关系的讨论而扬弃了哲学史上单向性思维的阶段，进入多向性思维的时代，也就是说，通往真理、达到真知之途受到人们运用方法之限；不同的范式范畴、不同的方法媒介，形成了对真理真知的多元探究，将真理的单一性与认识之途的多样性结合起来，并进而提出了人类认识本身的意义和局限。在哲学价值分析上，学生则总结了20世纪哲学的三大突破：其一，马克思主义哲学、新马克思主义（法兰克福学派社会批评理论）、存在主义等现代哲学乃是基于马克思的这一重要思想：过去的“哲学家们只是用不同的方式解释世界”，而现在的“问题在于改变世界”；[①] 从此便产生了“行动的哲学”，哲学不再是思辨家的清谈，而直接参与了社会改造、政治运动等实践活动。其二，深蕴心理学开辟了对人的潜意识（无意识）的研究，使哲学更加深入到人的微观世界之中，对人类许多非理性的现象开始了哲学性探究与剖析，深化了对“人”的认识。联系哲学上其他分支的进展，现代哲学使“人类学”这一古老学科获得了新生，体现多学科特色的当代“人类学”（或简称“人学”）有了更广更深的含义。其三，对语言本身进行的哲学分析，使人们对“理解的意义”及“理解的艺术”发生了浓厚的兴趣，从而将人们最基本的交流媒介置于哲学的审视之下。通过讨论、分析，大家对纷繁复杂的现代哲学现象基本上理出了一个头绪。

在文化科学系汉学专业，教授曾提出了一个高级研讨班的主题：“中国文学史究竟应该怎样写？”有趣的是，连具体小题目教授也让参加研讨班的学生自己想、自己提，然后由他加以归总、补充，再让学生分工准备，其结果是学生提出了如下一些小的研讨题目：1. 西方学者最早所写的中国文学史，2. 中国学者所写的中国文学史，3. 德国汉学家尉礼贤的

---

① 参见马克思《关于费尔巴哈的提纲》，《马克思恩格斯选集》第1卷，第19页。

“中国文学史”写作特点，4. 郑振铎的插图本中国文学史研究，5. 西方传教士对中国文学的兴趣及研究，6. 文学史评论家谈文学史的写作，7. 文学史的写作体裁：按历史顺序、还是按主题归类，等等。在讨论中，有的学生认为西方学者写中国文学史有着两种方法，一为客观描述，二为主观评述。此外，西方学者的中国文学史写作常存有主体、客体上的微妙关系，即写作者应表现为中国式的主体深入其内、还是以西方式的主体超乎其外？或者二者兼有、相辅而行？在中国文学史的写作是怎样开始形成的这一问题上，不少学生认为，若严格来讲，现代史学意义上的中国文学史写作开始于西方，如最早的西文《中国文学史》之一是英国学者翟理思（H. A. Giles）1900 年所写，郑振铎先生在其中国文学史研究中也谈到过这方面的情况。随之，学生们又具体分析了这一论点对不对，为什么会出现这种情况，为什么西方学者会想到撰写现代学术意义上的中国文学史，此后中国学者在写中国文学史时在体系、思路上是否受到西方文学史写作的影响、启发，等等。文学史中体现的主文化、亚文化趋势，北派、南派的区别是中国独特的、还是中西共有的——这一问题亦饶有风趣。当一个学生提到尉礼贤曾注意介绍梁启超对中国北派、南派文化特点的分析时，就启发到教授作这方面的沉思和探究，并找出了德国文人席勒在论及古希腊文学时也曾悟出奥林匹斯主文化、狄奥尼索斯亚文化以及与之相似的北派、南派之别，如奥林匹斯体系向史诗的发展、而狄奥尼索斯体系向悲剧的演变等。一个学生在报告中提出可以按主题写综合性文学史，在对之分析提问中，一些学生则认为文学史要以史为主，某个主题可单独写出其历史的发展，如小说史、诗歌史等，而多种主题综合在一起却只能以史为线索、不能以主题为线索，因为以主题为线索可写文学概论、通论，但无法写史。当然，也有人坚持不应排除对此加以尝试的可能性。这个高级研讨班既活跃了学生的思路，提高了大家分析问题的严谨性和全面性，使之拿出了对中国文学史写作的种种设想和方案，而且也启发了教授的思想，开阔了其研究视野。在研讨班结束后，教授根据自己的充分准备和研讨班上所达到的集思广益，开始实施自己大部头《中国文学史》的写作计划。

此外，我在蒂宾根大学还参加过著名学者孔汉思（Hans Küng）主持的博士生高级研讨班，专门论及博士论文的撰写问题。从学术史的回顾来看，19世纪之前的德国大学博士论文从量的要求而言一般有30来页就行了，但如今仅量的要求就已经是过去的十倍，需要写300来页，此外还有许多学术规定和规范，学术教育显然走上了日趋复杂的道路。这些德国博士研究生在讨论这一历史演变时亦多有感叹和感慨。不过，文章虽越写越长，但学术质量却很难说就超过了前人。所以，我也谈起在国内写硕士论文时，当时学校的规定是写3万来字，但我写了5万多字，审读论文的导师曾点评说，古代老子只写了五千言的《道德经》就足以让天下服，千年流传不衰，迄今仍然畅销。比较起来，我们这代人恐怕前不及古人、后不如来者，对照中外古今的教育，我们现在的教育理念和方式肯定有着许多需要改进、提高之处。经历过德国当前的大学文科教育，学到了很多东西，同样也生出不少想法和期待。在这里与各位老师交流，也希望能有所共鸣或回应。

以上所讲，比较零散，不成体系，还请大家多多原谅、热心指正。①

① 本文为20多年前的座谈，如今德国高等教育已出现了巨大变化，如技术大学地位的提高，学士和硕士学位的分开，学制的缩短，以及不少大学开始全面收取学费等。所以，本文所谈已经只能是一段历史的回顾。不过，据传慕尼黑的大学教育质量目前仍然是名列前茅的，在2009年跻身全球100强高校的4所德国大学中就包括慕尼黑大学和慕尼黑工大。而且，这段留学经历在我自己的学术成长中也是非常重要的。

三　学海梦寻

——1992年与《神州学人》特邀记者对话

记者：您不是教徒，为什么要研究宗教？

卓新平：我对于宗教研究的兴趣，始于“文化大革命”期间上大学的经历。1972年我高中毕业，正赶上当时所谓的“修教路线（修正主义教育路线）回潮”。大学开始恢复招生，虽然以招收“工农兵大学生”为主，但也给应届高中毕业生开了一线门缝，允许极少数高中生直接上大学。当时非常渴望读书的我一下子兴奋起来，希望能得到学校的推荐，因为我自己感到是班上的主要“班干部”，有着“品学兼优”的条件。但不久全校推荐了三个学生上大学，我们班上也有一名，但与我无缘。那时高中毕业的其余学生都要“上山下乡”，我也只好与大家一道开始做下乡的准备。不知是作为一种“安慰”还是另外的“安排”，学校又通知我进常德师范的中学教师速成班学习。由于这一“柳暗花明”的新机遇，我又获得了新的学习机会。在常德师范我以学习数学为主，但我真正的兴趣在物理。热心的校长专门为我借来当时湖南师院的物理教材，让我自学，我们的班主任数学老师也对我多有鼓励。在平静的约三个月师范学习之后，新的机缘又一次降临。那时我家乡唯一的一所大专湖南常德师专因抓教学质量而有一位“工农兵大学生”退学，而我们班由校方推荐过去的一位同学因为不愿意学外语专业仅在师专呆了不久就又重回到了师范。原来，应届高中毕业生上大学与“工农兵大学生”待遇不同，“工农兵大学生”可以选学任何专业，而应届毕业生上大学却只能学体育、音乐或外语这三个专业。师范的校长好心地问我愿不愿意去师专，不知内情的我因想学物理而高兴地答应，到了师专，我虽然几经努力却仍被告之只能学英语专业而别无选择。这样，我就走上了学外语专科之路，从此告别了中学时代想学物理、从事自然科学研究之梦。

因为比别人晚上了约三个月的课，我到师专后非常勤奋，不久就有了“白专”之嫌。那时的大学课程中一是政治学习和讨论较多，二是体力劳动较多；“工农兵大学生”一周一天体力劳动，我们应届毕业生班则被安排每周两整天体力劳动。所以，我最初曾想利用政治讨论的时间看业务书，挨了学校“工人代表”的批评后则改读马恩著作。有一次小组政治讨论时“工人代表”看见我又在读书就出面制止，我声明是读马恩著作，生了气的“工人代表”大声斥责，说此时读马恩的书也不行，必须与大家一起讨论政治。主管教学的校长知道此事后也批评了我，并说我是“调皮捣蛋”。在“白专”压力下的我不敢再专心读英语专业书，而开始广泛涉猎。我们班有一位从长沙下放来我校的资深英语教师比较关心我的处境，她鼓励我多读各种书籍，指出要真正掌握一门语言就必须了解作为这门语言背景的文化，具有相应的文史哲知识。她还以“为学有如金字塔，既要博大又要高”的警言来给我提醒。这样，我开始拼命地阅读学校图书馆所藏的各种文史哲书籍，一周读书达十本之多，视力也从入校时的1.5迅速下降，到第二学年就配上了眼镜，并从班上最后一排移到了第一排就座。在那个“不读书”的年代，学校图书馆有了我这样一个热心读者当然很高兴，每年图书馆写总结，馆长都要对我借书读书加以肯定。我在广泛阅读西方文史哲著作时发现，西方文化与宗教尤其是基督教有着不解之缘。从此我就渐渐对宗教产生了浓厚兴趣，有着某种“潜意识”的关注。这一过程也决定了我此后研究宗教的进路及其重点，即由关心文化而关注宗教，并从广义的文化角度来研究宗教现象，因为我觉得宗教的发展是依附于人类文化而发展的。

改革开放以来，大学和研究机构开始恢复招收研究生。在友人的介绍和推荐下，我知道了中国社会科学院世界宗教研究所招收宗教学研究生，我就根据自己的英语专科背景和对西方文化的了解报考了宗教学基督教专业硕士研究生。

记者：很有意思，能否详细谈谈您的求学经历？

卓新平：应该说，我下决心读书始于在常德师范的教师速成班经历，那时失而复得的学习机会使我成了读书“狂人”，不顾别人的不解而独立单行。而真正喜欢上文科、关注社会科学的相关领域则是在常德师专的求学时期。虽然学生可读的文科类著作很少，但我除了自己在图书馆借阅书籍之外，还找学校的一些关系较好的青年教师借一些“内部”书籍来看。通常是周六下午向老师借到书，利用周六、周日两个晚上和周日一整天在家读书，周一清早就必须还给老师；有时一个周末就要读两册或三册的成套书，确实很辛苦。连我的母亲都常常说我成了一个“大门不出、二门不迈”的“大家闺秀”。在学校也是如此，我们班上有两三个同学成了悄悄读书的“另类”。当时学校规定晚上十点熄灯，这样我们就只能或是在路灯下看书，或是躲在蚊帐中打开手电筒看书，而最佳办法是半夜偷偷溜到教室里点上自备的煤油灯看书。我们班教室在三楼，而那位说我“调皮捣蛋”的校长就住在二楼。我们只能轻手轻脚地走进教室夜读，而那时的宿舍房没有卫生间，一旦校长夜里跑下楼到外面上厕所，我们几个同学听到楼梯声就吓得马上吹灭煤油灯静等，直到校长回到房间重入梦乡，我们才开始继续学习。从同学那儿，我借到了湖南师院、北京大学的英语教材或相关读物，看到了一些英文原版书和教材，也获得少量哲学社会科学的著作。在那没有复印机的时代，抄书留存就成为我极大的乐趣。两年下来，不知不觉竟然抄满了十几个笔记本。

师专毕业后我们还是下农村补了一年劳动课才分配工作，我则被荣幸地留校任教。我们班仅留两个人，一位是我们的支部书记，一位是我，因此同学们评论说是留了一个“红专”、一个“白专”。但刚宣布留校，校办就通知我们俩人都参加农村工作队，从不久前的“接受贫下中农再教育”转变为去“教育贫下中农”。这对我们班支部书记是强项，对我却是软肋。工作队期间我们的书记经常受表扬、作先进事迹报告，我却是一个默默无语、默默无闻的边缘角色。这一去就又是接近三年的光阴。我刚下农村时曾带来了一些专业书想抽时间自习，但在与农民同吃同住同劳动后马上就感到农民太苦，而对我们又很热情，这样唤醒了自己“朴素的阶级感情”，从心底里觉得在此种处境中学习于良心不忍、与环境和使命不符，因而就自觉地放弃了自学的念头，真正开始与农民打成一片。当时年轻而富有热情的我曾一度写下“扎根农村一辈子”的申请书，但终因放不下“学习”情结而未上交，否则可能就不是今天的我了。在农村的三四年间开始真正接触社会、认识社会。中学下放的同学务农两年后陆续回城，远在农村的我感到前所未有的孤寂。我们工作队有重点蹲点安排，也有一般性蹲点安排，重点生产队有两到三位工作队员，而我们作为一般性蹲点的全大队只有两名工作队员。我们工作组组长身体有病而经常回城，全大队经常就剩下我一个工作队员，有时大队支部书记也闹情绪，所以常去公社开会的只有我一人。公社书记常戏称我“一代加二代”，即一代（替）工作组组长，二代（替）大队支部书记。当时一人在农村做群众工作、解决村民各种纠纷、介绍进步青年入党，过足了“党外布尔什维克”的瘾。有一次我们工作队员从公社开完会回村，路遇雷阵雨，便躲到一家农户的堂屋内避雨，我坐在有线广播的喇叭下方，恰巧上面屋顶漏雨，于是我就起身移开，刚刚挪窝，就听到“咔嚓”一声巨响，一道闪电劈下一团大火球，就落在我原来所坐的地方。后来才了解到这道闪电在全公社劈坏了十几座农房，我们大队小学的墙壁也被劈垮了半截。对照后来的人生经历，也真有“大难不死必有后福”的味道。在最初到农村任工作队员时，我大病刚愈、身体很虚，一下子参加繁重的农业劳动、加之收工回农户家后还要帮住户挑水干活，真感到吃不消，看书学习的梦都做不成了，面对现实的是生存挣扎。雨季来临，屋外大雨，屋内稻草房顶漏雨，蚊帐顶上铺的塑料布成了堰塞湖底；一旦塑料布破，像酱油颜色一般的积水就会从天而降，因此晚上还需时不时起来用瓢舀水，以缓解天湖的压力。这一时期虽做不了学问，却体会到社会底层民众的疾苦，对后来研究社会科学、特别是理解宗教很有帮助，也的确是我的重要人生体验。

1977 年底我从农村回到学校，虽然已有肩挑百余斤之力，长满老趼的手却已握不住笔。学校终于派我到湖南大学进修三个月，给了我重操学业的宝贵机会。住在长沙湘江边上，我每天早上跑步到岳麓山边的爱晚亭锻炼，在课余则到山下广场设在自卑亭的大学图书馆借书处为自学借还图书。自卑亭为岳麓山登山之始，取“登高自卑”之意，源自《礼记·中庸》“引远必自迩”、“登高必自卑”的说法。这极符合我当时人生和求学的心境，即以自卑之情，来从头自下求知。在长沙三个月的进修期间，我除了完成湖大英训班的课程、到湖南师范学院英语系插班旁听之外，还从自卑亭借到“文革”前大学英语专业四年的八册教材自学。在那年人们积极准备“文革”后全国高考第一回的热情鼓舞下和听说也有研究生招考机会的激励下，我也开始为考研做准备。

1978年初我回到师专，在听到中国社会科学院要招考研究生后就偷偷地报了名，所报专业即世界宗教研究所宗教学基督教研究专业。不料学校领导知道我报名考研后大为恼火，还是那位说我“调皮捣蛋”的校长找我谈话，一见面就劈头盖脸地问道：“你想干什么，想去当和尚啊?”还没等我反应过来，他又进而指责说：“你就是要当和尚也不要当洋和尚啊!”这就是当时社会一些舆论对我们考宗教学基督教研究专业的认识和评价！为了以示警戒，学校还派一位副校长亲自“送”我到一所县城中学作为借调人员下放半年。我向当时接待我们的中学校长和教务长讲述了自己要考研的情况，两位中学领导通情达理，当时就决定说，“你既然已是我们中学的人员，由我们负责你的工作安排，那么我们就给你放两个月的假，回家复习考研吧!”这一“绝处逢生”使我又带着行李坐着同一辆车与一言不发的副校长回到了常德，然后我一头躲在家里复习，不再去师专上课。5月份考研初试完的第二天清早，我就自己买票坐长途汽车去了那所县城中学，并以知恩图报的心情拼命教课，辅导准备高考的学生。直至接到来京考研复试的通知后，我带着感激的心情才离开那曾有我农村工作两年、又有我中学特殊教学几个月这种不凡人生经历的小县，从此开始走出常德、走出湖南并且走向世界。

来到北京三年读研，对我而言是一种“重生”。我对待学业基本上可以用如饥似渴、如痴如醉来形容。我在1978年入校的世界宗教研究系硕士研究生中年龄最小，那时的中国社会科学院大师如林，同学中也藏龙卧虎，因此既有动力、更有压力，只能以拼命求学来报答这一春临大地的时代、报答慧眼识人的恩师、报答热情推荐的朋友、报答给我机会的乡亲。我们最初借住在北京师范大学，而上课则在北京师大、北京大学、中国社会科学院这三处跑动，借览专业图书还使我熟悉了当时设在白云观的世界宗教研究所图书馆、免费对我们开放的北京图书馆、北大图书馆以及在王府井附近的中国科学院图书馆社会科学分馆。北京师大为我们属于中国社科院的研究生也提供了良好的学习、生活条件，大学图书馆向我们开放、通宵亮灯的教室给我们自习。那时的学生们为了在图书馆占座学习，多次把图书馆的玻璃门挤破。我们中国社科院研究生院也自搭简易房作为教室，晚上室内生个火炉，让大家有学习之地。回忆起这段经历，真是让人激动难忘。

记者：您的专业外语是英语，那您后来怎么又去德国留学呢？

卓新平：去德国留学，也纯属“阴差阳错”。原定公派我去美国留学，最初曾考虑德鲁大学，后来导师让我联系芝加哥大学，因为美国宗教学最有名气的是芝加哥学派和哈佛学派，那时两派的领军学者在芝加哥为伊利亚德，在哈佛为史密斯。为此，我曾参加中国社科院组织的出国人员英语培训班，在 80 多位学员中，我曾在班上“托福”模拟考试考第一，在后来参加教育部的出国英语考试中也与另一位学员成为这个培训班参考人员中的并列第一名，但研究所最后决定改派我去联邦德国留学，其理由包括德国的哲学、宗教学研究处于世界领先地位，而我还可以多学一门外语等，而直接原因是德方主动提供了奖学金。因为不了解情况，我拿到德国慕尼黑大学的入学通知书后放弃了教育部安排去上海同济大学脱产学习德语一年的机会，急急忙忙托人找了一位私人老师教了一点德语基础就闯到了德国。到了慕尼黑才知道入学还需通过大学德语考试，而这时离大学考试时间就只有三个多月了。我在忙完入住、办居留手续后联系到大学的德语辅导班就读，为大学考试紧锣密鼓地准备：上午听课，下午完成作业，傍晚上大街或公园找人练会话，晚上看电视练听力直至深夜，并在辅导班上以考试、老师推荐等方式相继往上跳了两级，终于有资格参加入学考试并且顺利通过。当听到我三个月德语学习就通过大学考试的消息后，一位已到德国两年的中国留学生来找我打探考试的诀窍。我和他开玩笑说：“那你就找个德国女朋友来帮助提高德语吧！”但他满腹疑云地回答道：“可我的老婆就是德国人啊！”这个意外之答一下子让我说不出话来。

为了按照研究所让我五年读完博士学位的要求，我订了一个计划并向导师汇报。导师平静地回答说，“你可以在五年内修完学分，然后回国去写论文，什么时候写好论文，然后再来德国参加答辩”。当我在四年内完成所有学分、博士论文和答辩后，这位导师很有感慨，对我倍加赞扬，并热情地将我的博士论文纳入他主编的学术丛书中出版。其实，我付出了比德国学生更大的艰辛，每篇学分论文连写带修改，都会三易其稿。几年后望着堆了几麻袋的论文草稿，我真正体会到报告文学《哥德巴赫猜想》所描述的数学家陈景润的执著和辛劳。1988 年，在我的博士论文正式出版后，我回到了祖国，并寄回了在德国购买的上千公斤专业图书资料。应该说，五年德国留学生涯，为我的专业研究打下了坚实的学术基础，我自己也感受到一种质的突破，因为知识的积淀、视域的开拓，已远远超越了过去的境界。

记者：您回国后有什么打算，有哪些学术计划？

卓新平：从外语到专业，我已经学了十几年，不能“只进不出”，所以我也应该写点东西了。留学期间为了攻学位、打基础，我没有发表一篇论文。在回国探亲期间，研究所领导强调研究机构必须要有研究成果，所以我也的确应有自己的学术输出。而写东西还是回到国内好，一来在国内我可以继续从事本专业研究，不必像留在国外的人那样首先必须为了生机而四处奔波，二来用母语写作我还是更得心应手一些。我的抱负是深入宗教又跳出宗教，研究人类的一切文化现象，因此对与宗教相关的文学、哲学、艺术、科学、神话、民俗等都有兴趣。我小的时候就兴趣广泛，曾做过许多梦，曾梦想当科学家，也曾梦想当画家、文学家……但实际上从来也没有梦想成真过。而现在选择了学术，则可以用歌德所写过的诗句来表达自己当下的心境：“我已经成熟，不再沉迷于梦幻；但我又还年轻，难以生活中无梦。”因此，我仍有不少想法，但基本上是醉心于自己的专业研究、致力于著书立说。我的计划大致分为三类，一是重点研究基督教思想文化，以思想史、神学史研究为主攻目标，兼及基督教研究的其他方面；二是作为基础的宗教学研究，既探讨宗教学学科发展史、其分支学科和研究方法，又特别关注宗教学理论和方法在中国现实中的运用及改进；三是摸索、探究宗教与文化的关系，宗教与人类社会的关联，以及宗教在不同时代、不同区域、不同民族中的生存与发展，捕捉宗教的奥秘和真谛。如果我能毕我一生的精力完成自己的著书计划，那我就可以在某种程度上了却我儿时的夙愿，圆我昔日的梦想……

（注：记者曾先后两次与我对话，并发表了他的访谈录，见：刘为明：“圆梦——记中国社会科学院世界宗教研究所副研究员卓新平”，《神州学人》总第33期，1992年9月，第7—10页。）

四　建造学术金字塔

——与《世界宗教文化》编辑于光座谈

杂志编辑按语：1978 年，卓新平这个 23 岁的土家族后生从湘西来到北京，成为“文化大革命”后中国社会科学院第一批硕士研究生。1983 年原本对德文一无所知的他，只用了 4 个月的时间通过了德语考试，进德国慕尼黑大学深造，又用了不到 4 年的时间拿下了博士学位，成为我国第一个在国外获得宗教学领域学位的博士。回国后，“学习明星”很快成为学科带头人、博士生导师，并有大量专著问世，是国家有突出贡献的青年学者之一。

1998 年，卓新平出任中国社会科学院世界宗教研究所所长。在该所 30 多年历史上，他是最年轻的所长，当时只有 43 岁。时常看到他匆匆忙忙的身影，找不到时机对他进行采访。他本人戏称自己是个消防队员。一句玩笑话让我犹豫再三，采访他的计划就一拖再拖，竟在两年之后才坐下来，听他谈思想和抱负。

于光：首先想请您谈谈作为一所之长该如何来领导这支队伍，使之在宗教学研究领域发挥“国家队”的作用？

卓新平：中国社会科学院宗教研究所在我国宗教研究领域有非常重要的地位，它除了自身的学术研究之外，还有引导和影响全国的宗教研究及其学术发展的作用。中国宗教学会会址在宗教所内，近年来相继成立的中国社会科学院道学与道教文化中心、佛教研究中心、基督教研究中心也都依托宗教所而活动，它们在组织、联络、协调全国宗教学术研究方面起了一定作用。在国际学术活动中我们代表着中国，代表着中国的学术水平，成为世界认识中国的一面窗口。所以我们有义务和责任吸引更多国际上的宗教学者关注中国，研究中国，客观地看待中国，为我国的两个文明建设创造一个良好的国际氛围。

进一步提高宗教所的学术水平是未来发展的第一步。我希望在宗教学的各分支领域中，各宗教的研究都有新的突破，使一些重大问题得到研究，空白点被填补，同时各专业研究逐渐达到系统化。现在我们个案研究较多，系统化研究才刚刚起步，中国宗教学的理论体系也还没有建立起来，在这方面有很大潜力，急需我们去完成。另外，我们对与现实生活密切相关的一些焦点、热点问题追踪、研究的力度还不够，同样需要加强。所以我们在制订未来的学术发展计划时，要把学者个人的特长、学术发展本身的规律和现实需要三者加以结合，这样做不仅可以解决一些现实问题，同时也使学者在自己专长的研究领域得到突破。

于光：您刚刚谈到几个研究中心，基督教研究中心成立已有两年了，您作为该中心主任，对两年来的学术活动满意吗？是否达到了预期的效果？

卓新平：基督教研究中心今年已进入第 3 个年头了，召开了两次学术会议，组织出版了学术丛书，定期学术刊物，它对总结中国基督教研究的学术成果，展望未来起了很大的作用。我对两年来的学术活动是满意的，认为它达到了预期效果。中国研究基督教的学者有了更多的交往和合作，国际上的研究者、宗教界的朋友也看到了中国基督教研究领域的明显发展。

于光：您是个酷爱读书的人，听说您 1988 年归国时一下子就带回了 1000 多千克图书资料。您最敬佩有厚重感和有发展有潜力的百科全书式的学者，欣赏“为学犹如金字塔，既能博大，又能高”的境界。学术金字塔是建立在博大精深基础上的，多年来您也一直在朝这个方向努力追求。从您的著述中可以看出，您研究领域涉猎也很广很深。《宗教起源纵横谈》、《宗教与文化》是您留学期间的读书笔记和学习心得。前者从哲学、人类学、心理学及社会学角度探究宗教起源奥秘；后者阐述了您在博士论文中提出的“宗教的发展依附于文化的发展”的观点，因此受到德国宗教史学界的重视。您的《基督教文化面面观》、《圣经鉴赏》、《基督教文化百问》

则是普及读物，有趣味性和欣赏性，透出深厚的文学底蕴。近几年您又陆续出版了《尼布尔》、《世界宗教与宗教学》、《当代西方新教神学》、《当代西方天主教神学》、《宗教理解》等大部头著作，被视为是宗教理论和基督教神学研究领域里不可多得的专著。

可以说，您在学术上思想敏锐，头脑活跃，对感兴趣的话题也都会鲜明地发表自己的见解，提出自己的观点。为此，我想问您如何看待未来宗教的发展态势，以及宗教研究在中国研究西方文化中的必要性。

卓新平：西方占主导地位的宗教是基督教，这是世界第一大宗教，在中国有上千年的影响，尤其是改革开放以后影响明显增大，这是事实。但是应该承认，东西方文化、政治制度、意识形态的冲突还存在，基督教的研究在中国有敏感性，正因为它的敏感，和社会存在的事实，也就具有我们对它进行研究的迫切性与必要性。通过研究基督教，可以使中国人客观正确地认识基督教，了解它在历史上的沿革变化，了解它在中国的发展变迁，促进中西文化对话、交流，促进各国人民的相互理解和友谊。所以对基督教研究除了学理上的之外，还有促进文化沟通、文化对话的价值。我们的研究使世界上广大基督徒和宗教界的朋友正确认识中国，了解中国的学术事业，了解中国的文化，了解中国的国情和未来的发展，为我国的改革开放创造一个良好的外部环境。

有人说21世纪是东方的世纪，我不赞成。21世纪应是东方与西方更多的接触、对话的世纪，双方通过文化互补，最后达到共同发展。我们现在所看到的全球化的趋势，表明了将来的世界文化包括宗教文化是一种你中有我、我中有你的交织在一起共同发展的局面。宗教及其文化不是独立存在的，它与一个国家的社会、政治、经济密切相连。随着"地球村"的到来，世界正在变小，各国家和各民族以及各宗教之间的交往将越来越密切，信息会更灵通。未来的宗教，彼此之间的交融互渗更为明显，更加包容，更强调和平共处，所以，彼此对话、相互理解将成为主流。但是宗教或文化的冲突在21世纪也不可能消失，宗教是人类精神生活的一部分，世界上绝大多数人都信奉各种宗教，这种生命力在21世纪还会延续，甚至在某些方面还会有所发展。

于光：在国际宗教学术领域，特别是基督教学研究，您一直受到国内外学者的注视，不少国外的宗教学者来华访问，也指名想要求见您。不管工作多忙，您总是挤出时间来满足对方的要求，您认为这是您的责任。我曾在所里做过短期外事工作，与您接触较多。我发现您作为温文尔雅的学者也还有幽默的一面，喜欢闲暇的时候讲笑话或是趣闻。记得您说过有一次在一个重要的会议召开的时候，大家要一起到电视台录像，于是在开幕式后各位代表、理事就纷纷钻进了自己的专车前往，但只有您没有自己的坐骑，又怕打车掉队，情急之下就上了一辆考斯特大轿车，在车上却被告之这是会议工作人员的用车，结果被客气地请下车来，多亏一位理事热心相助，才解了尴尬。那么所里没有给您派车吗？

卓新平：那天所里的车要是去了一定“风光”，我们那时只有一辆破旧的伏尔加轿车，如果在奔驰、奥迪的车流里夹着辆高龄伏尔加，一定很有意思。有了被请下车的经验，录完像我再也不敢随便上什么车了，提起包就直奔地铁了。

于光：如果当年没有拒绝外国学府的邀请，如果顺从导师的意愿留下来做博士后，现在您大概也早就开上奔驰了吧，也许还不只一辆！您选择回国后不后悔，特别是在您回来遇到困难的时候？

卓新平：那时国内的生活水平比国外差一大截子，我在留学的时候已经一清二楚。当时我们留学生在宽敞的住房聚会或开着自己的小轿车出外郊游时就曾开玩笑说，大家早已享受到国内副部级待遇了！如果为了这个后悔，我当初也就不回来了。

于光：当年是什么力量促使你选择归国的？

卓新平：一种责任和使命感。作为中国改革开放后第一批宗教研究学者，我觉得自己的定位应该是在国内，应当尽快地把我国的宗教学体系建立起来，并与国际学界建立广泛正常的学术关系，这是改革开放大潮给予的机遇，也是历史发展赋予我们的历史使命和任务。我回国后确有诸多不便，遇到了一些困难和麻烦。我觉得迎接困难是有意思的事，它是一种挑战，也是对自己的人生观、价值观的一种考验。所以我从不回避困难，愿意接受挑战，以平常心来对待。我的人生态度是“生活得自然，精神上超然”。我对物质享受的要求不高，当年那么多留学生去赚马克，我没兴趣。人生不过几十年，有限的时间得用在有价值的事情上，得做自己真正要做的事。

于光编后感：也许我的问题有些俗气，毕竟人与人不同，所求所愿有异。在物欲横流之现实影响下，有些人去谋权，谋钱，谋名，去斤斤计较，不择手段，耗尽毕生心智，疲于奔命。但也有一部分人，他们的志趣不在于华衣美食、豪宅香车，不在于拥有多少美元，戴上了什么样的桂冠，如果用物质享受的水平去衡量他们灵魂的价值，对他们是一种亵渎。中国传统文化中一直有一种超然的精神，许多先哲将追求真理视为生命的终极目标，粗茶淡饭，布衣薄履，甘于寂寞，乐在其中。人的生命价值如何体现？人为什么而活？这些看似很平常的问题，却不是每个人都能作出圆满的解释的，卓新平的人生观、生活观可以给我们一些启发。

（注：于光所写采访稿原文载于《世界宗教文化》2000 年第 3 期。）

五　中国宗教学研究的现状与未来

——宗教学研究四人谈*

编者按：“中国宗教学研究的现状与未来”是应《中国人民大学学报》学报编辑部之邀、由中国人民大学佛教与宗教学理论研究所发起的一次小规模的学术讨论。虽然参与讨论的学者不多，但所涉及的问题却相当广泛和深入。参加讨论的四位学者均为我国宗教学界的领军人物，他们各自所在的单位更是这一研究领域的重镇，这就使这次讨论具有相当的重要性和代表性。

宗教学研究在我国尚属于一个新兴学科，公众对此还不是很了解，甚至存在种种误会，如以为研究宗教就是为宗教信仰辩护，甚至就是宗教信仰的实践形式之一，或以为它只是少数人在书斋中研究的一种死学问，与现实人生无关。对此，这次讨论首先着眼于让公众更加了解宗教学研究的性质、功能与特点，彰显其严肃的学术品格和强烈的现实关怀。

在这次讨论中，四位学者对宗教学研究在中国的特殊语境，以及与此相关的在研究课题、研究人员构成乃至研究方法选择等方面有别于西方宗教学研究的特殊性都一致地予以很大关注。基于这样一种学术本土化的反省意识，四位学者中最年长的方立天教授再一次提出建构宗教学研究的中国学派这一重大议题，并得到其他学者的积极回

---

* 方立天：中国人民大学哲学系、宗教学系教授；何光沪：中国人民大学哲学系、宗教学系教授；赵敦华：北京大学哲学系、宗教学系主任、教授；卓新平：中国社会科学院世界宗教研究所所长、研究员。

应，虽然对于究竟何时、怎样才能形成宗教学研究的中国学派，乃至如何命名这种可能出现的学派，大家的意见不尽一致，但达成的共识是：中国的宗教学研究应当朝着形成学派的目标勉力为之，在此过程中应当充分借鉴和学习西方宗教学研究的成果，避免狭隘的民族主义立场。

在我国，宗教学研究迄今为止在很大程度上只是该领域少数专家学者关心的问题，至多也只是在相关专业引起一些反响。如何让宗教学研究不仅仅局限于专门研究的范围而进入一般思想史的视野，从而使它由少数专家学者的专门知识变为思想界的公共知识，进而能够为一般思想的建构发挥作用，也是这次讨论的一个重要的初衷。这次讨论所秉持的严肃的反省精神（澄清宗教学研究自身的立场）和诚恳的开放态度（面向一般思想界），其宗旨都在于此。就此而论，这次讨论只是一个开始，它标志着中国的宗教学者第一次以群体的形象向一般思想界和公众表达共同建构思想家园的诚意。我们希望，有更多的人由此出发，更加关心宗教学内部以及它与其他学科的交流和对话。

中国人民大学哲学系、宗教学系的宣方副教授协助我们策划并主持了这次学术讨论，在此一并表示感谢。

（一）宗教学研究及其中国语境

方立天：宗教学是以客观的理性的态度和方法研究各种宗教现象及其本质和发展规律的科学，是人文科学中极为重要的一门科学。宗教是人类最古老的现象，也是迄今最普遍的人文现象。人类的文化、各个民族的文化其最初的形式几乎无一例外地都是宗教现象，并以宗教的方式存在着。当今世界 84% 以上的人口信仰宗教，宗教是他们很重要甚至是最重要的精神生活方式。因此，对宗教进行科学研究是非常必要的。

赵敦华：正如方老师所讲的，宗教学是用科学的态度和方法去研究各种宗教现象及其本质和规律，是一门科学。在这方面，它与其他科学包括自然科学没有什么两样。宗教学是一门新兴的学科，人们一般把 1870 年麦克斯·缪勒作的《宗教学导论》的讲演视为宗教学诞生的标志，迄今只有一百多年的历史。

卓新平：宗教学从其发展的进路来说，并不是从一开始就是一个大一统的体系，而是从方法论的角度入手的，有宗教人类学、宗教社会学、宗教现象学、宗教心理学等。马克思对宗教的研究采用的就是一种比较典型的宗教社会学的研究方法，较多地关注宗教的社会功能、作用。在西方宗教学史上，马克思占据着重要的地位。

关于宗教哲学，到现在还是有争议的，因为西方宗教学有广义和狭义之分。狭义宗教学被认为是只做一种客观的描述，不做价值判断，据此，它们把宗教哲学排斥在狭义宗教学之外。但是，要认识宗教的本质，就不能不做价值判断，否则，就无法建立起完备的宗教学体系，所以，近些年来，宗教哲学也开始引起了人们的重视。

赵敦华：宗教学研究起步并不早，我国的宗教学研究起步就更晚了。20世纪早期，我国学者开始关注宗教问题，以理性的、客观的态度和方法进行宗教研究，他们同许多宗教内部的学者一道为宗教学在我国的形成作出了贡献。“文化大革命”以前，我国的宗教学研究更多的是强调无神论，在学科分类目录中是没有宗教学的，只有无神论。改革开放以后，学科分类目录中才有了宗教学，这也可看作是我们国家改革开放的一个象征，一个进步。

方立天：各种宗教，有的已经消亡了，有的则是越来越壮大。可以预见的是，本世纪宗教在社会生活中的作用将会越来越大。在我国，比如在台湾地区，宗教、宗教界的作用就很大，在政治、经济、文化以及其他社会生活层面都发挥了相当大的社会作用，它兴办教育事业（比如办大学），承担了一些政府无力管辖的社会福利事业。中国内地也存在类似的情况，有宗教界出面办的医院、资助的希望小学等。我到过普陀山，还因感冒在那里的普济医院（佛教界开办的）看过病，住了一天医院，他们的服务态度非常好，我的病也好得快。

卓新平：依我之见，宗教学研究包括入乎其内和出乎其外两个层面。所谓入乎其内的研究，就是研究宗教会怎样发展，它在社会生活中的社会定位和社会作用，不同宗教之间的对话，宗教自身如何不断地改革完善，等等。这些研究首先是宗教界、宗教本身所关注的问题。当然，作为宗教学研究者，我们也要关注这一方面的问题，同宗教界的学者、宗教领袖以及信教群众就此进行交流、对话。

对于宗教学学科自身来说，更多地恐怕应是出乎其外层面的研究。所谓出乎其外，就是跳出单纯某一宗教的立场和视角，从普遍的角度来研究各种宗教。出乎其外层面的研究，可以从三个层面展开。第一个层面主要关注的是：什么是宗教学，宗教学自身的历史、问题与发展，中国的宗教学同西方宗教学是什么关系，宗教学作为一个学科体系主要包括些什么内容，它对于社会、尤其是对于学术的发展产生了什么作用，在整个学科体系中的地位如何，等等。这是纯学术性层面的研究。第二个层面是对宗教性的关注和研究。比如，宗教之为宗教的特性，宗教现象有什么特点和规律，信仰与宗教是什么关系，等等。这是从精神气质层面对宗教的探讨，不管是不是研究宗教学的，大家都普遍关心这类问题。近年来学界关于儒教是不是宗教的问题聚讼纷纭，其实就涉及如何理解和界定宗教。第三个层面的研究是对宗教社会性的研究。比如，宗教与社会政治的关系，宗教与国际局势发展的关系，等等，也就是我们经常说的对一些具有社会性、群体性以及战略性问题的研究，涉及的面也比较广。这方面的研究注重现实，从问题意识来说，它不像宗教性那么深，但的确是人们关注的热点问题、焦点问题和敏感问题。宗教学研究对这类问题不能回避，而必须直面它，对其进行严肃的、科学的探讨，找出解决问题的办法。在现实生活中，人们更多的是从社会性这个层面和角度来关心、关注宗教问题的。

因此，在中国，宗教学研究主要涉及以上三个层面的研究。应该说，它比西方的宗教学研究涵盖的面要广，是以宗教学为主的、跨学科的研究，不仅涉及不同的学科，而且受到不同机构、人群的关注。我想，我们今天的谈话可能以后面这三个层面为主展开更合适些。

方立天： 新平讲宗教学的内涵包括学术性、宗教性和社会性三个方面，我很赞成这种观点，但是否可以把学术性进一步扩展为文化性？合适不合适？这个问题我一直在考虑。事实上，许多宗教现象是具有很强的艺术性的，在观赏者的眼里它是艺术品，如宗教绘画、雕塑、建筑等。我个人的看法是这样的，文化性包含了学术性，学术性里边又以哲学最为重要。这可以说是宗教学研究必须关注的一个重要方面，即思想文化的方面。除此之外，研究宗教的历史性也很重要，只有通过历史的研究，我们才能更深刻地了解宗教的本质、规律。

赵敦华：还有必要强调的一点是跨学科的研究。方老师认为学术性应以哲学性为主，对此我有一点不同意见。以哲学性为主可能比较符合我们国内的研究情况，但从国际的范围来看就未必如此了。

卓新平：是这样的，方老师的说法与国内的情形比较一致。从宗教学在我国的实际发展来看，在我国从事宗教学研究的学者主要有两类：一类是研究历史出身的，因为宗教学研究需要了解各具体宗教发展的历史；一类是研究哲学出身的，因为对宗教的本质、社会功能、定位等作出分析判断，对于宗教学研究更是不可或缺的。上述情况也形成了我国宗教学研究的特色或侧重，尤其是哲学的特色或侧重更明显、更典型些。我认为，学术性也好，宗教性也好，社会性也好，都是从问题意识出发，都具有文化性的意义，之所以突出学术性，是想特别强调它对于宗教学学科发展的意义。

方立天：两位说得很有道理，但这里还有个学科分际的关系。因为在大学里，宗教学一直是放在哲学下面的一个二级学科，二者是结合在一起的，所以国内搞宗教学研究的学者多是从哲学系或哲学专业转过来的。这有好的一面，就是研究者有比较深厚的哲学底蕴，思辨性较强，学术成果的理论水平也比较高。但也有不好的一面，就是敦华强调的跨学科的特性体现得不够，面不够宽，其结果就是从社会学、心理学、语言学等角度或层面的研究还十分薄弱。

现在国家计量局确定的学科标准中，宗教学是独立于哲学以外的一级学科，但在教育部的教学培养标准中，它还是二级学科。这种分类客观上制约了宗教学按照自己的学科特点去做跨学科的发展。

卓新平：其实如果了解宗教学的发展历史，就不会把宗教学归到哲学之下作为一个二级学科了。

方立天：的确，由于众所周知的原因，过去我们研究宗教常常要遭人误解，甚至要冒一定的政治风险。1962 年，为了研究佛学，我到中国佛学院进修，回来以后就有风言风语，到了“文化大革命”期间更有人贴大字报，问我为什么到那种“牛鬼蛇神”成堆的地方去。我们今天从事宗教学研究，舆论环境已经有了很大的改善，但仍需要改进。即使在今天，在中国人民大学，有的人见到我仍会说："瞧，神学家来了！"（笑，摇头）

卓新平：记得当年我在准备报考宗教学专业研究生时，我所在的那所大学的校长就问我："你怎么想去研究宗教呢？想当和尚啊？"一直到1981年我们研究生毕业，宗教所要开联欢会，司机带着我和另一个研究生去商店买点糖果什么的，开发票的售货员问开哪个单位，司机脱口而出："开宗教所。"售货员马上就问："你们是和尚啊？"司机赶紧指着我和那位同学说："他们俩是，我不是。"（笑）

赵敦华：有的人，包括一些领导干部，一听说研究宗教学，就认为是要扩大宗教的阵地和社会影响。看来在这个问题上还需要做大量的宣传解释工作。

方立天：我想，这里面有两个相关联的误会：一是把宗教研究者与宗教信徒混为一谈，二是把客观的宗教研究与基于信仰的研究混为一谈。现实生活中，经常有人一听说我研究佛教，就问我："你信吗？"还有人认为我从事佛教研究一定懂得修持、修炼，有的博士生打电话给我："方老师，听说您对佛教有研究，我想跟您学修持。"真令人哭笑不得。宗教研究学者并不一定要有宗教信仰，他们不是为了宗教信仰而研究宗教，而是以科学的态度对宗教进行理性、客观的审视、研究。学术研究工作者是学者，不是信徒。

赵敦华：这其实涉及对宗教学学科本身的理解和定位。在我看来，宗教学研究需要做两个区分。首先要做的就是关于宗教和宗教学的区分。宗教学是对宗教的科学研究，是以一种冷静、客观的态度来研究宗教，不是劝人信教。在这方面很多人仍存在着一些模糊认识，甚至是误解，需要我们学界来澄清。第二个区分是要区分宗教学与神学的关系。这个问题涉及刚才新平谈的入乎其内与出乎其外的关系。宗教学系和神学院不能混为一谈，国外大学里神学院和宗教学系的分野是很明显的。欧洲的大学一开始是教会办的，神学院是最初的四个学院之一。由于历史的原因，欧洲的老大学都还保留了神学院的建制。美国的大学历史短一些，有的大学保留了神学院，但后来又建立了宗教学系。如耶鲁、普林斯顿的宗教学系和哈佛的世界宗教委员会和神学院并存，有些新大学，如斯坦福就只有宗教学系，而没有神学院了。神学院在大学里地位比较特殊，经费、编制往往是独立的，与大学往往只有图书共享、课程互选等松散的联系。我手头有一本美国宗教科学院发布的《美国高等教育的宗教学和神学》的报告，是该报告主持人哈特教授1997年送给我的。这份报告很能说明问题。宗教学系和神学院的教师的研究和活动的领域明显不同。比如，宗教学系的教员中66.5%（公立）和77%（私立）认为自己从事的是宗教学，而神学院教员中这个数目只有3.5%（新教）和17%（天主教）；反之，宗教学系中认为自己从事神学的比例是0%，而神学院中高达66%（新教）和59.5%（天主教）。再如，宗教学系中只有9%（公立）和20%（私立）的人为宗教信徒和团体写文章，而神学院则高达58%和78%。

何光沪：实际上，国外的很多大学都有宗教学系，宗教学课程已开设了百余年。至于神学院，在美国是独立的。在美国，一方面，哈佛等一些著名的综合大学是从神学院发展而来的，现在神学院在财政、人事等方面独立，在课程、教师、图书、研究等方面又与大学及其宗教系交叉；另一方面，任何宗教团体都可以开办自己的神学院或宗教学校。在欧洲，不少大学也有神学院或神学系，有的国家在一所大学里还有天主教神学系和新教神学系并存，但它们是与宗教学系不同的。宗教学研究与神学研究的区别在于：前者是从理性出发，以认识宗教（多种宗教或整体宗教）为目的；后者是从信仰出发，以阐释教义（只是一种宗教的教义）为目的。当然，二者也有联系。宗教学尤其是宗教哲学研究的对象，包含神学的一些内容，而神学也是要应用理性的。二者的方法或态度不同，但是内容材料和思想结论却会有交叉。宗教学对于神学或宗教，是站在庐山外面看庐山，因为宗教学家要记住：“不识庐山真面目，只缘身在此山中”；但是又必须走进去看，因为宗教学家也知道：“横看成岭侧成峰，远近高低各不同”。永远不进去，如何能看得真切？永远只横看，如何能得见高峰？

赵敦华：把光沪的这两句话综合起来，实际上就是要强调“内学”和“外道”的对话。“内学”是宗教信徒的研究心得，它的长处是有宗教体验。宗教学不完全是纯客观的学问，它的很多道理是主客观交融的，没有宗教体验很难把它讲清楚。但是，“内学”也不要因此而看不起“外道”。有些宗教信徒对那些研究一门宗教而又不信这门宗教的学者说，你们就好像是没有结婚、不愿意结婚的人在那里大谈性爱，能谈出什么真谛！我认为不能这样做比喻。不信教的学者在研究宗教时，抱着一种同情的理解的态度，也可以与所研究的对象心心相印，弥补没有宗教体验的缺陷。另外，“内学”也有缺陷，感情太投入，与所研究的对象没有了距离，也会产生研究的盲点和误区，而用“外道”可以弥补这个缺陷。“外道”不只是讲“同情的理解”，而且也讲“客观的叙述”和“批判的超越”，这三条结合起来就比较全面了，能够把宗教学当作一门科学来研究。

何光沪：不过应当承认，宗教学特别是作为科学的宗教学，在它形成和发展过程中，它的研究主体有相当一部分是基督教徒。其实，一门学科能否成为科学，很大程度上不取决于研究主体，而取决于研究方法。从事宗教学研究的不一定是宗教信徒，但也可以是信徒，正如有些大科学家也是信徒一样，他们的信仰并不影响他们的科学研究、科学立场，二者之间没有直接的关联。

赵敦华：对，关键是要坚持科学的立场和方法，否则就不能称之为“学”了。在这个问题上，正像方老师所说的，的确有必要把宗教学和神学做些区分，我这里所讲的神学是广义的，也包括诸如道教、佛教等。当然，基督教神学从托马斯·阿奎那开始就一直强调自己是一门科学，但它与现代意义上的科学的含义是不一样的。

卓新平：这个不一样还在于研究的前提不同。神学以信仰为前提，而宗教学研究并不以信仰为前提，相反它悬置研究者的信仰，首先采取客观描述的方法，二者有交叉，但还是有一个基本的定位。

赵敦华：前提和方法的区分确实很重要，此外，还有一个重要的差别是它们在研究对象和研究范围上也有所不同。神学基本上只研究它自己的宗教，阐明自己的教理、教义，在与其他宗教对话、交流的时候，总是想反驳对方，试图消融对方，使其他的宗教成为自己的一部分。宗教学是一种跨宗教、跨学科的研究，不可能只研究某一种宗教，它强调不同宗教间的对话，对它们进行比较，从而能够摆脱各具体宗教的局限性。正如我们经常所说的：“不识庐山真面目，只缘身在此山中。”仅仅局限在自身的宗教中是有盲点和误区的，只有通过比较和鉴别，取长补短，才能对宗教的复杂多样性形成全面、科学的认识。

卓新平：一方面，我们要看到宗教学研究与神学的研究是有别的；另一方面，我们应把神学研究的问题、方法、历史作为我们研究的对象。也就是说，我们的前提是确定的，定位是明确的，视野是开放的。

赵敦华：前面新平说到内部研究，所谓内部研究，就是用各种宗教它自身的材料，了解它们内部不同学派及其之间的相互批判，对这种批判进行有机的结合，进而揭示出神学发展的内在逻辑，就像黑格尔写哲学史一样。黑格尔写哲学史就是用一个环节否定另外一个环节，但又保留了前一个环节的合理内容。事实上，神学的发展也存在着黑格尔所讲的那种辩证过程，我们只有深入地了解神学理论及其逻辑，才能掌握它内部发展的辩证过程。所以，我认为，对神学的批判还是要提倡入其内，进行内部的批判。虽然我们不信仰它，但要了解它，理解它，首先要有同情的理解，然后才会有超越的批判。如果没有起码的同情，那么你就无法理解它，没有理解，你也就只能站在外面讲外行话，就只能仅仅是宣传，只是把自己的观点传播出去，至于别人是否接受就不管了。

（二）与时俱进的中国宗教学研究

方立天：马克思说“宗教是人民的鸦片”，列宁又把这个论断强化为“宗教是麻醉人民的鸦片”，加上鸦片在中国近代史上给中国人民带来的沉重灾难，使得我们过去总觉得宗教是个坏东西，必欲除之而后快。我们过去对待宗教的一些“极左”的做法，大概都与如何理解经典作家的这些论断有关。宗教的确有鸦片的性质和功能，但经典作家所说的鸦片，原意真的像我们在中国近代史语境下所理解的那样只是灾难吗？另外，这些具体论断能代表经典作家关于宗教问题的完整思想吗？20 世纪 80 年代我国宗教学界的“南北战争”或“鸦片战争”就是讨论这个问题，但由于种种原因未能进行下去，我觉得这方面的确需要继续认真探讨。

无论对学科发展，还是对实际的宗教事务管理工作，这都是具有重大意义的基本理论问题。不解决这个问题，我们对待宗教就摆脱不掉那种暧昧的态度，宗教学研究就摆脱不掉那种尴尬的处境。

赵敦华：“宗教是人民的鸦片”，这是马克思关于宗教的一个著名命题。“人民的鸦片”在德文中是das Opium des Volks，是人民自己制造、拥有和使用的麻醉品，而不是少数人为人民（für Volks）而制造的毒品。只要改变德文的一个介词，把表示所有格的des变成表示目的性的für，那么马克思的意思就全变了。宗教变成了少数人为了欺骗、麻痹广大人民而炮制出来的统治压迫工具。事实上，激进的18世纪的无神论者就是这样批判宗教的，但马克思的宗教观超越了18世纪的无神论者。我们现在的一些人还是按照18世纪的眼光来看待马克思对宗教的批判，他们要把宗教当作少数人恶意制造出来的谎言和毒品，予以鞭挞和抛弃。

另一方面，马克思也确实对宗教给予了深刻的批判，主要分两个方面：其一是关于宗教产生的认识论根源。马克思明确地指出，宗教是一种颠倒了的世界观。但是，宗教之所以是颠倒了的世界观，那是因为“产生了宗教”的国家、社会“本身就是颠倒了的世界”。其二是关于宗教的社会功能。马克思认为，宗教是对社会苦难的一种抗议，但是一种消极的抗议，精神上的抗议。马克思对宗教的社会功能的分析包含着这样一个意思：既然宗教是人民对待现实苦难的一种方式，虽然是消极的但却是不可避免的方式，那么，首先应该消除的就是人民在现实中的苦难，而不是人民对待苦难的方式。所以，他说：“反宗教的斗争间接地也就是反对以宗教为慰藉的那个世界的斗争。”

我认为，宗教的社会功能问题是马克思主义宗教观的核心，马克思给出的结论还是很全面的，他所采用的方法也给了我们一种宗教批判的示范作用。在西方宗教学界，马克思的宗教观也是很有影响的。西方宗教学界在讲宗教学的时候，一般都要提到马克思、尼采、弗洛伊德这三位怀疑大师。马克思用社会学的方法从认识论角度对宗教所做的批判，比尼采、弗洛伊德从文化、心理的角度所做的批判要深刻得多。当我们概括马克思主义宗教观的时候，“宗教是人民的鸦片”的命题是不能回避的。当然，如果你不同意马克思的宗教观，那是另外一回事，但如果你还认为要坚持马克思主义宗教观的话，这个命题就不能回避。

何光沪：其实，宗教在我们今天的乃至今后的社会生活中，都会发挥其重要功能。

关于马克思主义宗教观，我认为“宗教是人民的鸦片”这一说法受到了歪曲或误解，应该正本清源。首先，“鸦片”是一个比喻，不是一个定义，更不是全面的描述，马克思主义经典作家在其他地方有较全面的描述，对马克思主义宗教观也存在要“全面地、准确地”理解的问题。第二，这句话讲的是宗教的一个功能（并没有讲到宗教多方面的功能），即让人民安于现状，反对造反。但是我们也不应该忘记，恩格斯不止一次用“外衣”的比喻，讲到宗教有相反的功能，即为人民的造反、起义和革命提供了组织形式和宣传手段。中外历史上这方面的例证很多，后来有些学者称这个功能为“兴奋剂”。第三，反对造反并不绝对坏，鼓励造反也不绝对好。常识告诉我们，好坏的评价取决于造反的对象是什么；历史唯物主义也认为，其进步或反动取决于其是否适应于生产力发展的要求。顺便说一句，马丁·路德·金的例证告诉我们，基督教并不反对“抗恶”，而是反对“以恶抗恶”。

现在我们应该注意马克思以后的一些研究成果或一些新的学术进展，同时还要注意马克思有关宗教问题的其他论述，如“宗教里的苦难既是现实的苦难的表现，又是对这种现实的苦难的抗议”。“宗教是被压迫生灵的叹息，是无情世界的感情，正像它是没有精神的制度的精神一样”，等等。按马克思的说法，为什么“国家、社会产生了宗教即颠倒了的世界观”？因为“它们本身就是颠倒了的世界”。马克思主义一个最基本的原理是“社会存在决定社会意识”，由此导致了马克思主义对宗教和社会问题的一系列主张：“于是对天国的批判就变成对尘世的批判，对宗教的批判就变成对法的批判，对神学的批判就变成对政治的批判”；不要到宗教中去寻找宗教的根源，而要到社会中去寻找宗教的根源；所以不要对宗教宣战，对宗教宣战是“愚蠢的举动”。在此，让我们重温一下马克思和恩格斯的原话：“取缔手段是巩固不良信念的最好手段！有一点是毫无疑义的：在我们时代能给神的唯一效劳，就是把无神论宣布为强制性的信仰象征。”列宁也在政治上提出：“在公民中间，完全不允许因为宗教信仰而产生权利不一样的现象。”所以，中国宪法规定宗教信仰自由，也是同马克思主义宗教观相一致的。

宗教的根源在社会，这是社会存在决定社会意识的历史唯物主义基本观点。忘记这个基本观点，只讲“鸦片论”，就会只注意马克思主义宗教观的一个方面（功能方面，而且只是其中的一个功能），而把基本的方面丢掉了。西方宗教社会学家大都十分重视马克思宗教观的贡献，但是他们似乎太偏重于功能论了。当然，马克思以后才产生的宗教学，发展了一百多年，取得了丰富的成果，我们也必须借鉴。

方立天：把研究宗教学和研究马克思主义对立起来，这是错误的。宗教研究是人文社会科学研究的一个重要领域，也是马克思主义研究的题中应有之义，马克思、恩格斯研究过宗教，列宁研究过宗教，毛泽东对宗教问题也表现出了很浓厚的兴趣，怎么能把它们对立起来呢？

必须把研究宗教和搞唯心主义加以区别。有人听说我们成立了宗教学系，就说："噢，你们那里是把马列主义和唯心主义并举。"其实，研究宗教哪里就是宣传唯心主义呢！把马列主义与宗教研究对立起来，对我们的事业是很不利的。还存在一个问题，就是认为研究宗教是脱离、逃避现实。众所周知，宗教问题已越来越成为我们现实生活中的一个重大问题，江泽民总书记也一再强调民族、宗教无小事。宗教与现实政治是密切相关的，国内国际事务的发展都表明了这一点。我们今天加强宗教学研究，正是为了直面现实，是需要很大的毅力和勇气的。

卓新平：实际上，我们国家的宗教学研究走过了一个从不了解、不理解到开始了解、理解的过程。应该说，我们一开始开展宗教学研究时，主要是出于一种问题意识，只是感到宗教问题很重要，有必要进行研究，而且这种想法在社会上并没有达成共识。近几年来，由于国际国内形势的发展，人们逐渐感觉到了宗教问题的重要性。江泽民总书记就指出："民族、宗教无小事。"应该说，现在人们对宗教和宗教学已经有了初步的了解，意识到有必要对宗教进行科学的研究，从而使得宗教学的发展有了一个比过去好得多的外部环境，当然，还有许多问题并没有得到根本的解决。这也涉及我们对马克思主义宗教观和马克思主义研究宗教的方法的理解，对于经典作家的有关论述，一方面要看到它们的历史价值和意义，从某种意义上是应该跟着说的；但另一方面，学术研究不能仅仅停留在跟着说，我们现在强调与时俱进，这是非常重要的辩证的思想，要根据国际国内发展的现实，对经典作家的观点理论不仅要跟着说，而且要接着说，要有所创新，这也是学术发展的灵魂所在，要有发展变化的问题意识，在解决问题的同时摸清规律，抓住本质，进行理论创新。

在理解马克思主义宗教观问题上，我们应看到在世界范围内宗教的社会存在及其思想意识在20世纪出现的新变化，在政教关系上形成的新局面，也必须关注宗教在适应当代中国社会主义社会上所具有的新姿态和前所未有的新发展。这样，在正视社会、宗教均在变化、发展这一现实的基础上，研究、认识宗教内涵的丰富多样、宗教存在的各种意义，洞察、把握社会与宗教发展变化上的能动性、互促性、多样性，从而达到对宗教本质客观、准确的分析、理解，促进宗教与我们当今社会的更好适应，建立二者之间的新型关系。只有如此，才可能真正科学、辩证地发展马克思主义宗教观，为中国宗教学研究提供正确的指导思想，形成良好的社会氛围。在此，我们应从社会发展、文化战略和全球意识上来考虑宗教问题，开展宗教研究；不仅要从世界格局、人类发展的现状上认清宗教所具有的“特殊敏感性”和特殊重要性，更要根据中国的国情来弄清并解决好宗教意识与中国当代主流意识的关系，中国宗教与中国文化发展的关系，宗教在中国社会、政治中的意义及作用，宗教与中华民族信仰传统的关系，信教群众与广大人民群众根本利益的关系，等等。由此可见，中国的宗教学建设必须面对并回答当前宗教所涉及的许多“全局性、战略性、前瞻性”的理论和实践问题。这些问题的提出和解决亦势必促进中国宗教学的基础性、理论性、历史性和知识性研究。

（三）宗教学研究的方法及中国学派的建构

卓新平：从宗教本身的发展来看呢，我认为西方宗教学的一些基本原则我们是可以借鉴的，比如“参与性观察”、“本质洞观”，还有像牟钟鉴先生所说的“同情的理解”。它们不是与研究对象保持距离，在一边说三道四，而是深入其内，这有助于我们了解一些根本的带规律性的东西。当然宗教现象学研究有一个特点叫“中止判断”、“价值中立”，这一点我们是不能同意的。宗教学研究中的一些价值命题是不能中立的，也就是说，价值问题不能回避，狭义宗教学试图回避这些问题，其实一个真正成熟的学科是不应回避任何问题的，至于作出不同的回答、解释，那是不同的学术观点、学派之争，但我们不能回避这些问题。

方立天：以我多年来的研究体会，感到在进行宗教学研究时需要解决三个关系，即研究与体验的关系、研究与信仰的关系、研究与批判的关系。这也是从汤老（汤用彤先生）那儿受到的启发。首先，关于研究与体验的关系。研究是需要体验的，需要进去的。有一次，张岱年先生见到我，对我说："老方，你研究佛教可要进去啊！"当时我一怔，我觉得张先生说得很对，确实需要进去细心地体察某些东西，如果你只是在外边转悠，就不可能了解其中一些情感上、心理上的微妙体验，也就谈不上深入的研究。当然，我们进去还是要出来的。关于研究与信仰的关系，汤老也说过："我反对以盲目信仰态度来研究佛教史。"盲目的信仰是不可取的，研究就更需要客观、理性了。同时，还要有批判的眼光，但仅仅外在的批判是不够的，还需要了解各种宗教的思路，用它的语言对其进行内在的批判。佛教也是不断地在内部批判的过程中前进的，内部各流派也经常进行一些争论、论战，而不是扣帽子。

我把自己研究佛教哲学的方法总结为八条：（1）结合现代的人学、宇宙论和实践论等方法，从佛教典籍中筛选出具有深厚哲学意蕴的问题，进行哲学的研究；（2）运用现代语言诠释佛教哲学的术语、概念和范畴，解说其思想；（3）寻究佛教哲学思想的原本意义；（4）体会佛教某些哲学语言的言外之意；（5）探索佛教哲学思想发展的规律；（6）总结佛教哲学理论思维的成果；（7）比较研究以凸显佛教哲学思想的特色；（8）阐发佛教哲学的现代价值与意义。

何光沪：研究宗教与信仰宗教的不同，不在于人员的不同，主要在于方向或方法的不同。前者由外向内，后者由内向外；前者运用理性，后者执著信仰；前者强调"不识庐山真面目，只缘身在此山中"，后者强调"不识庐山真面目，只缘身在此山外"。实际上，山中、山外、横看、竖看、远看、近看是互补的。刚才敦华兄提到"同情的理解"，"同情"一词在西方语言中有"共振"、"共鸣"的意思，收音机若不调到发射台的波长，就什么也听不到。

所以，全世界研究宗教学的学者，既有信徒，也有非信徒，还有怀疑论者，这正如无神论者可以研究有神论，有神论者也可以研究无神论一样。总之，不能仅从人员构成上来对二者加以划分。

方立天： 现在我想提出一个想法，即在21世纪能否形成宗教学研究的中国学派？不知诸位是否认同，也不知这想法能否成立。我同意诸位所说的，宗教学在中国有一个从不了解到了解的过程，需要有一个发展过程，但我们也应该看到，在20世纪二三十年代，中国就已经有个别学者在宗教学领域探索、耕耘，比如谢扶雅写出了《宗教哲学》，是取得了一定成果的。20世纪50年代以后，我国的宗教学研究主要是宣传无神论，并在历史唯物主义原理指导下研究宗教取得了一定的成就。改革开放以来，出现了一些重要的情况和变化：一方面，国外的许多关于宗教学研究的书籍被介绍到中国来，出版了大量的宗教学译著，学者们接触到了国外的学术研究成果；另一方面，这也是最重要的方面，就是我们培养了一批学者，包括在座的你们各位，这些学者了解国外宗教学研究的前沿动态，在国外留过学或访问过，有相当的西学背景，这对于形成宗教学研究的中国学派是极为有利的条件。此外，近些年高校（综合性大学）、社科院系统相继成立了一些宗教学系或宗教学研究所，也推进了我国的宗教学研究，取得了很多学术成果。所有这些努力，我认为有望在本世纪形成宗教学研究的中国学派。

何光沪： 我认为中国学派的形成，实际上是一个水到渠成的问题。现在，中国的宗教学研究尚处于起步阶段，在这个阶段谈中国学派是否合适？它仅仅是我们的一种良好愿望呢？还是我们确有这个实力？

依我之见，我国的宗教学在相当困难的环境下起步不久，国外发展了一百多年、已经成果累累的一些重大分支学科，如宗教社会学、宗教心理学、宗教现象学等，在我国甚至尚待开展研究。在这种情况下，谈中国学派恐怕太早。另外，人文社会科学领域虽有很多学派，宗教学也有一些学派（如芝加哥学派、宗教心理学中的精神分析学派等），但多以方法、理论或大学命名，以国家或民族命名的学派，至少极其罕见，在科学研究中强调民族性也不合适。说到底，学派是自然地历史地形成的，是约定俗成的名称，如此而已，重要的是要做出成果来。所以，中国宗教学研究中不同学派的形成，我寄希望于下一代学者。

卓新平： 在这个问题上，我赞同方老师的意见，并认为确有可能形成宗教学研究的中国学派。

首先，从人员结构上看，与西方宗教学比较可以看得出来，中国的宗教学研究队伍的构成与西方有所不同。西方宗教学在19世纪形成，已经历了一百多年的发展，但在西方，神学内部研究宗教的学者要远远多于其他人文学科领域进行纯宗教学研究的学者，二者相比较，前者的力量要强大得多，而且从现状来看，严格意义上的西方宗教学研究队伍相对还是比较弱的，宏观意义上的西方宗教学研究队伍很大，比我们要大得多，但如果没有神学界众多学者的参与，其纯粹的宗教学研究队伍则不是很强大。相比较而言，经过改革开放以来二十多年的发展，我们的研究队伍的主体主要集中在人文社会科学领域，而不是在宗教领域，这与西方和整个世界的宗教学研究形成了鲜明的对照，也是中国宗教学在人员结构上的一大特色。如果说形成中国学派的话，从某种意义上说，这个就是它的一个重要基础。

其次，在研究的侧重点方面，中国的宗教学研究也与西方不同。我们研究、关注的一些问题，西方宗教学并不是很关心，或者说没有给予足够的关注，比如中国人的信仰和宗教性问题，儒家传统与中国宗教的关系，中国宗教与历代政权及相关政治的关系，宗教在中国社会存在、适应的方式，以及中国宗教研究在“科际整合”意义上的人文社会科学关注和关联等，都颇具中国特点，乃典型的“中国问题”。

第三个大的区别在于，西方宗教学研究从目前的现状来看，对于细的分支学科的研究比较关注，但宏观的、整体的研究比较欠缺，而中国的宗教学有自己的学术传统，这就是善于从宏观、整体、本质上把握问题。这种“大写意”的研究方法大概不只是在宗教学、也不仅仅在其初创阶段，而且在其他学科亦多有体现，包括许多历史悠久、积淀深厚的学科，故可视为一种“中国式”的思维或研究方法，一种“中国特色”的问题意识和提问方式。它与那种“工笔”式的精雕细刻、凸显局部之研究可以互补，却无法彼此替代。在这方面，我们可以扬长避短，进一步发扬我们的特色，进而形成宗教学研究的中国学派。

在我看来，许多学者提出宗教学研究的中国学派问题，并非无稽之谈。事实上，目前中国在宗教学研究方面的特色已经引起了全世界的关注，有的西方学者已把它列入20世纪下半叶中国特有的学术现象，认为这本身就是一个值得研究的课题。所以说，提出宗教学研究的中国学派或特色还是能站得住脚的，有必要的，至于说对这个学派及特色怎么理解，是否以“中国”来统而论之，则还有待于进一步探讨。

何光沪： 关于宗教学研究的中国学派，新平赞同方老师的看法，并认为我们的学者队伍与西方不同。我们的宗教学研究队伍的确有自己的特色，例如，学哲学、历史、文学等出身的比较多，注意的问题不一样，总体上说从事宏观描述比较多。但我觉得，这在很大程度上可以说是一种特殊的社会现象，是中国现代重大历史事件的结果之一。在我国，宗教和宗教学研究这么多年来的艰难处境，大家是清楚的，特别是“文化大革命”期间，文化、学术也遭到了严重破坏。结果，教内教外在宗教学方面都是研究人才缺乏，研究力量薄弱。改革开放以来，中国学者忧国忧民，关注一些中国特有的问题，由此也引发了研究中的宏观倾向。我认为，这种宏观的研究倾向在学术上是一种不太正常的现象。学术积累需要从小问题着手，而中国学者多关注大问题，这在百废待兴的环境下或一片空白的领域中是自然而必要的，但对学术积累是不利的。确实，我们的宗教学研究空白太多，破坏太严重，大家给予宏观问题较多的关注是正常的。但我觉得，这个特点在很大程度上是一种现阶段特有的文化现象，而不一定是我们的学术优势。我们现在更需要的恐怕应是“学术正常化”。就宗教学来说，还要有一个良好稳定的学术环境，在这个基础之上，才谈得上学派的自然形成。

赵敦华： 但无论如何，建构宗教学研究的中国学派应该成为我们学术界的一种自觉，有这个自觉和没有这个自觉的结果是大不一样的。中国学派除了要强调中国特色外，还需要有普世意识，最后得出的理论、观点，中间使用的方法，都要有普遍的意义。这一点上，中国学者还需要作出努力。犹太民族为什么能出那么多大学者、大思想家？大家知道，犹太民族实际上是一个很小的民族，但它思考问题绝不会只从犹太民族的角度出发，而是从世界的命运出发，所以才诞生了马克思、爱因斯坦、弗洛伊德这样一些世界级的大师。民族特色、文化传统与普世理论、普世意识、普适性并不矛盾。犹太民族几个世纪以来漂泊、迁徙，无家可归，但仍有很强的民族特色、民族凝聚力和独具特色的民族文化。我们可以创建中国学派，但研究的结论不能只对中国适用，“中国特色”不能成为仅局限于本国的一个借口，不要把创建中国学派的目标与理论的普适性要求对立起来。

方立天：关于中国学派，我认为它应具有这样几个特色：(1) 它是运用中国的或东方的宗教的现象、宗教的经验阐述宗教理论、观点，进行研究。(2) 中国学派要有鲜明的时代意识，要对时代主题、时代的关怀给予充分的关注，对宗教与社会之间、宗教与宗教之间的协调机制进行探讨，以此来推动社会的和谐、进步与发展，这当中也包括对新兴宗教给予充分的关注。当今社会，教派冲突加剧，东方宗教与社会的关系方面是否有可借鉴之处？很值得研究。(3) 中国学派应是实事求是的、综合创新的，应具有开放的、融和的心态，特别要注意吸收西方宗教学研究的成果，要虚心地吸取、借鉴，与西方宗教学界进行交流、对话，共同推动宗教学研究的发展。(4) 中国学派的形成有一个很重要的标志，就是宗教学下面的各分支学科要有自己的学术带头人，形成一个群体，并在世界宗教学研究领域占有一席之地。宗教学研究涉及的面非常广，需要有广博的知识，也很难学，要耐得住寂寞，因此，我认为应该鼓励年轻人早一点从事宗教学研究。中国学派需要具有自己的特色，否则也就很难称得上中国学派了，它应在理论研究的方法上与西方现有的成果有一个良性的互动。

何光沪：中国的宗教学研究的确有一些独到之处，例如，佛教中国化的问题，儒教是教非教的问题；也有某些独特的课题，比如，关于宗教如何在社会主义制度下生存的问题，如何与社会主义相适应的问题。其实，在西方，宗教学也面临这方面的问题，比如，宗教与资本主义相适应的问题，世俗化的问题。我们还可以看到，天主教会和各基督教会对资本主义社会的批判，不仅是尖锐激烈的，而且也是非常深刻的；但另一方面，适应多元化、世俗化的社会也是必要的。

中国学派的问题，我认为应该是一个水到渠成的问题，当然也得努力挖渠。20 世纪 90 年代中期，学术界讨论社会科学“本土化”问题，有赞同的，也有反对的。但我想，那主要是学术规范问题，不是最重要的问题。我认为最重要的问题是：对中国的社会科学研究而言，问题应该是本土的，方法应该是普遍的。我们的社会科学研究应该关注本土的问题，但它的方法应追求普遍性，否则就不能称之为科学。宗教学也是科学，科学应追求普遍性。中国的宗教学者关注中国特有的宗教现象，这是必然的，也是我们的职责和追求。如果我们能够由之而形成具有普遍意义的方法，我们就形成了中国学派，也许应该形成不止一个学派，但这是需要一些条件的。

卓新平：宗教怎样与社会主义相适应，是全社会、全民都关注的课题。对这个问题的研究和解决将是一个漫长的过程，不可单纯地从政治层面来理解这个问题，不能仅仅把它当作一个政治任务，还要从学理上把这个问题搞清楚，还需要进一步解放思想，破除一些条条框框，从文化思考上探研中国文化的构建，中华民族的信仰特色，中国社会与宗教在相互适应、调整中如何面对开放世界的发展和全球化挑战等问题，只有在此基础上中国学派才能真正建立起来。

方立天：中国人的宗教信仰、中国的宗教现象肯定与西方的不同，西方学者对此已经给予了关注，比如中国“三教”融合的问题等，就很有特色。

赵敦华：我觉得现在中国宗教学研究的方法问题很突出。我国研究宗教学的人不是学哲学出身，就是学历史出身，还有一些是学外语出身的，大多是凭着思辨、考据和文字功夫做学问，社会调查或田野调查做得很少。有人可能认为实际调查对实际问题是必要的，对研究宗教学理论和历史就不重要了。其实不是这样。宗教学不是哲学，也不只属于人文学科，而是跨学科的，社会科学的成分很重，特别是它的方法，离不开社会科学的实证态度和方法。宗教社会学不仅仅是宗教学的一个分支，宗教社会学的方法在宗教学各分支学科有广泛的运用。另外，研究传统宗教也需要田野调查。现在的传统宗教，如道教、佛教的仪式保留在民间习俗之中，需要田野调查来发掘，光靠义理的阐述是不够的。另外，史前宗教这一大块，除了需要考古和古籍的相互验证之外，更需要在少数民族保留的原始习俗中找证据、找线索。

卓新平：中国宗教学的发展、定位，既要借鉴西方的研究成果，但也没必要走它们的老路，而要有自己的创新，并根据现实情况加以发展。一方面，我们要让社会了解、理解这个学科的发展对国家本身的现实意义；另一方面，也要通过这种了解和理解看到学科建设的学术意义，及其在中国文化中的定位和意义。如果这两个方面都做得理想的话，学科发展走的弯路就会少些，但从目前来看，困难还是很多的。我国作为一个文明古国，一个泱泱文化大国，宗教学学科体系的建构对于中华文化的发展也是必不可少的，应把人们对宗教现实问题的关注引导到对基础性、理论性问题的关注上来，这样的话，我们这个学科的发展就有保障了。把现实问题讲清楚，要有基础研究作保障。宗教问题敏感性强，一个是国际国内形势造成的，一个是与主流意识形态的关系。问题意识不能仅从负面作用入手，而应找到一个客观的切入点。在其基础研究的意义上，宗教学乃全面触及人的精神世界，其关注的核心是人的精神生活、精神象征、精神依托和精神动力。所以说，宗教学是对人类精神奥秘、人类文明之魂的探究，与其他“谋事”、“谋物”之学不同，宗教学的微妙恰在其乃“谋心”之学，探讨的是人的“心路历程”。这种研究有时会超出“理性”认知之维和社会原有“共识”，故有其敏感性和学术“风险”。对此，有必要使社会认识到，了解人的超然追求和终极关怀，破解人的心灵奥秘和深蕴心理，也是宗教学所担负的人文社会科学基础及理论研究的重要使命。宗教学在此有着超乎“纯学术”的意义，其研究和训练有助于人文精神与科学精神的系统培养和有机结合，使人们体会人之精神世界的精微和复杂，正确理解人类信仰现象及其特征，从而在“学理”层面形成对人之精神生活的正确引导，以其学术影响力来起到社会教化和精神指导的作用。

赵敦华：改革开放以来，我国的宗教学研究有了突破性的发展。在1995年的时候，北京大学成立了宗教学系，在国内外引起的反响还是很好的，国外媒体把这一举动称为中国改革开放的成果之一；在港台地区也有学者评价说，共产党的气魄比国民党要大，因为台湾地区至今只是在私立大学设立宗教学系，公立大学没有这方面的设置。当时在写给上级的申办报告中，我们也申述了这样一个理由：北京大学要办成世界一流大学，而世界一流大学都设有宗教学系，我们如果缺了这一块，学科体系就不完整了，会影响到其他人文社会科学学科的发展。但直到现在，还有人对宗教学系有顾虑，有的大学领导甚至说，国外的大学没有宗教学系，我们为什么要办宗教学系？这是不了解国外教育状况嘛。据我前面提到的那个《报告》里统计，美国有2335所研究宗教的机构，其中1311所属于有四年制本科的正规大学或学院，这些大学或学院中的873所有宗教学系或专业；关于宗教学研究的前景，46%被调查的学者认为将进一步发展，43%的学者认为会维持现状，只有19%的人认为会萎缩。

从我们国家的情况来看，1995年以后，高校宗教学的教学和研究发展很快。部属重点高校有的建立了宗教学系，有的建立了宗教学研究所或中心。高校宗教学研究异军突起，和原有的社科院系统的宗教学研究队伍相互配合，成果累累，标志着我国的宗教学研究进入了繁荣时期，这也是我国思想解放、学术自由的一个标志。

（四）展望新世纪宗教学研究的重大课题

何光沪：我想，宗教领域在20世纪已经初露端倪、而在21世纪尚待解决的重大问题，应该构成新世纪宗教学的重大研究课题。这样的问题有三个。

一是宗教与形形色色的极端主义的关系问题。20世纪末期开始，不少政治的、文化的、种族的极端主义甚嚣尘上，有时还制造轰动事件，甚至恐怖事件，的确对人类生活在各方面都造成了相当的冲击。这些极端主义当中，很多都打着宗教旗号，或者与宗教有着或远或近、或真或假、或直接或间接的非常复杂的关系。它们同各种具体宗教的关系究竟如何，同整体的宗教精神是否协调，同经济、政治、文化等方面的社会环境有何关联，这些问题无疑在等待着宗教学家去研究和解答。

二是各个宗教之间的关系问题。20世纪后期，各国已经先后不同、程度不同地开始了多样化或多元化进程，其中包括宗教的多元化进程。到了20世纪末期，伴随着经济全球化的加速，整个世界的文化多元化和宗教多元化更加明显。一方面，各大传统宗教及其各个教派共处于一个日益缩小的世界；另一方面，各种新兴宗教如雨后春笋，层出不穷。这就提出了各个宗教之间如何和平相处的现实问题。一些宗教内的有识之士为促成和平的目标，发起了对话运动。这就向宗教学界提出了挑战，即研究宗教之间对话的根据、条件和方法等重大理论问题。

三是宗教的未来问题。20 世纪宗教领域有两大趋势：第一，在许多地区，传统宗教的衰落与社会世俗化并行；第二，在很多地区，传统宗教的复兴与新兴宗教的兴盛并行。宗教在过去三百年的现代化进程中经历了沧桑巨变，但是不但没有死亡，而且丝毫没有死亡的迹象。这就使得人们不能不思索：宗教的未来会是如何，它（或它们）会以什么面貌或形式存在下去，人们的宗教生活在将来会是怎样，宗教与未来社会的关系又会如何，等等。这些问题，可以说构成了宗教学目前的重大任务。

卓新平：光沪的建议很重要，但还不够。现实重大问题的研究应成为新世纪宗教学研究的一个重要的方面，也还要有其他方面。我认为，重大课题至少应由如下三个方面来构成：其一，与现实关联的全局性、战略性、前瞻性课题。除了上述三个问题，还应加上宗教在现代中国社会的文化存在、作用和意义问题，对其可能功能和命运做一番涵盖社会政治层面的文化战略思考。这一领域的课题应随新世纪出现的新问题来调整、补充，故应保持其开放性。其二，与宗教学学科发展相关的基础性建设课题。西方宗教学的创始人缪勒在提出“宗教学”这一学科之后，曾亲自出面主编 51 卷的《东方圣书集》，为这一新兴学科的发展奠定了良好的资料基础。因此，在目前和平发展的大好形势下和我国改革开放“盛世”国力雄厚的条件下，应设计一些基础建设、资料整理的重大课题。与现实相关的课题会随着现实的发展变化而改变，有些课题会有时过境迁之命运，而这种基础、资料建设的课题则可跨越时代，长期留存，成为标志我国宗教学发展的重要里程碑。其三，与宗教学体系构建和完善相关的理论性课题。如大家所讨论的，中国宗教学究竟为一种什么样的体系，它的构建、内容是什么，我们应该解决哪些基本问题，建立哪些必要范畴，形成什么框架等。这些“亮点”或突破点会逐渐显示出中国宗教学的发展“轨迹”。没有这些构思和努力，中国宗教学体系不会“自然而然”地形成。我们不要揠苗助长，但必须耕耘培植。总之，我们应该在认清宗教学的世界背景和中国氛围之前提下，在新世纪的研究中既体现宗教学的现实意义，亦实现其学科意义。

赵敦华：依我之见，当今的宗教学研究的重大课题，无非还是两个大的方面：一是继承传统，二是关注现实。宗教传统又多又长，既有经典，又有义理，还有仪式和各种各样的宗教活动史，每一宗教的每一方面都是一个大课题，做好了都是功德无量的事。我们现在对宗教传统的研究不是太多，而是太少了。不要把古今割裂开来，以为二者一定是厚此薄彼、此长彼消的关系。对于世界各大宗教，不了解它们的过去，如何知道它们的现在和将来？当然，过去不能说明现在和将来的一切，所以关注现实也同样重要。关注现实的课题也很多，我现在想得比较多的是两方面：一方面是宗教学各分支学科的建设，如宗教社会学、宗教心理学、宗教现象学、宗教哲学、宗教人类学、宗教考古学、宗教艺术、宗教语言学、神话学，等等。在这些领域，我们现在还停留在翻译介绍西方著作的初级阶段。光沪谈到在西方这些工作基本上是基督徒做的，关键不在于他们的身份。但我认为，关键是他们自觉和不自觉地根据他们对基督教的理解和知识，来规定宗教学的一般原理。比如，很多人认为宗教的必要条件就是要崇拜神，这就不符合佛教的情况嘛。我们现在的一个任务就是要联系中国宗教的情况，用宗教对话的方法，用各大宗教的基本事实，去纠正、补充和发展宗教学各个分支的理论。另一个现实课题是对世界新兴宗教的研究。国外把 cult 当作新兴宗教的一个重要组成部分，我们现在把 cult 翻译为邪教，认为邪教不是宗教。为了避免不必要的混乱，可以这样说，但要真正了解邪教的性质和一些带有规律性的东西，恐怕还是离不开宗教学的理论。比如，不谈宗教社会学和宗教心理学，只是从社会学和心理学的一般道理出发，很难把邪教的影响力和控制力讲清楚。

宗教学研究的课题很多，范围很广，一定要有分工合作，各个单位要有自己的重点，自己的特色，相互补充，不要大家一窝蜂都去搞相同的课题，也不要强求一律。不同的单位可重点研究某一两个主要宗教，不可能面面俱到，有的还可突出地方特色（如西北地区的伊斯兰教）和民族特色（如少数民族宗教），有的注重经典和思想史，有的注重现实研究，有的偏重于宗教哲学或宗教学理论，有的偏重于历史方面的研究，有的偏重于当代新兴宗教的调查研究。百花齐放，才能有大面积的丰收。

方立天：三位讲得都很好，很到位。我这里想强调的是，随着经济全球化进程的加速和全球信息网络化的形成，必将加速推动东西方文明和价值观的碰撞与交融，也必将使不同宗教的交往和会遇日益频仍。宗教与宗教之间的会遇，一方面有助于彼此的对谈、交流、沟通、了解、尊重、关怀，另一方面则是某些极端基本教义派的宗教狂热，唯我神圣，唯我独尊，排斥“异端”，排除异己，挑起教派冲突、宗教纷争，甚至诉诸暴力，以求一逞。宗教常常与现实的国际斗争和冲突相交织，是国际关系和世界政治中的一个重要因素。如何转换极端基本教义派理念，化解宗教冲突，是摆在世界宗教徒面前的一项重大课题，也是宗教学研究工作者的一个重大任务。

（本文由李淑英根据录音整理而成，载《中国人民大学学报》2002 年第 4 期。）

六　全球化时代的基督教与中国宗教之间的关系

——2004 年 10 月 26 日在清华大学与莫尔特曼的对话

莫尔特曼：此次研讨主要讲“全球化时代的基督教与中国宗教之间的关系”，但我对东方的基督教，比如中国的基督教和其他宗教了解甚少，因此只能谈谈西方的基督教，主要想回答“什么是西方的基督教”、“我们所言‘全球化’指的是怎样的过程”、“这种全球化过程会如何影响到宗教的功能”、“基督教怎样回应全球化的挑战”等问题。

卓新平：“全球化”时代的来临影响到整个东西方的现代发展，对基督教在东西方的生存处境显然也是巨大的挑战。基督教自称为一种普世的宗教，但许多中国人却把基督教看作西方的宗教，即称其为“洋教”或“西方的基督教”。其实，不少人对于西方的基督教仍缺少真正的了解。

莫尔特曼：我是从我的故乡欧洲了解到基督教的，因为我就在这片土地上长大。而你们认识基督教却是从 19 世纪西方大批基督教传教士那儿得来。其传教活动在当时曾导致了中国的义和团运动。那么，应该怎样来区分西方和东方的基督教呢？我们可以将基督教分为君士坦丁基督教和非君士坦丁基督教；这个区分是有其道理的。罗马皇帝君士坦丁先是迫害基督教，后来则把这个跨越国界的宗教定为罗马帝国国教。在帝国之外的一些地区，基督教仍保持了其自由，但后来在亚美尼亚和埃塞俄比亚等地区的基督教也成为国教。这样，君士坦丁基督教为多数派基督教，而非君士坦丁基督教则为少数派。君士坦丁基督教的载体是以国王为教会元首或以教会元首为主宰的国家，我们看看英国女王或罗马教皇就知道这一特点了。无论是以基督教为国教还是完全的教会国家，教会与国家都构成了一个统一整体。这样，君士坦丁基督教就深刻地影响了西方文化，形成西方文化的一大特点，即王位与宗座的统一、宗教与文化的统一、信仰与道德的统一。

现代世界起源于18和19世纪基督教世界发生的革命，即法国大革命和美国革命。在这两次革命中，教会和国家的统一被打破。法国世俗政权把教会势力挤出了政界，从而在欧洲出现了按照法国革命先例而产生的政教分离的世俗国家；但美国情况相反，独立的教会不允许国家政权参与宗教事务，从而使教会与世俗国家相分离。这两种情况都产生了现代世俗国家。一个没有统一国教的国家却必须保证各个宗教团体的自由，还不能干涉宗教事务，而且国家对这些宗教事务也一无所知。但各宗教团体也必须尊重世俗国家、国家所保障的宗教自由以及所有人的人权。不管宗教本身如何绝对排他，也都必须遵循世俗国家所保障的结构多元化原则。

现代世界不仅起源于19世纪的革命，而且也源于20世纪的“欧洲原始灾难”。当时，欧洲基督教大国英国、法国、俄罗斯和普鲁士—德国正对还不是它们殖民地的中国进行瓜分，1914年时爆发了第一次世界大战，各国以残酷的战争相互摧毁，而1939—1945年的第二次世界大战则导致了欧洲各大国的自我毁灭，世界剩下的强国只有美国和苏联。此后中国开始觉醒并日益强大。苏联解体后，美国成为唯一的霸权国家，而中国正成为日益强大的竞争者。这对于我们的思考又意味着什么呢？

直至1989年，我们都是以这样两种可能性来生活和思考：这边是西方，那边是东方；这边是资本主义，那边是社会主义；这边强调个人自由，那边突出社会公正。而自1989年以来，我们终于相信我们是生活在“一个”世界之中。我们在“全球化”的形势下寻求创造统一的全球文化，但全球化并不是依其自身就能存在，而是源于一定的起始。谁能够实现“全球化”？一般认为其答案很简单：那些拥有权势的人。那么在1989年之后究竟谁拥有这种权力呢？一些人认为是现代西方世界，而不是除了日本之外的东方世界。

卓新平：这种“西方中心论”和在“全球化”进程中西方强势的主张使世界失去了平衡。尤其是基督教作为“西方宗教”在中国近现代历史上因为具有这种“强势”背景而引起了许多问题，双方矛盾、误解、冲突不断，并且不被中国人所普遍接纳。因此，西方与中国的政治关系，西方社会对待中国发展的态度，直接影响到基督教在中国生存与发展的处境和环境。尤其在今天，不能把“全球化”视为西方势力在世界范围扩张的进程。在讨论“全球化”问题时，不少中国人特别关心和强调的，就是不要把“全球化”变为“全盘西化”。

莫尔特曼：“全球化”有着颇为复杂的发展过程，在此我想粗线条地讲一下这一过程。第一，我们来看关涉生产和市场的“经济全球化”。美国里根政府和英国撒切尔夫人政府采取了给经济松绑的政策，从而使经济全球化成为可能，这随之在所有工业国家中得到实施。对经济的这种政治“松绑”也被称为“私有化”。不过，这两个概念更多的是掩盖事实，而不是揭示事实，即经济从政治监督和责任中解脱出来后会形成一些跨国康采恩，它们的财力甚至超过了许多国家。于是，工业国际化成为可能，其生产被转移到中国等低工资国家，亚洲和非洲的市场也被强行打开。这让人想起从前在中国发生的“鸦片战争”。不过，欧洲的农业市场却把来自非洲的农产品拒之门外。对比工业以全球及跨国的开放形式，政治却仍限制在国界之内。资本在全球不受阻碍地流动，而工会等工人组织则仍采取地区形式。从这些失衡中可以得出的结论是：一旦经济被政治所松绑，那么政治就会越来越多地受到经济的调节。对此，国家政府和国内的工会联合会将失去其权力。没有一个欧洲工人可以同中国的或者印度的工人进行竞争。而各国的工人也不可能形成工人的全球团结组织。这样，全球化经济似乎就是控制一切的全球化进程，它制造了一个全球阶级社会。

第二，全球化使各地的生产和市场必须相互适应。全球化促进了人口的城市化，几年后会有超过50%的人口生活在大都市之中，即那些人口超过一千万的城市，如加尔各答、墨西哥、拉各斯以及上海等。新的全球城市文化在各地都有相同之处，如绵延数公里的贫民窟破旧铁板房、郊区一批批混凝土浇筑的住宅楼、市中心由钢筋玻璃组成的高楼大厦；无论是在芝加哥还是吉隆坡、台北或者北京，这些看起来都是一样的。不少地方还会建造六至八个同样的国际性标准明星建筑物。一个全球化的城市文化就这样形成了，它根本就不考虑各地人民各自不同的文化传统。旧的村落文化遭到排挤，农业则被国际化。当我们展望这种发展的未来前景时，我们感到那将不是人们常说的“全球村”，而会是一个“全球市”，而且这个市可能会涵括整个地球。

第三，全球经济和全球城市哺育出了新的“全球统一文化”：如快餐、麦当劳和可口可乐已经不仅仅是那些大城市中“快节奏生活”下疲于奔命的城市人的食物，而且还成为“麦当劳世界”（McWorld）中现代生活的象征。人们只能在仍然存在着“慢节奏生活”的地方享受饮食。我还能在哪儿找到这样的地方呢？不管是在新加坡还是布宜诺斯艾利斯、在内罗毕还是东京，当人们打开收音机时，听到的都是相同的“现代”音乐、Pop和Rap以及流行音乐。无论你遇到谁，不管是在纽约还是在台北、在圣彼得堡还是在开普敦，他们穿的都是和我一样的服装：西服、领带，而这些都是阿曼尼（Armani）或者古驰（Gucci）及那些全球时装公司向我们推荐甚至命令的。即使是在中国，毛泽东时代的装束也已经消失了。中国的国家领导人如今也穿上了资本主义者的服装。女性的服装也紧随现代时尚。只有在印度，人们还穿着传统的衣服和莎丽。在日本和非洲，我只有在人们家中和家庭节日时才能看到他们穿着传统服装，而不会在公共场所。令人赞叹的丰富的当地文化被全球统一文化所笼罩，这种全球统一文化主导着公众，并把那些传统文化贬低为民俗。而这些民俗仅在私人家庭和家庭节日时才能显现其重要性，却失去了在公共生活中的地位。作为休闲文化的电视也被全球化了，超过60%的电视连续剧和肥皂剧是美国好莱坞的产品。CNN为全世界人民提供了同一个世界新闻，不管其置身何地，也不论新闻是真是假。人们在现代化的信息社会用虚幻的方式获得相同的信息，受到同样的蒙蔽。国际性的广告宣传唤起其受众对同一种沐浴露、同一品牌香烟、同一种头发颜色等的趋同渴望，全球的消费满足会集中在日渐缩减的几个时尚名牌上。世界正出现一种统一意识的产业，在这一产业中，男人和女人有着相同的愿望、相同的想法，甚至当他们公开发言或私下交谈时也会说着从电视中学来的相同词句。尽管有一些现代文化批评家在极为热情地赞美这种现代文化的多样性，而我看到、听到和体会到的却是一种无聊的、千篇一律的、不断重复的全球统一文化。

将这种全球化文化同所有人连接起来的网络就是互联网，它创造了一个跨越全球距离而让人同时同在的现今，让人人都能使用其保存的资料，从而产生了一种在虚幻世界中的全球交流。

第四，经济全球化、人口城市化和全球统一文化还让我们体认到人在现代社会中的“个体化”。当人们为了到城市去打工而离开其村庄，就会失去其家庭，成为一个个独立个体，孤单地依靠自己的力量来生活。于此，这种人失去了家庭、村庄及其家族的传统生活保障，却也因而得到了规划自我人生的个人自由。显然，正是这种自由把人吸引到了城市，而不顾其逃离村庄的困苦。自然意义上天生的共同体被自由形式的友谊和团结合作的共同体所取代。而这对于宗教团体却有着非常重要的意义，因为这种无所谓的思想态度和自由自愿的个人决定已在取代传统意义上的归属感，甚至结婚也不再由家庭来安排，而是越来越多地由个人来决定。在社会上求职工作也不再由职业等级组织来安排，而必须通过城市中的劳动力市场，因为不再是工作主动找上人，而是人不得不前往其找到工作之地。仅有少数人会获得一份终身工作，而大多数工人则必须如前所言去“灵活地”工作，他们必须准备从事不同工作、准备更换不同工作岗位。

诚然，我们不应该悲观地抱怨这种发展的文化影响；但我们必须清醒地意识到，这是一种彻底的文化变迁，只有人类从狩猎和采摘文化到定居生活的变迁才可与之相比。为此，人类整个生存环境的全球化就要求这一全球化过程的人性化。但人们会问：如何才能实现这一点？我们应该从哪儿开始？

卓新平：这种“全球化”（Globalization）好像已经形成了不可阻挡的趋势，有些地方经济、地域文化想逃脱其掌控而提出“全球地域化”（Glocalization）来抗争。然而，“全球地域化”仍是以“全球化”的背景来考量，全球化对现代人类的影响可谓“天网恢恢，疏而不漏”。其实，全球化并不是孤立的经济现象，而与人类发展有着整体关联。人类文化有着宗教、科技、人道、政治等多重发展，其中宗教文化源远流长、深入人心；科技文化对社会的影响不断扩大，与全球化发展有着直接关联；人道文化始于人对自我的关心和对人文素质的关注，来自教育尤其是高等教育的推动；政治文化则与近代社会变革相关，其思想元素则可回溯到西方的古希腊城邦政治及中国古代战国时期的政治理念等。科技对社会的影响受到人们的关注突出体现在如下四个时期：一为中国的四大发明，其传入世界各地，让人们看到科技的明显社会效应，并影响世界达千年之久；二为英国的蒸汽机，其带来的西方工业革命不仅迅速缩短了西方与东方的差距，而且在实际上远远超过了东方当时的科技发展，这种工业化使新生的西方资产阶级如虎添翼，其影响周期达百年之久；但用煤带来的污染一度使伦敦成为“雾都”，让人们产生科技发展与环境保护的权衡；三为第二次世界大战前后的无线电技术，其意义在于信息同步得以实现，电报、电话导致了沟通、联络最初的同时性，但其影响周期则较短，仅有十年左右；四为当代风行的计算机网络技术，它使世界瞬息万变、现实与虚拟同在，时空差距明显消失或消减，而其全方位的信息同步让人们对突发事件没有准备的时间，网络中的真实和虚幻都会对社会产生质的影响，但其发展已无周期可言。这四个阶段的来临使全球化成为不争的事实，人们再也无法回避。

全球化在社会与政治层面早于经济而被人追求、实践，如东西方早在远古都有世界一体、世界大同的理念，而其社会政治层面的实践通过战争也曾得以部分实现，其古代的典型表述即帝国的意愿和创建，地跨欧、亚、非的古代罗马帝国和中世纪伊斯兰帝国、蒙元帝国即其见证。那时人们就已经感到世界并不是远不可及，天涯海角都可以让人去探险、去征服；为了获得“地理大发现”人们可以远涉重洋，而心目中的地球中心则在逐渐消失，随之而来的征服与掠夺则使人类不再平衡和平等。因此，可以说，全球化实际上也是“血与火”的过程，是“弱肉强食”的“丛林游戏”。所以，不可能对全球化产生歌舞升平、田园牧歌的感觉。全球化是地震海啸，必须认真对付。当然，全球化也有精神理念，如神圣罗马帝国的初衷、欧洲中世纪天主教的大一统，以及席卷世界的“伊斯兰革命”等，都有着宗教的因素，有其精神梦寻的参与。而当世界进入“世俗化”的时代，全球化的理念或是化为帝国的扩展，或是政治、经济利益的共同谋求，当今世界的政治或经济共同体都有着实实在在的利益诉求，而所谓的“联合国”、“国际法”却仅有相对的意义，其联盟意义非常脆弱。历史上八国联军对中国的蹂躏已演化为今天联合国军对朝鲜的干涉、北约集团对南斯拉夫的狂轰滥炸、多国部队的频频出击，其“利益”是绝对的，而“正义”或“公义”则仅有相对的、象征的意义。在全球化的时代，世界并不是平坦的，更不能保障其和平。甚至追求普世价值、全球意义的宗教也会不同程度地受到全球化的影响。

莫尔特曼：其实，全球化也在改变宗教的功能。在传统社会中，宗教至少有以下四个功能：一是在皇帝的祭祀礼仪中作为政治宗教，二是在家庭的祖先祭拜中作为社会宗教，三是在自然力和丰收崇拜中作为生态宗教，四是在人对生与死、幸福与苦难、生命的意义等思考中作为个人宗教。在传统社会中，前三种功能乃通过多种形式而相互结合，而皇帝的祭祀活动其实也是祖先祭拜活动的一部分。中国的“天子”和日本的天皇都要为本国的自然生存、为好的收成和命运顺畅而祈祷。一个大家庭的祖坟通常会位于其子孙后代要耕种的田土中，以便能保佑其家人获得好收成。这里，作为宗教载体的文化与自然相一致。但相对而言，在传统社会中宗教的第四个功能并不是很明显，因为个人生活归属于家庭、国家和自然这些大环境，已经约定俗成的传统、礼俗、法令和习惯对个人生活有着掌控，能供个人自己决定的空间所剩不多。

但在现代已经出现全球化和城市化的世界中，宗教功能也发生了根本改变：其一，如果国家不是必须以无神论来反对旧的政治宗教的话，其在最好的情况下也不过是保持对宗教的中立；其二，宗教已不再服务于保障风调雨顺及五谷丰登这种人与自然的和谐统一。自然科学技术已使自然臣服于人类，让自然力量服务于人类，如中国在长江上建造的三峡水库及电站。自然科学的发展已将宗教智慧挤出其与自然斗争的领域，所剩下的就只有家庭宗教了。

至于个人宗教，则在现代世界中获得了未曾预料的全新意义。城市化和人们外出打工使得上百万的人脱离了自己的根、远离其家庭，他们只有依靠自己，家庭宗教对其而言就已经失去了其约束力量。他们必须自己作出决定，也必须寻找为其担当的团体，这样就使以个人为对话伙伴并能让其具有承受力的团体宗教在现代城市化的世界中扩散开来。而传统的宗教却消失了，或者已经成为旅游者眼中的民俗，只能以供人参观的古老庙宇、让人观看的寺庙舞蹈之形式来存在。自发的、自愿形成的宗教团体则开始成长发展。如在基督教中传统的教会已经明显减少，但基要主义、虔信主义的灵恩教会正迅猛崛起。在韩国，这类教会中最大的就是汝矣岛全福音教会，它有70万信徒和5万个小教堂，而其传播的信息则是个人的信仰决定和自我的治疗经验。这种信仰团体直接面对的正是现代城市化世界中的孤独自我之痛楚。而在欧美，组织建构性的基督教会还一直保持着重要的公众影响力，这种影响源自君士坦丁帝国教会，尽管旧有意义上的基督国教已不复存在。

卓新平：当然，基督教会仍存在着，但在历史的发展中也不断地演变着。孔汉思就曾谈过基督教在不同历史时期其“范式”的转换，以适应变化了的环境。面对世俗化的挑战和商海的诱惑，中国基督教会的有识之士就曾表态说：“教会不要‘下海’，因为教会是‘船’，要拯救在商海中沉浮的人们。”基督教也必须在社会的风云变幻中生存和发展，其存在的方式也很难一成不变。

莫尔特曼：基督教界已在回答全球化的挑战。我在这里所说的“基督教界”并不是指教会这种机构，而是指作为基督徒的人们。那么，在全球化的情形下，对于基督教界信仰有利的出发点又究竟在哪儿呢？从其一神论信仰基础来看，基督徒们期盼着上帝之国的来临，希望它将地球上所有的人和所有的生物都团结起来。但这不是一个权力帝国，而是爱的国度；不是强迫之国，而是自由的国度。它不是目前现状的继续，而是针对现今处境的可能未来。但它是广博的，可以包含一切。因此，基督徒会欢迎全球化过程的广博性。虽然各人以往历史经历不同，而我们的未来却是一样的，有着一个共同的未来。面对当今世界的危机，有句格言适用于整个人类大家庭：“合则立，分则亡。”基督教界将会尝试，从朝向对上帝之国的期盼这一前景出发，来影响当下全球化的进程。迄今为止，全球化的路径及结果与基督教界对未来的期盼是相矛盾的。要想改变现状赢得未来则有待以下几个步骤，基督教界通过这些步骤则可以其创新和批判精神步入全球化的进程。

第一，只有改变了人，才能改变周围环境。这就恰如马克思在其《关于费尔巴哈的提纲》（“环境是由人来改变的”）中所正确认识到的那样。因此，基督教界的首项重要任务就是要在许多人的心中唤起信仰。这是指个人生活的肯定性、其内心的支撑和其自我尊严的经验。全球化使人们失去了根，而他们通过信仰却在上帝那里找到了根。这就会增强他们的自我价值感，并能消除迷失的恐惧。应通过传播福音来让人们了解这一信仰，但这只能通过基督教团体来实现。

第二，以基督教信仰成为爱和友谊的自愿团体来取代那种天然形成的团体，这就是在家庭和国家之间的教区。教区组织作为平民社会中各种形式的自愿宗教团体而属于基督教信仰的重要部分。

第三，教会不只是实行宗教实践，其教务工作所体现的执事职责更包括社会关怀的博爱大业。基督教要为穷人、病人、残疾人和饥饿的人提供帮助，而不论他们是否为基督徒。基督教区应深入社会社区之中，而基督教所办医院、残疾人就业场所、食堂和学校等则展示出基督教界教务工作对社会的职责。

第四，基督教界的执事职责不仅有为社会上病人、穷人和无助者提供帮助这种仆人的服务职责，而在面对社会不公现象时也有着揭露、批评这种先知的预言职责。没有社会服务工作这种实际的执事职责，其预言只能成为空谈；而没有警示社会的预言，其社会服务之执事职责就只能是纯粹的行善。旨在创造更多社会公正的这种工作就是来源于对上帝之国及其公正性的期盼。

第五，应从争取社会公正性的工作发展出争取生态公正性的工作。基督徒是“地球的朋友”，因为上帝之国包含着整个生物大家庭。基督徒所期盼的是一个“新的地球，在这个地球上有着公正”。

第六，耶稣说：“和平是幸福的。”因此，基督徒在任何情况下都应致力于和平，要致力于一个民族之中的和平以及各个民族之间的和平，致力于人与人之间的和平以及人与自然之间的和平。战争不是正确的手段，人类大家庭必须唾弃战争。

最后，我想加以如下总结：今天的全球化过程必须具有社会公正性，而且必须保护环境，维持世界和平。全球化的文化必须尊重人的尊严，承认人权。人们一定会找到新型人类团体，整个环境的人性化要求全球化为所有人服务，不让任何人成为全球化的牺牲品。

（注：莫尔特曼的讲话基于其在清华大学学者座谈会的讲稿，此处参考并应用了座谈会提供的中文译文，特此致谢！我在会上回应了莫尔特曼的讲话，并在会后与之有专门谈话。）

七　在神圣与世俗之间求索

——《中国宗教》特约记者黄奎与卓新平访谈录

记者按语：卓新平先生是我国当代基督宗教研究和宗教学研究领域的著名学者，1955 年出生于湖南，1981 年毕业于中国社会科学院研究生院，获哲学硕士学位；1983 年留学德国（时为联邦德国）慕尼黑大学哲学系，1987 年获哲学博士学位，1988 年回国。现任中国社会科学院世界宗教研究所所长、基督教研究中心主任、研究员、博士生导师，清华大学人文学院兼职教授。1988 年被接纳为德国宗教史协会终身会员；1991 年被评为"有突出贡献的中青年回国留学人员"；1996 年被评为国家级有突出贡献的中青年专家，入选为欧洲科学艺术研究院院士；2001 年当选为中国宗教学会会长。

卓先生主要从事基督宗教、宗教学及中西宗教的思想文化比较研究，代表作有《中西当代宗教理论比较研究》（1988）、《基督教犹太教志》（1998）、《当代西方新教神学》（1998）、《当代西方天主教神学》（1998）、《宗教理解》（1999）、《基督宗教论》（2000）、《神圣与世俗之间》（2004）等。日前，接近知天命之年的卓新平先生于百忙中接受了本刊专访。

人 生 感 悟

——抱怨对改变命运无济于事，应该义无反顾、一如既往地做自己应做的事，走自己该走的路。

记者：卓先生，首先感谢您接受我们采访。我们知道，您1978年考入中国社科院研究生院，攻读宗教学专业硕士研究生，1988年从德国学成归来，1998年起担任世界宗教研究所所长至今。这几个年份所记录的您的学术成长历程，是否可以视为晚近中国宗教学发展的一个缩影？

卓新平：我个人的学术成长赶上了民族复兴的大背景和中国宗教学的全面发展，对我而言是一种历史的幸运。任继愈先生提出的“积累资料，培养人才”的建所方针，使我成为中国宗教学研究队伍中的一员。1978年，我与20多位同学作为中国内地首批攻读宗教学专业的硕士研究生，来到中国社科院世界宗教研究所，当时的心情是既极为兴奋，又倍感压力。因为许多我所仰慕、敬佩的名师大家现在就是我身边的老师和朋友，这种喜悦是难以言表的；而我个人对宗教学知之甚微，学术基础亦很薄弱，要学的东西很多，要补的课亦不少，所以又不免紧张和担心。在过去的27年中，我不敢放松自己的研习，亦很庆幸能在一定程度上和大家共同参与中国宗教学的发展，但这一任务仍很艰巨，还需我们付出更大的努力。

记者：听说您对富于传奇色彩的基督教界反纳粹斗士朋霍斐尔一直很推崇，这是否与您早年下乡、在逆境中奋起的人生经历有关？

卓新平：与知青下乡不同，我是大专毕业后下乡劳动锻炼，但一去就是约三年半的时光；原来在大学所学的两年多英语知识基本上也就流失光了。为了参加1978年考研，我当时的确非常发愤，颇有背水一战之感。我们那一代的同学很少有人上大学，能参加考研的更是微乎其微。所以，我非常珍惜进京深造的机会。我的不少同时代人抱怨历史给他们造成的耽误和损失，但这种抱怨对改变命运无济于事，还得靠自己找到机遇并抓住机遇，才能改变自己的命运，弥补以往的耽误。

我对朋霍斐尔的佩服，一方面在于他思想的深邃，敢于向传统观念挑战，而且这种思想创新大多是在狱中进行的；另一方面更在于他为了真理、正义而忘我献身的勇气。在纳粹肆虐的时期，本来他已在美国纽约有了一份教职，可以稳定地生活，但其良心和责任感却使他不顾危险、不听朋友劝阻而毅然决然地返回德国，投身于反纳粹的斗争。为了一种精神理念即其信念的永生，他敢于面对死亡，最后惨死在集中营里。

朋霍斐尔的选择和命运对人生很有启迪意义，亦拨动了许多人的心弦。有了他的那种精神，对命运的起伏波动就会看得很淡，而义无反顾、一如既往地做自己应做的事，走自己该走的路。故此，当人们抱怨自己的命运不好，觉得找不到改变的机遇时，想想朋霍斐尔的选择和遭遇，或许能有所帮助，能恢复自己心灵的平静。

记者：您新近问世的随笔性个人文集——《神圣与世俗之间》（黑龙江人民出版社 2004 年版），以深入浅出的文笔探讨了“宗教 · 精神 · 伦理”、“人生 · 智慧 · 境界”和“信仰 · 社会 · 学问”三方面的内容，能否理解为您作为一个宗教学者的人生感悟？

卓新平：宗教学探究人的精神世界和精神生活，这种研究也使我将视域扩大到人的精神世界及生活的其他领域。此书即我个人对社会、人生、精神、信仰、学问等当面的所感所言。学者对学理、世界、人生的看法则不可避免地会有其主体性或主观性。这本随笔或随感或许会揭示我个人在求学和识理上的主、客观性，反映我对客观实在的认知和自我主题的感悟。我常想，以善待人，以真求学，此即美之理想，但要达此境界尚须不懈努力。

学术研究

——中西宗教和思想文化比较研究是一种理解的艺术、沟通的智慧，这种沟通不仅有益于中华民族，而且有益于全世界人民。

记者：尽管宗教学研究如火如荼，蒸蒸日上，但迄今为止仍然没有一个为中外学者所公认的“宗教”定义。您从事宗教学研究多年，如果请您给“宗教”和“宗教学”下定义的话，您会怎么说？

卓新平：我个人认为很难找到一个为中外学者公认的“宗教”定义，之所以难达“公认”，既有研究者主体之间的差异性，又有他们对其研究客体理解上的不同，由此出现了哲理性、社会性以及信仰性“宗教”定义的多种多样。我对“宗教”的理解可作如下简述：宗教史人类以超然信仰来克服或升华其有限自我的价值体系、社会形态和实践行为。而“宗教学”，则是对宗教这一人类精神及社会现象的起源、演化、性质、规律、作用等进行描述性和规范性研究的学科。这种表述亦不一定完整和准确，因为仅供参考。

记者：我们知道，基督宗教在西方社会中有着广泛而深入的影响，您作为多年从事基督宗教研究的学者，对基督宗教在当代西方社会的地位以及基督宗教与中国社会文化的关系怎样看？

卓新平：基督宗教目前是世界第一大宗教，它历史悠久、影响广远，尤其在欧美社会根深蒂固，一定程度上为其社会构建提供了精神理念，为其可持续发展提供着精神动力。当然，基督宗教亦面临着许多挑战，必须不断克服自己的不足和缺陷。对于为欧美社会提供着思想体系、价值观念和文化内容的基督宗教，我们必须下大气力进行深入系统的研究。这对中国对外开放、走向世界的发展是必要的，也是大有好处的。当然，基督宗教与中国社会文化的相遇有过冲突；基督宗教在华传教亦曾与西方殖民主义和帝国主义对华侵略相关联。对此，我们一是不要回避，二是应将之同中国与西方的整个关系史相联系，即用历史来说明宗教，而不是用宗教来说明历史。我个人认为，这一问题的根本解决，取决于中国与欧美各国及其社会文化的关系如何发展；而在这一进程中，我们必须加强而不是放松甚或放弃对基督宗教的研究。

记者：您的博士学位论文名为《中西当代宗教理论的比较研究》（德文），从那时起到现在，中西宗教和思想文化比较研究一直是您的学术研究中的重要内容，请问这种比较研究的价值与意义何在？

卓新平：中国文化是“海纳百川，有容乃大”的文化，“开放”、“吸纳”、“融通”为其显著特色，由此达其“圆融”、“和谐”、“和合”之境界。从这一角度看，中国学者从事中西宗教和思想文化比较研究既是一种必然，更是一种自然。回顾中国历史，中国社会发展、文化鼎盛的时期都是中国对外开放、广纳贤士、博采众长、集思广益的时期。我们今天正赶上中国在当代形势下的这种开放时期，这是中国走向世界、能自立于世界民族之林的机遇期，也是世界重新认识中国、使中国在世界舞台上有更大作为的机遇期。我们今天从事中西思想文化比较研究，正是为这两个机遇期的有机吻合起着筑路架桥的作用。因此，这种学术是一种理解的艺术、沟通的智慧。尽管会有人对之不解、误解或不屑一顾，我们仍应坚持下去，因为这种沟通不仅有益于中华民族，而且有益于全世界人民。

学科建设

——中国宗教学应该设法建立起中国人自己在宗教学方面的话语体系和理论构架，从而形成宗教学的中国学派或中国体系。

记者：中国宗教学的历史不到百年，但其研究的范式，至少已经历了三个阶段：在新中国成立以前主要是以汤用彤、陈垣、陈寅恪等国学大师为代表的考据型宗教学；新中国成立后以任继愈先生为代表的马克思主义宗教学占据主导地位；近二十多年来宗教学领域则可谓“百花齐放，百家争鸣”。您如何看待中国宗教学在研究范式上的演进？

卓新平：宗教学是一门跨学科的新兴学问，其基础既有以史料搜集、考据见长的宗教史学和以思辨、推理为方法的宗教哲学，亦有以调研、分析人类群体为特色的宗教社会学和宗教人类学，而马克思主义本身在宗教社会学等宗教研究方法的创立上就有直接的参与和不可磨灭的功绩。因此，我个人认为，宗教学在研究范式上的创新或突破应体现在其不同领域、不同方法的比较、沟通上，以及由此而达成的打通、结合相关学科的“科际整合”，这样可实现对宗教多层次、全方位的综合性、整体性研究。马克思主义对宗教学的指导乃表现在其求真精神和求是方法，并不排斥对各种学术体系及其方法的借鉴和吸纳。

记者：多年来，您孜孜不倦地致力于基督宗教研究和宗教比较与对话工作，并广泛调动和整合各方面资源，定期或不定期召开学术会议、出版学术文集，不断推出新人、新作、新成果，为包括基督宗教研究在内的中国宗教学的发展作了不少工作。您能否谈谈这方面的情况？

卓新平：基督宗教研究和宗教学对我而言是一种点面结合的关系。我们在某一领域深入探究的同时，亦应关注整个宗教学领域的发展及其系统化、规范化。我个人希望在这方面能有所探讨和发掘，因此采取了双管齐下的研究进路。除了个人的专业及其专题研究之外，目前我在基督宗教研究方面办有《基督宗教研究》不定期学刊，主编有“基督教文化”、“当代基督宗教研究”、“当代基督宗教译丛”等丛书；在宗教学方面则办有《宗教比较与对话》不定期学刊，协调《中国宗教学》、《世界宗教研究》等学刊的工作，主编有“宗教与思想”、“宗教研究辞典”等丛书，并从回顾中国宗教学发展历程的角度主编出版了《20世纪中国学术大典·宗教学卷》和《20世纪中国社会科学·宗教学卷》等综述性著作。此外，我还组织召开了一些学术会议，出版了相关的学术文集。通过这些会议和出版物，应该说确有一批新人、新作在中国宗教学领域脱颖而出。不过，这些工作要占去很多的时间、付出很大的精力。要使之坚持下去，我衷心希望能有更多的朋友来关注、帮助和参与。

记者： 20世纪90年代中后期，您逐步走上学术研究领导岗位，相继担任中国社科院世宗所所长、中国宗教学会会长等职务。作为一位有一定影响的学者，您是如何把学术研究与学术行政管理二者统一起来的？

卓新平： 其实我做得很不够，谈到此点很觉惭愧。在学术上，我有许多梦，大多尚未实现，因此真希望能完全退回到学术领域中，潜心学问，争取能有所作为。而作为一个学术机构的行政管理者，我则深知自己能力有限，没有所谓“雄才大略”可施。中国宗教学领域也是人才济济之地，在研究所管理位置上要想干得不比前任各位老师逊色的确很难，让我勉为其难已是对我的一种抬举，亦是一种挑战。

记者： 40年来，在“积累资料，培养人才”的办所方针指导下，世宗所成绩斐然。作为世宗所所长和中国宗教学会会长，您对世宗所乃至中国宗教学科的未来有何期待？

卓新平： 中国宗教学要做的事情仍然很多，其发展前景亦较为广远。如果说中国宗教学的初创阶段是“积累资料，培养人才”，那么我们目前的发展则应该是由此向“系统研究，创建学派”的目标过渡。中国宗教学在学习、吸纳、借鉴西方宗教学的基础上，在占有资料、拥有一批学有专长的人才的条件下，应该建立起中国人自己在宗教学方面的话语体系和理论构架，从而形成宗教学的中国学派或中国体系。当然，要实现这一目标谈何容易，我们现在应该有意识地朝着这个目标努力。

现实关切

——宗教冲突多以其民族、历史、社会、经济冲突为根源；积极营造一种宗教对话、理解、和谐的气氛有助于保持社会的平衡及和谐社会的构建。

记者：我们注意到，近年来从事宗教工作的部门和宗教界对于宗教学术研究的兴趣日益浓厚，当然政界、教界、学界对于宗教问题的看法可能不会完全一样。三者如何才能保持良性互动和有机共构？

卓新平：政界、教界和学界这三个领域都关注宗教问题，因而彼此关联，有着共同兴趣；但三者的角度不一、关注点不同，彼此的认知及见解相应的也有差异。政界关心的主要是宗教政治，即宗教在政治中的作用、对政治的影响；教界关心的主要是其宗教信仰本身，即其信仰在社会中的存在、作用、影响和发展；学界关心的则主要是对宗教的研究，即宗教的本质、意义、来龙去脉及其与人类社会文化的各种关联。三者因共同兴趣而会有密切联系，但应清楚认识到各自的不同定位，对各自的立场、方法和作为表示相应的理解、谅解和尊重，进而才有可能形成一种真正意义上的动态的良性互动和有机共构。

记者：前不久，国务院颁布了《宗教事务条例》。作为学者，您如何看待《条例》的出台？

卓新平：《宗教事务条例》的颁布是中国政府积极引导宗教与社会主义社会相适应、构建社会主义和谐社会的具体举措。《条例》体现了法治精神，充分考虑到宗教的特殊性和中国社会的特色，并以其翔实、具体、周全而使中国公民的宗教信仰自由权利得到了切实的法律保护，使政府及宗教界在宗教事务的处理上有法可依，由此体现出法律的权威和尊严。

记者：冷战结束以来，国际上宗教冲突与纷争不断；而中国宗教自古就有崇尚和谐的传统，现在更是形成了宗教和睦、社会和谐的良好局面。请问宗教问题上的“中国经验”对动荡不安的当今世界是否有所启示？

卓新平：宗教以其超然的审视而承认人世的相对和有限，因此对其矛盾、冲突亦不应回避。宗教冲突多以其民族、历史、社会、经济冲突为根源，所以应在社会、历史中揭开宗教冲突的秘密，找寻解决冲突的办法。当然，“礼之用，和为贵”、“远人不服，修文德以来之”等“中国经验”对当今世界会有一定启迪。具体而言，在解决宗教冲突的过程中，除了实实在在地解决相关历史、社会问题之外，积极营造一种宗教对话、理解、和谐的气氛也是必要的、有益的，因为这样做在某种程度上将会有助于保持社会的平衡及和谐社会的构建。

记者手记：世俗社会的芸芸众生从古至今没有放弃过对于神圣、对于永恒的超越性追求，超凡入圣是人类亘古不变的梦想。神秘莫测、纷繁复杂的宗教现象由此而生，旨在探赜索隐、去伪存真的宗教学也因此应运而生。长期浸染于宗教学学术氛围中、在神圣与世俗之间求索多年的卓新平先生，给我们留下的最深刻的印象是温文尔雅，洞悉世事，卓尔不凡。这种气象是中国文化熏陶使然，还是西方文明浸染所致，抑或二者兼而有之，我们不得而知；但古人所云“为学之大益，在自求变化气质”，或许离答案并不遥远。

（注：本访谈录由该刊特约记者黄奎载于《中国宗教》2005年第2期，题为“在神圣与世俗之间求索——访中国社科院世宗所所长卓新平先生”。）

八　艺术是对最高境界的不断追求

——关于莫道宏艺术探索的对话

（2006年2月20日，北京）

◎让人们寻觅出一种同整个大千世界不同的东西。

◎艺术需要创作者与欣赏者的互动与共创，这是一种神秘的对话。

◎艺术实际上是一个人对整个时空的感悟。

◎人们寻找艺术的过程，也是不断超越自我的过程，从不同角度来寻找突破点。

莫道宏：卓老师，我向你请教一个问题：老子讲空灵，“大音希声，大象无形”。我把这思想引入了绘画中，让它出现一种无形的形式，出现什么也是、什么也不是的画面，企求体现出我追求的那种看来似乎少、实则包容万象的意境，不知从哲学角度考察能否说得通？

卓新平：看来你很有创造性思维。绘画是个窗口，让人们看到大千世界，而且不仅是看，还要在里面寻觅，寻觅出一种同整个大千世界不同的东西。这种寻觅实际上体现了人性到底是什么的问题，这就是人的文化性、精神性。从信仰这个角度来讲，就是一种宗教性，寻找一种神圣的维度，就是回答什么是神性的问题。表现这种境界，乃人的高级境界；表现它而且使之提高，最后在人生里面体现出来。正如你讲的，画得逼真，那不叫艺术。我们看到海外的画家如毕加索、梵高等印象派，都是寻找一种艺术境界中的返璞归真。齐白石老先生也说过，画的境界在什么呢，就在似与不似之间。太似了那是媚俗，太不似那叫欺世。对这境界的把握，抓什么呢？就是传神，一种神的意象，体现了人的一种追求，一种精神境界。

然后就是你说的艺术形式问题。因为要表达人对最高境界的追求，就不能用一种自然的形式来约束自己，所谓大道无形、大智若愚。曾有报道说一位老太太从乡下来到城里居住，因闲着没事，以前又喜欢画画，就随着兴趣画起来。其乡间生活已形成一些意念在那儿，她就根据这些意念表达出来，虽没有受过系统的训练，却能思无所羁，所以人家就感觉到这画就跟大师画的一样，有着质朴和空灵的交汇。她的画拿去参展还获了奖，被誉为中国乡下的毕加索。画作为一种艺术，当然要有一定积淀，除了技术层面的积淀以外，还有一种生活的积淀，但是它更要有一种思想上的东西，这种思想上的东西是决定作品水平的高低、决定追求是否成功的东西。没有形式和生活不行，这是前提，但是仅靠形式和生活，你只是个还原家而已，不是创造家，艺术追求的是一种创造性的东西，体现出思之美。

艺术实际上是一个人对整个时空的感悟。比如说诗，它实际上是一种以时间来表述的艺术，经过时间的流变，通过语气的表达方式，把人的精神感悟表达出来。画是什么呢？画是空间的艺术，空间的艺术是不拘于形式的。以前如自然画派强调逼真，在照相机没出来时，是值得的，但是到了后现代时这种自然还原就会失去其艺术之真了，它是否定之否定。其实，就中国来讲，国画也有两大流派，一个是工笔，一个是写意。工笔强调逼真，而且要花很多工夫，但是工笔画生命力不及写意画。为什么呢？写意是表达一种超乎自然的东西，工笔很难表达出来，这种东西就是要整体把握。刚才看你的画，还有很多大师的画，看似把自然整体打破了，却又从各个不同的截面共构出一个新的整体，这就是自我、艺术所把握的整体，源自自然却超乎自然。正如你说的，没有某个固定的模式。现代学科发展也是这样的，学科边界现在是越来越模糊。空间艺术也是如此，绘画以前是以平面空间来展示，但欧洲近代艺术发展中有一种叫巴洛克艺术，其特点之一就是把平面空间跟立体空间结合起来，给人以跳跃、漂流的动感，其形象呼之欲出，栩栩如生。不拘一格就会有创新，就会发展，就能反映人的不断追求的境界。

人们寻找艺术的过程，也是不断超越自我的过程。现在艺术家也好，思想家也好，文学家也好，都在从不同角度来找出其突破点。

时代发展现已进入了全球化的阶段，方方面面的信息整合让人感到应是可以呼唤大师问世的时候了。艺术大师、文学大师、思想大师在现代中国似乎都应该在当下脱颖而出。但中国为什么此刻仍还没出现这种情景呢？这显然跟中国认知体制或思维模式有关。这一体制仍还囿于中国传统文化之中，这层窗户纸没有被捅破。人们需要这种突破，但这种突破又不能依靠行政命令，不能希望哪一个人带领大家去突破，从而以群体智慧来造就时代英雄。现在实际上是一个个性化的时代，艺术上的标新立异、千姿百态就是其生动写照。以前时代的高人是会出主意，而现在的高人则应是会选主意。以前是领袖一挥手，我们跟着走；现在不是，现在是突出个人创造力，把自己的智慧发挥出来，而英明的领导者则在于善于发现这种智慧并为其所用之。

什么是神性？它不是彼岸世界的，它是人的一种整体性的决定，一种永恒的把握。这种把握体现神性，在这种把握中我们看到宗教的奥秘。

莫道宏：我理解你讲的神性就是中国讲的“道”，就是人们希望整体把握的东西。

卓新平：对，外文中宗教这个词叫“religion”，这个词讲的是一种跟神圣的联盟，译成中文时称为“宗教”。很多思想家觉得译得不好，“宗”是结构性的东西，如宗庙、宗室等，体现出具体的建构和制度层面；而“教”是说教，为理论的表述。结构性的东西会把“教”之思束缚住了，这就是我们讲的让鸟只能有限飞翔的鸟笼政策。有的思想家认为不要把“religion”译成宗教，应该干脆将之译成“道”。道是言说，道可道，非常道，是人的表述、人对形而上之境的主体把握及言述；道还有一种意思，即道路，指人不断追寻、探求之途，人一直在寻找真理的路上。这两个方面结合起来，才能叫“道”。

所以，观赏你的这些画，有人或许会感到你不依规则，但我觉得你这是在体现一种隐隐的大道。你要在画中寻觅，给人留下一种想象空间。其实欣赏者也是创造者，画就是要带动大家共创。我觉得艺术需要创作者与欣赏者的互动，这是一种神秘对话。两人不见面，却可通过作品来对话，达到一种超越时空的神交。

莫道宏：你的话给我很大启发，尤其是透过艺术来谈对宗教的理解，其实质是人对整体追求的把握，方向的把握，就相当于中国的道。就是客观存在的东西，人类的作为要符合道，有上述宗教之境。如果每个艺术家的所作所为，他的理念，他的艺术品能够反映这种道，就是最高境界。如果不符合这个，仅是形而下的东西，画得再像有什么用？把人们往哪里去引导？所以最后是画神性，神性实质是人性，也就是道。人实现价值也要符合神性。确实对很多事要想穿，达其澄明透彻，由此体悟到生活的意义，真正得其愉悦，这是本质的。

卓新平：绘画就像人生一样。你的画追求似与不似之间，人生也是这样，介于一个“看透”与“看破”之间，对之要看透，但是不要看破。人的七情六欲是自然的东西，但是人还有一种精神追求的东西。比如喝酒，其最高境界是一个“醉”字。“醉”，在此表达了一种超脱、一种精神意义的释放。在西方古希腊传统文化中有对两种神的信奉，一个是阿波罗太阳神，另一个则为狄奥尼修斯酒神。太阳神崇拜讲究秩序、讲究政治；而酒神崇拜则是讲究超脱，以其任情浪漫来达到一种精神追求的最高境界。中国古代亦有对酒酣诗奇、醉步狂草的赞赏。这都是在体悟和表现人之生活与艺术中所能达到的神韵、化境。

（注：对话见《语画心路——莫道宏艺术探索访谈》，中国文联出版社，2008 年 2 月。）

九　中国改革开放三十年中的宗教问题

——2008 年与库恩的对话

编者按语：美国人罗伯特·劳伦斯·库恩（Robert Lawrence Kuhn）博士是著名的国际投资银行家和公司战略家，也是作家、编辑、学者、科学家、私人投资家和慈善家，为致力于运作文化、教育、科技和人文项目的库恩基金会董事长，曾撰写和编辑了《他改变了中国：江泽民传》、《投资银行文库》、《走近真实》等 25 部著作。在历经 20 年，走访 20 多省份、40 余城市，独家访问百余位省部级官员、学者、企业家后，他撰写出版了《中国 30 年：人类社会的一次伟大变迁》一书。在上述走访中，他于 2008 年来到中国社会科学院，就宗教问题专访了世界宗教研究所所长卓新平研究员。

库恩：卓新平博士，您被外界认为是中国基督教研究的领军学者，而且强烈支持跨文化交流。目前，外面的舆论非常关心中国的人权和宗教自由问题，而且有着种种误解和批评，您对此怎么看？

卓新平：中国自改革开放以来在人权和宗教自由方面取得了进步，但为什么西方仍然对中国有那么多批评？为什么会有误解？对此，我想谈谈自己的分析。其误解和批评的产生在一定程度上是因为西方政客和群众将中国今天发生的事情与他们自己的历史和传统视为相同的东西。但是，西方的历史和传统与中国的历史和传统是完全不同的。为了增进相互理解，我们应该弄清两个社会中宗教方面的背景。基督教是西方社会的主要宗教，基督教在西方社会有着深厚的根基。西方的政治、社会、文化结构与它的基督教遗产有着密切关系。宗教尤其是基督教在社会中的重要性，对西方人来说是显而易见的。西方人的价值取向和判断就建立在这一遗产的基础上，他们往往从自己的基督教视角和价值体系出发来评价中国现在发生的事情。

库恩：那么中国的宗教传统与西方有什么不同呢？中国现在有宗教事务管理局来管理宗教，这在西方是没有的。

卓新平：在中国，情况显然有所不同。中国确实有着非常丰厚的多流派的宗教传统。我们有儒教、道教、中国化的佛教，佛教早就被接受为中国文化和遗产中一个非常重要的组成部分。但是，中国的宗教管理则有自己的传统。对我们而言，宗教事务管理局并不是新鲜事物。在中国，对宗教的政治管理有着漫长的历史。甚至早在秦汉，中国就有了管理宗教事务的机构。在唐朝，有专门的官署管理宗教，甚至有不同的分部来管理不同的宗教。从唐朝到当代中国政府，中国的政治传统要求总是有一个正式的机构来管理宗教。

库恩：应该怎样来理解中国的政教关系呢？当前世界各国的政教关系大致分为“政教合一”或“政教分离”这两种类型，中国属于哪一种类型呢？

卓新平：中国认为自己属于“政教分离”的类型。但从我自己的分析来看，中国既没有那种以西方传统来理解的所谓的“政教合一”，也没有所谓的“政教分离”。中国有它自己特殊的架构，即政府对宗教的管理。这自然意味着，政治的地位在宗教之上，中国传统故而有“政主教从”之说。现在人们习惯用“政教和谐”、“政教合作”来表达这种政教关系，其实这类表述并不能说明我们政治为主、宗教为辅的传统。我并不主张“政主教从”，只是希望人们能认识到中国历史传统中“以政统教”、“以教辅政”的事实，从而弄清中国与西方根本不同的政教关系之特色，不要用西方模式来强加在中国头上。从中国远古宗教传统的演变和今天老百姓的宗教实践来看，中国的宗教主要是“圣贤”性的宗教，强调的是天人之际、神人沟通，除哲学思辨之外并不突出彼岸、超越之维，而相信“举头三尺有神明”，认为世人通过圣贤之举和精神修炼也可以成神成仙，而中国人所推出的一些价值观念，如“忠义”、“仁德”、“慈善”、“诚信”等在漫长的历史演变过程中也会经历一些人格化的嬗变，使历史人物成为人们顶礼膜拜的神明，如孔子、老子、关公、妈祖等。这与强调绝对一神、神人分离、先知传统的西方宗教迥异，也不同于神秘多元、众神一体的印度传统宗教。中国古代历史上曾有的“政教一体”也并非绝对的“神权政治”，而是体现出国家、政府的主导、掌控。中国远古原始自然宗教曾有过“民神杂糅”、“民神同位”、“神人无界”、“家为巫史”的文化特色，但古代帝王颛顼“绝地天通”事件则将中国宗教从原始自然宗教转为人为宗教、社会宗教。这种多元宗教归总而成的国家宗教遂形成政教一体的局面，出现“国之大事，在祀在戎”的场景。不过，其宗教的掌控权并不在宗教祭司手中，而为政治统治者所独揽。这种“政主教从”的“神辅政治”才发展出中国古代“君权神授”、“天子统摄”、“奉天承运”的政教文化，有着皇帝以“天子”身份来主持“祭天大典”的“祭政合一”政教礼仪，形成政权掌控者对宗教的主导作用。不过，在中国文化的漫长发展中，宗教观念出现了复杂的变化，中国文化的宗教性也慢慢淡化，从而带来了对中国宗教认知上的混乱与分歧。在殷商时期，殷人“尊神”、“率民以事神”，商人“崇鬼”、占筮通灵，神鬼观念较为流行；而从周朝到春秋战国，“以德配天”的“礼文化”逐渐形成，这种突出社会之“礼”、世俗之“乐”的“礼文化”推动了古代中国从“神治文化”到“人治文化”的转移，其对“礼治”、“德治”的强调使“宗教”的“神治”意义淡化、“教化”特色突出。孔子因其“约礼入仁”、“为政以德”、“克己复礼”为“仁”的主张而使其“儒教”成为“礼教”、“德教”，而其“敬鬼神而远之”、“子不语怪力乱神”的主张也深入人心，成为中国知识阶层的主流。尽管曾有墨家“尊天明鬼”、“尊天事鬼”的反抗，却影响甚微。“圣人”地位的突出成为中国宗教的一大特色，也为人们不承认中国有宗教埋下了伏笔。正是“圣人”以“神道设教”才有了中国政治教化的宗教基础。“人”的地位突出、政治意义凸显，势必形成人对宗教的掌控、政权对宗教的治理，这是我们的传统。

库恩：基督教如何适应中国这种传统呢？基督教究竟又是怎样传入中国的呢？

卓新平：基督教在中国的传教活动有着很长的历史。19世纪，由于西方的坚船利炮，中国在鸦片战争中战败。之后，历史揭开了新的一页。中国皇帝被迫签署了不平等条约，作出某些让步，包括允许基督教在中国进行传教的自由。基督教在此之前的多次来华传教都不是很成功，此时当基督教再次来到中国的时候，传教士得到了西方列强在军事、政治和经济上的支持。但这给基督教在中国的传教活动罩上了不光彩的阴影。基督教被称作异教或洋教。那时候，只有帝国主义和殖民主义，没有什么宗教自由或人权这样的东西。基督教被看作是一种非常负面的东西，一种所谓“文化帝国主义”的标志。此后基督教及西方社会与中国的关系一直没有理顺。中华人民共和国成立后，许多西方国家对新生的中国大加指责，不久之后，基督教传教士们撤出了中国。朝鲜战争爆发后，美国等西方国家停止了对中国教会的一切财政支持。于是，中国基督教教会开始了“三自爱国运动”。这也意味着，中国的基督教会不再受外国的支持或干涉。与此类似，中国的天主教会也切断了与梵蒂冈的政治和经济纽带，形成爱国爱教、自选自圣的发展。

库恩：“文化大革命”之后，中国的宗教出现了什么样的发展？外界对中国宗教现状的评价如何？

卓新平：在“文化大革命”时期，中国的宗教自由很少。到了20世纪70年代晚期，中国开始改革，从此不仅仅是经济出现变化，而且科学、法律、政治和文化都在变。伴随着这些改革，中国人意识到过去的宗教政策有一些问题。宗教自由再次得以强调，宗教获得了新生。人们开始谈论中国所谓的“宗教复苏”。现在信徒的人数增长迅速，很难想象在过去的三十年里增长有多快。可以说，我们已经进入了宗教自由的最好时期。当然，这个评价是从中国历史、从比较我们自己的过去的角度作出的，而不是从西方的角度作出的。

我们中国人觉得，有了这种新的宗教自由，外国人会给我们鼓励。但是令我们失望的是，尽管我们作出了努力，取得了进步，我们受到的批评却越来越多。我理解西方人现在对我们的进步并不满意，如果他们从他们自己的历史和宗教状况出发来评价我们的状况的话，当然会看到差距。所有，仍然有一个强烈的反差，那就是鸿沟，就是差异。今天，我们应该做什么？西方的人民和政治家们应该做什么？这是一个大的问题。

库恩：西方媒体经常抛出的一个议题，就是说中国对所谓的“家庭教会”不友好。您怎样看待这一问题?

卓新平：这些“家庭教会”被称为“私设聚会点”，因为它们不具有法律地位。一些从海外归国的中国人将他们在西方社会基督教会中经历的非常愉悦和熟悉的生活带回了中国。他们中的一些人成了“新基督徒”。在回国之后，他们想要他们自己风格的教会，所以他们组织了自己的聚会和教会活动。这催生了家庭教会现象。不过，家庭教会的情况非常复杂，需具体分析。目前，这些家庭教会面临着很大的问题。根据中国的法律，所有的宗教组织都必须在中国地方政府的相关机构登记，而这些家庭教会并没有登记。一些家庭教会申请注册，也没有获得批准。

库恩：请谈谈宗教尤其是基督教在中西交流、沟通中的意义与作用。

卓新平：基督教是连接中国和西方、传递友谊和相互理解的天然桥梁。基督教起源于亚洲，但是后来成为西方文明和价值的重要载体，并又将它带到了中国。这种对外沟通非常重要，因为要想解决中国宗教改革中所有这些艰巨的问题，需要各方的智慧和理解。我们当然也需要一个非常友好的外部世界的氛围。对中国来说，外部氛围是非常重要的。

库恩：您怎样看待中国宗教人士参政议政的现象?

卓新平：宗教在中国扮演的角色越来越受到重视的另一个事例，就是一些宗教领袖被邀请担任一些高层的政治和政府职务，包括全国人大副委员长和全国政协副主席。这是一个西方所没有的现象。当然，这是一种互惠的行为。宗教领袖可以直接向中国政府提供更为亲近的和更加好的建议。同时，这显得宗教在社会中的地位也在变得更高。这是一个非常积极的变化。

库恩：能否谈谈在当代中国如何理解宗教与科学的关系问题?

卓新平：中国知识界现在也有了关于宗教和科学之间关系的新思维。这一关系在西方已经是一个热门的话题，它被关注也很好地例证了中国改革的深化程度。过去许多中国人认为宗教和科学是截然对立的，他们假设，随着更多的科学发展，宗教信仰会减少。但是在中国向世界开放之后，中国科学家发现，许多著名的外国科学家也是教徒。他们对此很困惑，这也促使他们对此进行了严肃的研究。

2002年，我在北京希尔顿饭店组织了中国第一届科学和宗教论坛。这个论坛得到了约翰坦伯顿基金会的支持，是与香港浸会大学和美国加州大学伯克利分校神学与自然科学中心合办的。这一中心也许是世界上关于科学与宗教关系的首屈一指的研究机构，由罗伯特·约翰·罗素建立和领导。一开始，中国科学家对宗教与科学之间的关系不感兴趣，所以如何吸引人来参加会议就是个挑战。为此，我放弃去台湾开会的机会，专门抽时间拜访了许多著名科学家，一遍又一遍地向他们游说，最终请到了中国科学院的三名院士参加会议。而与会的还有来自国外的其他许多科学家。在论坛上，我们有来自美国和中国的顶尖级科学家对话，他们就相关问题进行了有趣和严肃的讨论。那是在中国科学与宗教之间的第一次高层次对话。它是改革的例证，进行得非常成功。会后，罗素教授领导的加州大学伯克利分校神学与自然科学中心还在上海的复旦大学、江苏的南京大学和济南的山东大学举办了类似的论坛。

在这样的背景下，中国前国务院新闻办公室主任赵启正先生和美国基督教福音派牧师路易·帕罗博士也展开了关于宗教与科学的对话。赵先生原本是物理学家，有着丰富的自然科学知识，而为了准备这场对话，他还专程来我所访问，与我有数小时的交谈，讨论宗教问题。他们的对话非常成功，两人将对话集合作出版，题为《江边对话：一位无神论者和一位基督徒的友好交流》，分别以中、英文在中国和美国出版发行，引起很好的反响。

库恩：谢谢您的介绍。科学与宗教方面的一些深刻议题如今在中国能得到严肃的讨论，它鲜明地体现了，中国社会在持续发展，中国人民在逐渐成熟。

（注：这一对话的部分内容可参见库恩著《中国30年：人类社会的一次伟大变迁》，世纪出版集团、上海人民出版社，2008年，第395—398页。）

十　以真求学　以善待人　以美为鹄*

——唐晓峰与卓新平访谈录

唐晓峰按语： 卓新平先生是当今中国学界享誉海内外的宗教学专家，是我国基督宗教研究领域的著名学者及领军人物。他1955年生于湖南慈利；1974年毕业于湖南常德师专英语科，之后下乡劳动锻炼约三年半的时间，直至1978年考入中国社会科学院研究生院；1981年，卓先生获得该院哲学硕士学位，被聘为中国社会科学院世界宗教研究所助理研究员；1983年留学德国慕尼黑大学哲学系，四年后，获得该校哲学博士学位，并于1988年回国，任中国社会科学院世界宗教研究所副研究员；1992年被评为中国社会科学院研究员；1993年任中国社会科学院世界宗教研究所副所长，基督教研究室主任；1996年，任中国社会科学院研究生院世界宗教研究系主任，中国社会科学院研究生院学术委员会委员，博士生导师；1998年开始担任中国社会科学院世界宗教研究所所长至今。

卓先生以其丰富的人生阅历、湛深的学术功底、前瞻性的研究视角、温文尔雅的行为举止赢得了众多学术荣誉及社会头衔。他于1988年被接纳为德国宗教史协会终身会员；1991年被评为“有突出贡献的中青年回国留学人员”；1996年被评为“国家级有突出贡献的中青年专家”，并入选为欧洲科学艺术研究院院士；2001年当选为中国宗教学会会长，并于2006年连任至今；2000年至2004年，任联合国教科

---

* 鹄（gǔ）：箭靶的中心。《礼记·射义》：“故射者各射己之鹄。”孙希旦集解：“鹄之者，侯之中，射之的也。”

文组织下属国际哲学与人文科学研究理事会副主席；2003年，卓先生被评为优秀留学回国人员，并当选美国亚洲基督教高等教育联合董事会董事；同年，开始担任国家社科基金宗教学评审组组长；他还拥有中国国际文化交流中心理事，中国统一战线理论研究会常务理事，中宣部首批“四个一批”人才等多种社会头衔；2006年，卓先生当选为中国社会科学院学部委员，是首批学部委员中最年轻的一位。

卓先生多年来致力于基督宗教、宗教学的研究，虽刚过知天命之年，但已著作等身，共出版个人专著18部，约524万字；与他人合著著作8部，约42万字；主编著作25部，共835.8万字；同时还发表中、英、德文学术论文129篇，近119万字；其他论文26篇，译文11篇；并主编“基督教文化丛书”、“宗教与思想丛书”、“当代基督宗教研究丛书”等多种在学界颇具影响的丛书。其代表作主要有《中西当代宗教理论比较研究》(德文著作，1988)、《西方宗教学研究引论》(1990)、《世界宗教与宗教学》(1992)、《当代西方新教神学》(1998)、《当代西方天主教神学》(1998)、《宗教理解》(1999)、《基督宗教论》(2000)、《神圣与世俗之间》(2004)、《当代基督宗教教会发展》(2007)、《当代亚非拉美神学》(2007)等。

笔者第一次遇到卓先生是在2002年冬天于北京举行的“世俗化处境中的基督宗教”学术研讨会上，当时我作为博士新生想旁听一下会议，但由于腼腆始终徘徊于酒店的会场门外。此时一位文质彬彬的会议“工作人员”走过来朝我打招呼，问我怎么称呼，需不需要帮助。一句和蔼的问候让我这个诚惶诚恐、略显稚嫩的年轻人放松下来，向他说明了来意。“工作人员”听后，爽快地答应了我的请求，并欢迎我过来听会，同时还让我将一些会议材料和书籍转交给我的导师。之后问我中午回去吃饭方不方便，如果回去较远，可用会议餐。此时，不无感激的我下意识地看了一下这位“工作人员”的出席证，“卓新平”三个字让我受宠若惊，觉得自己是如此幸运，久仰的学者竟然如此近距离而又和蔼可亲地和自己交谈，而自己竟然以为他是一位会议“工作人员”。2005年7月，笔者进入世界宗教研究所基督教研究室工作，和卓先生的日常交往也随之增多起来，他与人为善的待人态度、身体力行的工作作风、勤奋严谨的学术风范、温文尔雅的言谈举止始终深深影响着我，给我以人生的启迪及前行的动力。这次中国社会科学院“青年学者与学部委员学习交谈”活动的开展让我有机会全面深入地和卓先生进行交流，品味他的学术人生，分享他的生活体验，体会他的治学治所之道，可谓幸运之至。

按照之前的约定，笔者来到卓先生的办公室。房间不大，很简陋。一面墙的书柜，里面整整齐齐地摆满了书籍，其中多半是他个人的专著、合著及其参与主编的著作。对面并排摆放着办公桌、电脑桌，和两张似乎是20世纪80年代留下来的沙发和茶几，地板已经被磨得褪去了颜色。不大的办公桌上摆满了各种信件杂志。我们的交谈就是在那两张具有历史气息的沙发上进行的。

（一）人生态度——生活上自然，精神上超然

唐晓峰：如果只看您的简历，您的人生及学术历程似乎充满着“传奇”色彩，也颇显顺利，26岁研究生毕业，33岁从德国慕尼黑大学读完博士后回国工作，然后只有10年的时间就成为世宗所的所长，而在此20多年前您还是一个刚刚从湖南常德师专毕业并下乡接受劳动锻炼的懵懂青年，请问您怎么看您自己所走过的人生轨迹？

卓新平：如果要说我的人生道路和学术历程较为顺利的话，我想那也是因为我身处国家民族发展、思想文化事业繁荣的大背景之下。中国宗教学学科在近20年里发展迅速，这为我个人的学术研究提供了舞台、素材及视角，也使我有了表达个人专业见解的可能。记得当时正是任继愈先生提出的“积累资料，培养人才”的建所方针，让我有机会在1978年作为中国内地首批攻读宗教学专业的硕士研究生来到中国社科院世界宗教研究所，并最终在毕业后成为中国宗教学研究队伍中的一员。也正是因为国内宗教学科的兴起及对宗教研究人才的需求，才让我作出回到国内继续从事研究的决定。所以，你所说的“传奇色彩”也好，或说幸运也好，对我而言是一种历史的幸运。当然这种顺利也始终有压力伴随着，自从进入宗教所读研究生的那一刻起，我不敢有丝毫怠慢放松，因为我自认为对宗教学

的知识掌握得还不够全面，学术基础亦很薄弱。但我很高兴能和其他学术前辈、同仁共同致力于中国宗教学的发展，共同承担这种压力，分享这种幸运。

唐晓峰：就像刚才您所说的，您人生道路的这种“顺利”有历史的背景、文化的因素，当然我们也看到了您所付出的心血和艰辛，这中间您认为对于自己人生道路影响最大的事件或抉择是什么？它对您产生怎样的影响？

卓新平：人生总是由不同经历所构成，其中一些是有决定性的，比如说，师专毕业后，经过三年多的下乡锻炼后，仍决定备考研究生，并且选择了宗教学专业。另外，出国深造也应该是我人生经历中的一个重大变化。当然，如果硬让我从这些人生经历中选择一个影响重大的抉择的话，留学之后回国的决定可能算是其中一个。在国外一旦学有所成，而且适应了国外生活环境之后，是选择回国还是留在外面，对留学生而言都是一个需要认真考虑和选择的问题。与许多留学人员一样，我选择了回国。与自然科学研究尤其是科技研究不同，我所从事的宗教研究在改革开放初期的中国乃鲜为人知的学科，而且就是在文科中也是国内最为敏感的学科之一。自己在国内就读硕士学位时就曾遇到别人的种种不解或误解，碰到不少令人啼笑皆非的尴尬局面。记得硕士毕业庆祝会前我和另一位同学随单位司机去采购东西，付款开发票时售货员问，“开什么单位呀?”我们说“开宗教所”，售货员就很惊讶地说，“你们是和尚啊!”此时同来的司机马上指着我们两位研究生说，“他们两个是，我不是!”大有一种谈到宗教就避而远之的感觉。而在西方国家，宗教研究却是一门领域很广、参与人员很多的学科，有着许多相关研究和工作的机会。当我五年之中拿下博士学位后，导师让我留下来继续做德国特有的教授资格论文研究，美国也提供了让我去读博士后的机会，而国内单位则表达了让我尽快回国的希望。在这种情况下，我选择了回国工作这条道路，成为中国内地改革开放以来第一位在国外读完宗教研究方面博士学位的学者，也是这一领域第一位学成回国的学者。由于上述学术、文化、思想和传统的强大差别，虽有许多中国人后来在国外也读完了宗教研究方面的博士学位，但大多数人选择留在了国外，迄今真正回国的仍是凤毛麟角。回国后，在同事的帮助下，在老一辈学者的鼓励下，我逐渐适应了国内的研究环境，在回国工作的前五年（1988—1993）就达到了我学术发展的黄金时期，不断推出学术成果，参与各种学术交流，并于1988年底晋升为副研究员，1992年被破格评为研究员。所以，总起来看，留学之后归国的决定是我人生中的一个重大抉择，改变了我的人生道路和学术历程。

唐晓峰：如果让您用一句话来概括自己的人生态度，您怎么形容？

卓新平：生活上自然，精神上超然，保持一种“平常心”，坚持一个目标，持之以恒，努力去耕耘，而不要患得患失、犹豫动摇，不要去考虑自己的努力和坚持值不值、收获如何。

（二）治学体会——博大而精深，系统而细致

唐晓峰：众所周知，您的不懈努力为中国内地的基督宗教研究乃至整个宗教学研究的良性发展起到了重要的协调及引领作用；同时您还培养了大批新人、推出了大量新作，使中国学术界更加全面地认识了宗教学这门新兴学科，请问在此过程中，您关于治学方面有哪些可供学术同行及后来人借鉴的经验及体会？

卓新平：要说我在治学方面的体会和经验，其实也没有什么玄妙的道理。首先，就是要博学多闻，培养学术兴趣，打好研究基础，形成敏锐的观察力和发现问题的能力；其次，在研究的具体阶段应重点突出，强调专攻深究，力争既系统、又细致；至于具体谈到人文社会学科，我认为尤其要在知识上和研究上体现出金字塔的结构，做到博大而精深。

唐晓峰：您谈了多年来自己治学的经验和体会，这和您前面谈到的人生态度有关吗？您怎样看待“治学”与“人生”的关系？

卓新平：这种影响当然是有的。比如我们前面提起的在生活中保持一种“平常心”，坚持一个目标，而不要患得患失。这在我的治学过程中同样发生着作用，刚刚从国外留学回到国内工作的时候，我遇到很多困难，有人劝我再度出国。但对我而言，既然已经选择了回国，而且人已回到了国内，已是义无反顾，不该考虑退路、犹豫多变，而必须面对现实，走自己的路。这样我以一颗“平常心”来参与国内学术的发展建设，以“学术

投入”及其“学术成果”来反映自己的学术个性和特点，力争国内学术界的认可和认同，以便共同为使宗教研究在国内从一门“敏感学科”发展为一门大家能够理解其意义和必要的“重要学科”而努力。另外，研究对象与研究者之间也是存在一定的互动关系的，曾经有人问我研究宗教对个人的思想精神有无影响，我以培根在“论学问”中所说的“学问锻炼天性”、“学问变化气质”（Abeunt studia mores，即“学问入于性格”）回答他，肯定了这种影响。由于是从一种学问、文化的进路切入宗教，我对宗教总是持一种“理想主义”、“唯美主义”的理解，有着比现实宗教现象更高的期望。我的这种“不切实际”也常常受到业内朋友的批评，被指责为一种“苛求”或“奢望”，太脱离现实。但我总想，人若有理想就会有希望，有期盼就会有追求。当然，另外，我的人生观当然也会对我的治学及研究的方法、角度起到很大的作用，学者对于学问的探究应基于其客观性，且不能越过这种客观性，但学者对学理、世界、人生的看法则不可避免地会有其主体性或主观性。

（三）学术观点——“具有中国特色的宗教学”及“学术神学”

唐晓峰：您作为中国唯一的国家级宗教学术研究专门机构的带头人及中国宗教学会的会长，在国内外学界的影响是有目共睹的，褒奖之词不胜枚举，在这里您本人如何来总结自己二十几年来的学术成就？

卓新平：在宗教学研究方面，我比较注重在中国学术界促成宗教学的健康发展，突出其学科的系统性、完整性和专业性，提倡运用宗教学的必要研究方法，在学科规范化的前提下积极创新，摸索出中国宗教学的独特发展道路；主张在宗教学研究上搞好两个结合，一是尊重宗教学作为学科的学术传统，搞好宗教学与研究西方思想文化的结合；二是显示中国问题意识，搞好宗教学与注重中国思想文化的结合。在基督宗教研究方面，我特别关注并强调中国当代社会及学术氛围的独特，因此强调其研究定位和态度与海外同样的学科研究的不同本质；中国学术界的基督宗教研究主要是“学术”、“学问”、“学院”和“学者”型的研究，应更多坚持宗教学的立场和方法，从而与基于信仰及其宗教传承的海外研究显出区别，但这种对“神学”的不同理解和定位不是封闭性的，而是对话性的，有着研究的开放性和开明性。自己在这方面的成就不多，不足挂齿，仍在继续摸索之中。

唐晓峰：有位德国波恩大学教授曾经说您开辟了当代中西宗教理论对话的先河，您在刚才的谈话中也突出强调了海内外研究方法及角度的不同，并强调研究的开放性、对话性，您能不能就此谈一谈对于宗教研究方面对话和交流的看法？

卓新平：中国有句古话说：“君子和而不同，小人同而不和”，这包含两个层面的内容：首先，各种文化和社会背景中的人们拥有不同的信仰及文化视角、观点是一种客观事实。真理的客观内容虽然是绝对的，但人们对真理的认识和把握是相对的、多层面、多角度的。其次，追求真理的人应该尊重不同的认识和经验，应该怀抱一种求同存异以求对话的宽容态度，这样才能弥补个人认知的有限。事实上，各种宗教现象本身在某种程度上说，就是文化对话及融合的产物，以基督宗教为例，它以古希伯来文化和古希腊文化为基本，在古罗马帝国时代经历了古代地中海世界多种文化的相聚与碰撞，并在这种跨文化的进程中积极参与了西方文化的构建，形成了自己较为固定的文化特色。而且基督宗教的这种跨文化运动并未因其进入中古欧洲大一统的基督教世界而终止。相反，其跨文化的对话仍在继续，多文化的重构也不断进行。这种宗教与文化间的对话及融合理论同样也可用于对于宗教的学术研究上面，最近几年，中国当代的基督宗教研究正一扫数百年来中国学术界的冷淡之风和沉寂之态，开创一个客观、真实、科学研究的全新时代。这种科学态度使我们的研究不再限于历史上由于文化冲突、政治较量而出现的偏颇，也不再是一种排他性、非此即彼的视角，而表现出“海纳百川，有容乃大”的胸襟，让不同信仰背景、政治立场和文化取向的人们以一种彼此沟通、相互了解的态度来真诚对话、切磋、商榷。因此，我们不应规定某一种模式，也不能强求某一种取向，学术的繁荣就在于“百花齐放，百家争鸣”，就在于以“文”会友、以“学”互通，由此而达到一种共在的和谐。总之，对我而言，中西宗教和思想文化比较研究是一种理解的艺术、沟通的智慧，这种沟通不仅有益于中华民族，而且有益于全世界人民。

唐晓峰：您提到中国学术界的基督宗教研究主要是“学术”、“学问”、“学院”和“学者”型的研究，它与基于信仰及其宗教传承的海外研究是不同的，而您在近期的多次会议发言中，都提到了“学术神学”这个概念，能不能说这个概念就是您对于中国内地学界所作的神学研究的概括，能不能进一步给我们阐释一下这个概念的内涵？

卓新平：也可以这么说。在基督宗教仅作为少数人的信仰的中国，“神学”及其研究不可能仅仅为“教会的思考”，而应有更广泛的蕴涵。关注中国学术现实，则会发现“教会之外有神学”，此即一种“学术神学”。早在柏拉图第一个使用“神学”一词时，这一表述就具有“学术”蕴涵，因为“神学”最初乃指“关于神的言说”、“逻辑推理”和“探究”，而不是“信仰神的论证”。柏拉图开创“学院”的目的之一，就是让“学者”来研究“神”（终极实在）这一门“学问”。自从基督宗教创立以来，“神学”成为其“信仰的体系”，并被限定在其“教会”传统之内。但尽管如此，“神学”的跨越性和突破性仍在一定程度上得以保留，如与基督宗教神学体系密切关联的经院哲学就既是在“学院”中所宣讲的学说，又属于始自古希腊哲学、超出基督教传统的“永恒哲学”。回溯并反思这一历史，也自然会感到在中国社会文化氛围中，一种与“教会神学”相区别的学术神学既有可能，也有必要。当代中国的宗教研究乃基于其宗教学的发展，它随之也使中国学术界的“神学”研究成为可能。可以说这是“神学”在中国学术界的一种“返璞归真”，回到其本初面目。但这种基于宗教学理论体系和研究方法、运用宗教学研究资源并在中国非教会传统处境中的神学发展只可能是“学术神学”，而且也势必会与宗教学紧密结合，并受到宗教学研究方法、学术立场的深入影响。这种旨在“研究神的学问”的“学术神学”虽与作为“信仰神的学问”的“教会神学”迥异，却是对后者的重要补充和丰富。

（四）对研究领域的基本看法和希望——由“险学”而“显学”

唐晓峰：我读过您近年来发表的很多文章和著作，也聆听过您的多次报告和讲演，从中学到了很多关于宗教学理论、方法及您对基督宗教的看法，受益匪浅。这里能不能再谈谈您对于宗教概念本身的看法？

卓新平：因为研究者之间存在主体差异，造成他们对其研究客体理解上的不同，因此出现了哲理性、社会性以及信仰性等多种多样的“宗教”定义。我对“宗教”的理解可概括如下：宗教是人类以超然信仰来克服或升华其有限自我的价值体系、社会形态和实践行为。当然，这种表述亦不一定完整和准确，只是我个人的认知，仅供参考。这里顺便提一句，说到宗教，很多人都认为中国是非宗教民族，而我认为，一个民族在寻求自身发展时，总要试图追溯其价值源头，以获得潜在的精神力量，这源头往往就是宗教，对于神圣的憧憬是每个民族普遍的追求，中国的传统文化中同样具备这种精神因素。

唐晓峰：作为宗教学这个学科领域的专家及带头人，您能不能谈一谈这个学科在最近几年的发展历程及其中体现出来的特征？

卓新平：“宗教学”是对宗教这一人类精神及社会现象的起源、演化、性质、规律、作用等进行描述性和规范性研究的学科。它在中国内地学界是一门新兴学问，其早期发展较注重以史料搜集、考据见长的宗教史学，之后又关注以思辨、推理为方法的宗教哲学，最近几年又出现了以调研、分析人类群体为特色的宗教社会学和宗教人类学。我个人认为，宗教学在研究范式上的创新或突破应体现在其不同领域、不同方法的比较、沟通上，以及由此而达成的打通、结合相关学科的“科际整合”，这样可实现对宗教多层次、全方位的综合性、整体性研究。目前中国宗教学学科的发展正在逐步向这个目标接近。

唐晓峰：在中国学术界，宗教学研究虽然在最近十几年取得了令人瞩目的成绩，但毕竟它还是一门新兴学科，还存在一些理论及方法上的不足，谈谈您对于其未来发展的期望。

卓新平：宗教学在世界学术范围里是一个大的学科，尤其在海外人文社会科学领域中占有很大比重；中国的宗教学发展现状尚与其学术大国的身份不符，需各方理解和支持，进一步开放、发展；应把宗教学作为一门独立学科来看待、来发展，而不要让它因依附于其他学科而受到限制、拘束。当代中国作为一个政治、经济和文化强国，其宗教学应不再是“险学”，而必须是“显学”。从宗教学科自身的发展来说，中国宗教学要做的事情仍然很多，其发展前景亦较为广远。如果说中国宗教学的初创阶段是“积累资料，培养人才”，那么我们目前的发展则应该是由此向“系统研究，创建学派”的目标过渡。中国宗教学在学习、吸纳、借鉴西方宗教学的基础上，在占有资料、拥有一批学有专长的人才的条件下，应该建立起中国人自己在宗教学方面的话语体系和理论构架，从而形成宗教学的中国学派或中国体系。当然，要实现这一目标谈何容易，我们现在应该有意识地朝着这个目标努力。

唐晓峰：我们看到，您近年来的主要著作和主编的丛书都集中在基督宗教研究方面，这也是您研究的专长，请您谈一下对基督宗教研究方面的看法和期望？

卓新平：基督宗教是目前世界上信教人数最多、社会影响最大的宗教，其历史悠久，内容丰富，与整个人类文明史的发展密切关联。然而在目前中国的宗教学研究中，基督宗教研究是最为薄弱、最为敏感、最有争议的领域之一。但也正是在这一意义上，这一领域的研究亦最需要加强、最需要扩大和深化，让人们从“不解”到“理解”，从一种“敏感”认识到一种“意义”认知，从而也使这门学科从充满危险的“险学”发展到一种平安、和谐之研究，成为大众所认知并认可的“显学”。基督宗教研究的全面展开，这一学科的广泛发展，是我们历史的使命和我们时代的要求，需要大家的积极参与和共同努力。

（五）对前沿问题的思考——“学术性”与“社会性”并驾齐驱

唐晓峰：中国是一个多民族，同时也是一个存在多种宗教信仰的国家，同时我们也正在积极致力于社会主义和谐社会的构建工作。2006 年 12 月，您组织了一次主题为“基督宗教与和谐社会”的学术研讨会，在宗教学界产生了广泛影响。您能在这里再阐释一下宗教研究与和谐社会之间的关系吗？

卓新平：宗教学领域很广，应研究的问题很多；应提倡“学术性”或

“学问性”的研究与“社会性”或“政治性”的研究并驾齐驱、各有所长，而彼此又应双向互动，相互补充和完善。宗教学研究与社会主义和谐社会的构建之间的关系问题在这方面就很具代表性。各种宗教信仰中均蕴涵着丰富的思想文化内容，它们对于社会上各种力量和因素的和谐共在、和平共处、和睦共荣、和合共生有着独特的贡献。同时，中国是一个多种宗教信仰共存的国家，对于各种宗教现象的研究，无疑有助于各种宗教间的交流与对话，从而为社会主义和谐社会的构建贡献其特有的力量。再比如，对于宗教的研究，有着政界、教界和学界三种力量，它们研究的角度和方法不同，彼此的认知及见解也经常出现差异。政界关心的主要是宗教政治，教界关心的主要是其宗教信仰本身，学界关心的则主要是对宗教现象的学术研究。三者因共同的研究对象而密切联系，因不同的侧重点而彼此殊异，因而，我始终主张各种研究力量对各自的立场、方法和作为应表示相应的理解、谅解和尊重，进而才有可能形成一种真正意义上的动态的良性互动和有机共构，这不能不说是构建社会主义和谐社会的努力在一个学科内部的体现。

唐晓峰：与中国各种宗教信仰“和谐”共处的局面相反，我们在今天的世界上更多的是看到各种宗教之间的对立和冲突，您怎样来解释这种局面与崇尚“善”与“和平”的各种宗教信仰之间的矛盾？

卓新平：宗教的和平理想在其现实奉行中并非一帆风顺，它因错综复杂的社会政治、经济、文化等因素而使理想与现实之间仍存有较大的距离，但二者其实并不矛盾。原因有两个：一方面，宗教往往以其超然的审视而承认人世的相对和有限，因此对世界上的矛盾、冲突是不回避的。当然另一方面还有一个更根本的原因，宗教冲突多以其民族、历史、社会、经济冲突为根源，所以应在社会、历史中揭开宗教冲突的秘密，找寻解决冲突的办法。要解决宗教间的冲突，从根本上说要解决这种矛盾发端的历史、社会、经济根源，另外还要积极营造一种宗教对话、理解、和谐的气氛。

唐晓峰：中国的基督宗教研究就像您刚才讲的，是最敏感，也是最有争议的学科，其中就涉及如何来看待基督宗教与中国社会文化的关系及在中国未来发展过程中的定位的问题，您对此怎么看？

卓新平： 基督宗教历史悠久，影响广远，在一定程度上为欧美社会的构建提供了精神理念，为其可持续发展提供着精神动力。我们必须下大力气对这种价值观念和文化形态进行深入研究，这对中国对外开放、走向世界是必要的。当然，我们也要看到，基督宗教与中国社会文化的相遇在历史上曾经有过冲突；基督宗教在华传教亦曾与西方殖民主义和帝国主义对华侵略相关联。对此，我们一方面不应该回避，另一方面，应将它同中国与西方的整个关系史相联系，即用历史来说明宗教，而不是用宗教来说明历史。我个人认为，这一问题的根本解决，取决于中国与欧美各国及其社会文化的关系如何发展；而在这一进程中，我们必须加强而不是放松或放弃对基督宗教的研究。如果单从文化和价值观念层面的交流来讲，中国学者从事中西宗教和思想文化比较研究既是一种必然，更是一种自然。回顾中国历史，中国社会发展、文化鼎盛的时期都是中国对外开放、广纳贤士、博采众长、集思广益的时期。我们今天正赶上中国在当代形势下的这种开放时期，这是中国走向世界、能自立于世界民族之林的机遇期，也是世界重新认识中国、使中国在世界舞台上有更大作为的机遇期。我们今天从事中西思想文化比较研究，正是为这两个机遇期的有机吻合起着筑路架桥的作用。尽管会有人对之不解、误解或不屑一顾，我们仍应坚持下去——因为这种沟通不仅有益于中华民族，而且有益于全世界人民。至于基督宗教对中国社会发展的意义问题，这也是我苦苦思索、刻意求解的关切所在，基督教作为一种信仰体系、价值体系和思想文化体系，对世界文明的进程有着多层次、全方位的影响，其对中国社会现代化的意义自然也是多方面的，比如基督宗教原罪观、拯救观、超越观、终极观、普世观对于我们的文化及价值观念都具有一定的借鉴作用。

（六）行为风范——坚持真理，做扎实事

唐晓峰： 就像您前面说的，治学与人生态度是密切相关的，这里能不能简单说一下您做人、做事、做学问方面的主要原则是什么？我相信这对于我们青年学者来说很有启发意义。

卓新平： 我的行为原则就是坚持真理，独立思考，关注现实，把握好

个性与群体、眼前与未来的关系；有前瞻性，做扎实事。

唐晓峰：在一次谈话中，您提到对于基督教界反纳粹斗士朋霍斐尔很推崇，而且我也注意到在您的著作中，多次介绍他的思想，能向我们谈谈其中的缘由吗？

卓新平：我对朋霍斐尔的佩服，一方面在于他思想的深邃，敢于向传统观念挑战，而且这种思想创新大多是在狱中进行的；另一方面更在于他为了真理、正义而忘我献身的勇气。在纳粹肆虐的时期，本来他已在美国纽约有了一份教职，可以稳定地生活，但其良心和责任感却使他不顾危险、不听朋友劝阻而毅然决然地返回德国，投身于反纳粹的斗争。为了一种精神理念即其信念的永生，他敢于面对死亡，最后惨死在集中营里。朋霍斐尔的选择和命运对人生很有启迪意义，亦拨动了许多人的心弦。有了他的那种精神，对命运的起伏波动就会看得很淡，而义无反顾、一如既往地做自己应做的事，走自己该走的路。故此，当人们抱怨自己的命运不好，觉得找不到改变的机遇时，想想朋霍斐尔的选择和遭遇，或许能有所帮助，能恢复自己心灵的平静。

（七）学术管理方面的经验和体会——学术组织工作乃是我们学术发展的重要组成部分

唐晓峰：您作为一位学者，同时又身兼世宗所所长、中国宗教学会会长等多个行政及社会职务，是如何协调学术研究与行政管理工作之间的关系的？

卓新平：二者之间肯定会有时间上的矛盾，应有牺牲精神、服务意识；也应看到学术组织工作乃是我们学术发展的重要组成部分，参与其中正是对我们学术能力的一种培养。说到这一点我觉得自己做得很不够。在学术上，我有许多梦，大多尚未实现，因此真希望能完全退回到学术领域中，潜心学问，争取能有所作为。而作为一个学术机构的行政管理者，我则深知自己能力有限，没有所谓“雄才大略”可施。中国宗教学领域也是人才济济之地，在研究所管理位置上要想干得不比前任各位老师逊色的确很难，让我勉为其难已是对我的一种抬举，亦是一种挑战。当然，如能以此而组织学术运作、实施学术规划，也是一种乐趣。

说到服务意识，我至今仍记得当时动员我接受宗教所副所长这一任命的领导有这样一句话：“你这样年纪轻轻就已当上了研究员，也应该为大家服务了。”正是抱着“服务”、“回报”和感谢上级“信任”的心情，我走上了研究所的“领导”岗位，并自1998年接着担任了研究所所长职务。但作为一位学者，我仍继续承担大量科研学术任务，不能从学术领域“急流勇退”，反而还增加了更多的学术组织和联络工作。虽然这十几年既当“领导”又当“学者”的经历，已经没有了以往“潇洒”和“逍遥”的情趣，而代之以“忙碌”、“疲劳”的感觉。但总体来看，仍觉得这些学术生活及工作非常充实，似有“干不完”的活，全部身心也就自然而然地投入到那“不够用”的时间之中。看到我的忙碌、疲惫和体弱之状，曾经有朋友劝我，“你已‘功成名就’，应该急流勇退，以保持身体健康为本”。确实，我也非常想能够自然而然地“急流勇退”，回到刚回国时的那种自由、恬静和逍遥生活。但此时确有一种“人在江湖，身不由己”之感，自己“难以脱身”，别人亦不让你“轻易脱身”。然而，也就在这种“忙碌”甚至是“拼命”之中，你会看到自己所从事的这一领域学术事业在中国的飞速发展，听到宗教理解和对话、人类追求世界和平、时代进步的前进脚步声，感觉到中国社会在人文关怀、终极追求上的进展和突破。而自己能以有限“自我”来参与这一宏伟事业并为之作出微薄的“贡献”，真正感到自己已投身于祖国的发展、前进之中，那么，处在疲惫之中的“自我”亦会获得一种安慰和欣慰。

（八）对青年学者的建议——立志投身学术的行动本身就是人生意义之所在

唐晓峰：感谢您百忙中抽出时间进行这次对我来说意义重大的访谈，最后还想请您谈谈对于我们青年学者的建议。

卓新平：从我个人的学术经历来看，青年人立志为学就应准备吃苦、吃亏，未来能否成功不是现在权衡的砝码，立志投身学术的行动本身就是人生意义之所在。因此，要有只管耕耘、不问收获的姿态及境界，达到一种谋事在人、成事由天的任运自然。

唐晓峰后记：与卓先生的座谈，让我真正领悟到“时势”与“英雄”间的互动关系，体会到小我对于社会的贡献有时并不像人们想象的那样渺小。宗教学由一门少有人问津的“险学”发展成为中国人文社会科学中不可或缺的“显学”，既有其学科发展的必然性，同时也离不开一些颇有专业素养的学者的推波助澜，引领方向。卓先生无疑是其中的佼佼者。我以前常以为“学术为了生活，而非生活为了学术”，而在卓先生身上我发现学术和生活并没有目的与手段之分，“学术即生活、生活即学术”，“立志投身学术的行动本身就是人生意义之所在”。卓先生几年前在接受某杂志记者采访时曾说：“我常想，以善待人，以真求学，此即美之理想，但要达此境界尚须不懈努力。”① 的确，“以善待人，以真求学”是一种美之境界，是一种理想，需要不懈努力；但它同时也是一种蕴于当下的过程。卓先生的人生态度、治学之道、学术风范、思想学说无不与“真”、“善”相携，趋于美之正鹄。

（访谈载于《学问有道——学部委员访谈录》（上），方志出版社，2007 年。）

---

① 黄奎：《在神圣与世俗之间求索——访中国社科院世宗所所长卓新平先生》，《中国宗教》2005 年第 2 期，第 19 页。

十一　跨文化传播：信仰之间的重要相遇

——《对外传播》对卓新平的专访录

（2007 年 11 月 6 日访谈）

《对外传播》编者按：2007 年 12 月 19 日，央视新闻联播闪过这样的镜头，中国社会科学院卓新平研究员面对中央政治局领导，谈自己对当代世界宗教的理解。

或许，人们可能还不了解，中国社会科学院世界宗教研究所是毛泽东主席 1964 年提议建立的。

2006 年，首届世界佛教论坛上，国家宗教局局长叶小文也用生动的语言表述，“和谐世界，从心开始”。

不了解西方文化的宗教背景，文化传播中的交流与对话就很难直抵心灵。可见宗教对话在跨文化传播中作用之重要。

日前，《对外传播》走近了中国社会科学院世界宗教研究所所长卓新平，就中西方宗教和文化交流等问题进行了专访。

圣诞与春节：两种文化的相遇

《对外传播》：如今，在我国，圣诞节未到，挂满礼物的圣诞树和可爱的圣诞老人就开始走进人们的视线，大家共享着圣诞的快乐。大家都知道，在深圳这个“移民型”的城市，每到春节几乎就是一座空城，而每到圣诞节，这里的年轻人欢乐的情绪就开始相互传染。你如何看待西方文化对中国传统文化的影响？

卓新平：对于中国人来说，到底是过圣诞节还是春节，十多年前媒体就曾经关注过。像中央电视台、北京电视台都曾就这个问题进行过讨论，与我也有过沟通。对这个问题有多种理解，我仅就一方面做个解读吧。

中国文化传统强调“国家”，除了“国”就是“家”。国家的节日是“10·1”，家庭节日有中秋节、春节等。春节强调亲情，是从社会公务中回到自己温馨的小家，是“急急忙忙回家过年”。这两种“节”中缺少中间环节。这个中间环节正是我们要构建的东西。而西方文化恰恰注重这个中间环节——社会的共在，圣诞节的特点是社会的节日和群体的节日，是家庭的节日的温馨所不可取代的。

人是社会的存在，除了家庭之外必须有社会的共鸣，社会的共欢，社会的共在，这是家庭的节日没法取代的。你看，到圣诞节的时候，高校、企业里的活动都很活跃，一些商场也大搞促销活动，很吸引人。为什么呢？快乐会形成某种凝聚力。所以，今天对圣诞节不要用一种逆反排斥的心态加以拒绝。

圣诞节在西方也是从一个纯宗教的节日，达到一种升华、一种普及。所以从社会共在、社会团结的意义上讲，是可以接受的，这样可以充实我们的民族文化，使我们的民族文化在心的形势下获得一些新的因素，得到一种新的生机。

所以，我们要对中国传统文化加以必要反省和重新认识。只有民族的才是世界的，这话非常对；但是，民族文化从来就不是封闭的，而是开放的。“一枝独秀不是春，万紫千红才是春。”

试问，历史发展的今天，有一种“纯”民族文化吗？只有各个民族的文化因子交织共构，才能形成文化的可持续发展，带来文化的勃勃生机。

实际上，《圣经》文化已与中国传统文化相遇，并已产生碰撞和交流。例如，“爱”与“仁”、“言”与“道”、“法”与“礼”、“超越”与“内在”、“排他”与“兼容”等就是这种相遇带来的问题意识和对话主题。

宗教信仰在中国实际上也普遍存在，这种“宗教性”视宗教精神为“人类学常数”。当然，中国人对宗教信仰的理解、界定有其独特之处，而宗教的组织形式，社会建构方面所涵盖的人口也不是很多，从而与其他国家的宗教存在状况形成不同。

我国的改革开放，一方面改革要反省自己的过去，把自己变得更好；

另一方面开放就是吸纳一切外来文化的优秀因素，这才是改革开放。改革开放与封闭、排斥是完全相反的内涵，所以当我们陶醉在改革开放伟大成果的时候，必须对它的内涵和寓意进行反思。这样，我们将来的改革开放才会走得更好！

信仰是“触着曙光而讴歌的鸟儿”

《对外传播》：伴随着改革开放，中国在对外交往中敞开了大门，但这种合作交流大多停留在经济贸易方面。寻找一下，是否在不同信仰的民族之间也会有许多共同的价值观？世界各国宗教信仰有哪些可让我们借鉴的？

卓新平：谈宗教，就涉及信仰层面。信仰可以有多种，如文化信仰、宗教信仰、政治信仰、民族信仰等。信仰是人类的一种精神现象，只要有人类存在，就有信仰意向。而宗教与哲学不同，哲学强调理性思维，往往对问题作出一种逻辑严密、因果清楚的结论。但是，宗教认为人的理性是有限的，不可能洞观大千世界或大千世界背后隐藏的东西，只能采取信仰的把握。

大文豪泰戈尔说过：“信仰是个鸟儿，黎明还是黝黑时，就触着曙光而讴歌了。”所以，信仰有某种不确定性和冒险性，贵在“信”，“信”就能给我们带来动力和方向。

所以从某种意义上来说，“信”就能给我们带来动力和方向，这是我们在认识人类的信仰，包括在认识人类的宗教的时候一定要注意把握的。从政治方面来看，共产主义究竟指什么是没法用理性来论证的。虽然马克思主义把社会主义从空想发展到科学，但是，科学也是相对而言的，而且也仅仅是在社会主义这个层面的论证，那么共产主义究竟是什么？我们相信共产主义，这不也是一种信仰的表述吗？这种信仰也很难完完全全用理性来说明。所以我们把握了信仰的特征，再来看宗教，这个问题就不难回答了。

宗教跟哲学的关系也很清楚，就是在这一点上，我们中国的一些学者强调中国文化的哲学传统，哲学的特点贵“疑”，怀疑就可以探讨问题，就可以研究：宗教的特点贵“信”，信了以后就不用去观察，不必去考据问题了。这种分析不全面，宗教除了“信”之外，它还去认知，还去探讨，并不是止于“信”就打住了，而是在信念的支撑下去进一步探索和认知。这也是宗教信仰的可贵之处。宗教在得到一个终极解答时先有一个信念在那，然后支撑现实的存在、人生的价值，所以从这个意义上来讲，不能说中国人就完全是一个哲学的民族，没有宗教情怀，没有一点信仰的特质，这是不符合人类的通性的。人类都有这样的表述，而且我们观察中国社会现实，信仰也好，宗教也好，在中华民族是存在的，从古到今这是不争的事实。

应该承认，西方社会和文化在当今世界有着重要地位，起着举足轻重的作用。作为有着悠久文明传统和社会历史、正在国际舞台发挥越来越重要作用的中国，理应了解、研究基督教，认识、弄清西方人的信仰家园和精神世界。

《对外传播》：请从反思意义上谈一下外来文化对中国的影响。

卓新平：我们现在强调“彩虹文化”，七彩共辉、和而不同。

中国为什么有一种振兴中华的精神？这与中国近代的苦难历史相关联。自鸦片战争以来，中国就挨打、受欺侮，这样自然而然就会对帝国主义、殖民主义恨之入骨，加以间接地排斥和反对，另一方面也不断地刺激中国振兴和发展。

如果要做深层反省的话，一方面是帝国主义和殖民主义的侵略，另一方面，中国为什么抵抗不住帝国主义、殖民主义的侵略？中国自身有没有问题？如果从这个方面来讲，我们就不能一味排外，向西方强国学习也是中国人民的使命。

从某种意义上说，中国文化的内在重构和发展是非常必要的。当时的帝国主义之所以能够处于强势地位，说明它们的文化中有比我们优秀的地方，这些东西可以为我们所用，这是中国近代以来很多著名人物所提倡的，如魏源提出“师夷之长技以制夷”的观点。

所以，对中国文化的反省和认知必须是双方面的，一方面看到自己的不幸和委屈，另一方面看到自己的缺陷和不足。只有这样，改革开放才能持续发展，中国才能真正立于世界之林，处于不败之地，中华文明才能真正振兴。

中国历史上，一个发展高峰过后，就会衰落，面临一个低谷。现在我们只有把基础打好，才能持续发展，否则经济发展一段时间后，就会出现危机，国外有很多这方面的经验教训。

我们不要被眼前的发展冲昏了头脑，要看到自己的弱点和不足，要看到中国13亿人中还有很多没有真正富裕起来。一方面中国有发展的潜能，另一方面也有潜在的危险和危机。只有这样，我们的发展才有后劲，才能不断调整自己、补充自己。

“没有宗教和平就没有世界和平”

《对外传播》：联合国秘书长科非·安南说过：“世界著名宗教和精神领袖联合起来呼吁和平，将促进新千年的和平前景。”那么宗教如何促进世界和平？历史上，宗教为消除矛盾、化解冲突作出了哪些贡献？

卓新平：2000年8月28日至31日，在纽约联合国总部召开了“世界宗教与精神领袖千年和平峰会”。我作为中国宗教领袖代表团的学术顾问，出席了这次会议。

此前，我和王作安先生共同主编了《宗教：关切世界和平》一书，献给此次大会。我们在书中收录了一些中国宗教领袖和学者撰写的文章，以阐述宗教在促进世界和平、消除矛盾和化解冲突上已作出或仍应该做出的种种贡献。

这些贡献基于宗教理念及其资源，亦在于其现实关注和参与，它们大体可以用此书的四大部分来涵括：一是“化解冲突、维护和平”，二是“致力对话、促进交流”，三是“消除贫困、保护环境”，四是“以和为贵、兼容并蓄”。

矛盾、冲突的兴起都是因为“对抗”，而宗教界的有识之士为防止“对抗”可能会导致人类“毁灭”，坚决倡导一种“对话”而达到人类“共存”的“生路”。特别有意义的是，这些人已经深刻认识到并且还积极呼吁，世界和平的对话应该首先从“宗教对话”开始。

自20世纪下半叶以来，也可以说人类真正进入了“对话”的时代，如西方著名宗教人士孔汉思的表述“没有宗教和平就没有世界和平，没有宗教对话就没有宗教和平”也已成为当今世界的名言警句。

追求共同美好目标，走向和谐世界

《对外传播》：首届世界佛教论坛于2006年在中国召开，拉近了中国与世界的距离。那么，这种交流与对话的基础是什么？并请你就中西文化的相互影响，做一简单的比较。

卓新平：“对话”能否进行并取得成功，关键在于双方的意向和姿态。在相互缺乏真正了解的情况下，如果持猜忌、怀疑心态，或把对方视为“洪水猛兽”，则势必导致“对抗”、“敌对”，而不是“对话”、“友谊”。

这种交流与对话的基础就在于相信对方也希望人类美好、社会进步、世界发展，其区别只是在于各自实现这一理想所持的观念、采取的方法、选择的道路不同。有着追求共同美好目标之“同”，则能够了解、理解、对比和交流各自实现这一目标的路径之“异”。

我认为，要想展开真诚、真正的对话，就不能先入为主地持“敌视”、“排斥”、“魔化”对方的态度，而应该有“倾听”、“包容”、“沟通”、“交流”的雅量和气魄。中国文化中本来就有“海纳百川、有容乃大”的传统。以这种态度，我们就可以去争取达到以文化之间的对话来取代其冲突的共识，而这恰是人类未来发展的希望所在。

本来，人类各民族的文化发展就是相互存在、相互吸纳、相互沟通、相互影响的，并不存在一种“纯而又纯”、无任何外来因素的“纯民族文化”。因此，不同文化的交流与对话，由此达成的影响和嬗变，乃是人类文化发展的常态。

《对外传播》：近年，我国提出构建社会主义和谐社会、和谐世界的双和谐理念。和谐理念主要是继承了中国传统的“和合”文化。在构建和谐社会、和谐世界的过程中，宗教因素能发挥何种作用？

卓新平：“和”之观念在宗教中占有重要地位。基督教所向往的是“在地上有平安”，伊斯兰教称自己为“和平”之教，“伊斯兰”就是“和平”、“顺从”之意，而三教（犹太教、基督教、伊斯兰教）圣地耶路撒冷亦意为“和平之城”。

在中国召开的世界佛教大会提出了“和谐世界、从心开始”这一极有感召力的口号，而道教界组织的“道德经论坛”亦以“和谐世界，以道相通”来加以积极响应。

所以，在构建和谐社会、和谐世界的过程中，宗教能够提供丰富的思想文化资源，可以有着积极的社会公共参与。宗教本身就是中国传统文化和世界文化中的有机构成，只要积极倡导和正确引导，应该能为我们的和谐共生、和平共处、和睦共融、和合共存作出贡献。

“世界宗教研究所是毛主席亲自提议建立的”

《对外传播》：世界宗教研究所是社科院的一个研究单位，也就是国家拨款支持这种宗教研究，从某种意义上说，我们的国家也在正视和重视这种对话。

卓新平：是的。我们宗教研究所有一个比较独特的地方，如果我记忆准确的话，世界宗教研究所是中国社会科学院唯一一个毛主席亲自提议建立的研究所。1963 年提出来，1964 年建立，当时也得到了周恩来总理的关怀。

1964 年我院成立的一大批涉及国际问题的研究所都是毛主席批准的，但是我们这个所是毛主席提议要建立的。为什么叫世界宗教研究所？就是毛主席提出要研究世界宗教。在 20 世纪 60 年代，毛主席站得那么高，看得那么远。我们宗教研究所就是在中国政治家的睿智和高瞻远瞩支持下走过了这四十多年。所以，我们今天感到非常自豪。

在帝国主义封锁我们的时候，毛主席就看到要研究世界宗教。今天全球化的时代，宗教学更值得研究，而且我觉得我们的研究还远远不够。2000 年，我跟宗教领袖代表团到纽约去，看到林林总总的世界宗教，有些是我们前所未闻的。我们需要做的事情太多了。

一方面，我们相信新一代中国政治家、领导人会继续支持宗教研究，而且支持的力度会越来越大。另一方面，从这个意义上说，我相信我们的宗教学总有一天会脱离危险的“险学”状况，而真正成为学术界重视的、明显的“显学”。

“如果能融入世界就不会感到孤独”

《对外传播》：在我们这样一个讲无神论的国家，对宗教的研究并不普遍，你在研究宗教的过程中有没有经历过一个比较“苦闷的阶段”，感到孤独吗？什么时候开始走出孤独？

卓新平：从某种意义上来说，“外宣从来没有走出过内宣的范围”，那么对我们进行宗教研究的人来说也是这种感觉。在没有走出国门之前，就会有种“井底之蛙”的感觉，当时就觉得我们生活在中国这个时代是多么幸福、多么自豪啊，但是改革开放之后，带来了一些吃惊，而到了国外之后，就有了更大的吃惊。

其实，我本人是工农兵大学生，当时，应届毕业而入校的我们则只能学音乐、体育、外语这三个专业，所以我就学了外语，是学英语。在学习的过程中，感到学语言就必须了解这种语言的文化背景，这样我就开始阅读文史哲方面的书，而看西方文史哲的书就会发现其中的宗教因素，这样我就从文化层面进入当时的“精神现象学”。

对精神现象的研究恰恰在中国文化中是远远不够的，而西方几千年来已经形成一个比较完备的体系。我们必须认识到对精神现象的研究的意义，尤其是在跟西方人交往时要有此意识。很多西方国家由于它们的宗教和文化背景，非常重视精神现象，非常关注精神生活。而中国人的文化沟通，则不太注重精神现象。如果不注重他人的精神生活，不考虑、不回答、不反省自己的精神生活，我不认为这是真正意义上的文明人。从这个角度来讲，对很多出过国、在国外系统学习过或者说在国外的社会政治环境中生活过的中国人，对于精神现象学的意义都会达到一种感悟或者达到某种程度的升华。

然而，在国外生活过的人毕竟是少数，说实话，在今天的中国做宗教学研究，我还是感觉到孤独。

我现在是宗教学会的会长，在尽量扩大学会的范围。而且我曾经说过，宗教学对我们来说是个市场，我们要靠自己做大。如果不做大的话，我们的存在都是很成问题的，因为宗教学在中国是处于从危险的“险学”到明显的“显学”的过渡之间，今天还没脱离危险的处境，达到显学的状况，我们还在途中。

走在途中，你会有孤独，你会有寂寞，你会有烦躁，你会有苦闷，这是不可避免的。过去的三十年仅仅是因为研究宗教这门学科，你就遇到了别的学科所没有的误会、怀疑、指责、猜忌、限制、批评，有着走钢丝、履薄冰的感觉，时时要悬着一颗心。你会多么希望人们能够以平常心来看待宗教、对待宗教研究啊！但是一旦融入世界，你就会发现，研究宗教在人文社会科学范围中是一个多么大的领域。在西方文科中研究宗教的学科是最大的，其实在亚洲其他国家也同样如此，国际宗教史学会在亚洲五十年来曾召开过两次大会，都由日本来主办，2005 年日本大会的参会人数达到了 1500 多人。如果能融入世界你就不会感到孤独，你会感到有压力，感觉到中国这样一个文化大国，必须奋起直追，没有任何理由缺失宗教学这一重要研究，因此就要有一种使命感，要勉励自己不断努力、不断开拓。这时候就顾不得寂寞，就没有时间、没有工夫去苦闷了，想到的是赶紧做需要做的事情吧。

这样，在全球化的时代，有这种反差，有这种比较，而我们就处于这种反差和比较之中。我有时候开玩笑说，有时真是找不着自我，宗教学的自我到底是什么？所以，这里有一个对之本土的定位和全球性的定位问题。

我们研究所和我自己做的工作，就是推动宗教理解、展开不同信仰之间的沟通与对话，希望能从学理层面开始探讨不同精神、信仰之间对话、理解、共在甚至共融的可能性，由此参与为实现人类的“和谐”而铺平“心灵之路”这一重要行动。构建“和谐世界”岂是空谈就能实现的，若真有这一大志就必须改变对宗教的看法、改善对宗教研究的态度。我个人的努力微不足道，关键是要唤起越来越多的人来关注、支持并积极参与这种深层次意义上的灵性沟通。为了这种呼唤，我才写了《宗教与文化》、《宗教理解》、《神圣与世俗之间》等著述。

以“求同存异”来相互尊重、促进理解

《对外传播》：在我国，无神论是主流，我们为什么要研究基督教？要了解西方人的宗教信仰？

卓新平：虽然无神论在我国是主流，但宗教信仰的存在、宗教情感的表露也是不争的事实。况且，中国作为一个“开放性社会”，正面对并进入“全球化”之中，中国不信教者在全世界绝大多数人信教的环境中却成了“极少数”。所以，了解、研究大多数人具有的宗教信仰，对我们这些“少数人”而言有着极为重要的理论意义和现实价值。

基督教徒占当今世界总人口的三分之一，占世界信教总人数的五分之二，其人数也远远超过我国的总人口，乃当今世界第一大宗教。基督教可以说是西方精神之源和文明之魂。应该承认，西方社会和文化在当今世界有着举足轻重的地位和作用。作为有着悠久文明传统、正在国际舞台发挥越来越重要作用的中国，理应了解、研究基督教，认识、弄清西方人的信仰家园和精神世界。

《对外传播》：人们说“不读《圣经》就不能了解西方文化的基础和背景”，您对这句话怎么看？

卓新平：这句话不太准确。《圣经》实际上是从古希伯来文明发展来的，在《新约》时期，受到希腊文明的影响，应该说它是亚洲和欧洲宗教思想的重要根源。在《圣经》后来的发展中，形成了所谓“绝对一神教”的经典。“绝对一神教”包括犹太教、基督教和伊斯兰教，其实它们的经典间具有很多共同之处，比如《旧约》就是犹太教的经典，而《古兰经》中的很多表述与《圣经》里的表述也很相似，各自以不同的称谓和不同的立场却论及相同的人物和相关的历史事件及传说。针对这三教的关联，国际学术界将之视为“亚伯拉罕传统宗教”其中主要是体现厚重的亚洲宗教灵性资源。

所以，说《圣经》是西方思想文明之源，不太准确，还应包括亚洲文化，因为基督教是从亚洲诞生的，它与西方的关联主要是在罗马帝国时期。基督教在公元4世纪，也即君士坦丁立基督教为国教之后（在这之前

罗马帝国是迫害基督教徒的)，才形成了基督教与西方文化的关联。

特别是在罗马帝国解体后，西方尤其是西欧就进入了文化重建时期，在这个过程中，基督教为其提供了文化价值体系。应该说，在罗马帝国后期和中世纪发展过程中，严格概念意义上的西方才形成，这样，西方文化就与基督教有着不解之缘。这样说就更准确一点了。

《对外传播》：谢谢您为我们提供了这么精确的答案。现在，赵启正和帕罗的《江边对话》已成为外宣的经典案例。这也说明，尽管中西方宗教信仰存在巨大差异，但对话是可能的。在您看来，这种交流与对话的基础是什么？

卓新平：我认为，文化对话起码包括三个层面，一是物质层面，即自然科学、技术这一最表层的层面；二是制度层面，即政治体系、经济结构等中层层面；三是最核心的思想价值体系层面。其中，物质层面的对话最容易，社会政治层面的交流最关键（因为政治对话的成功，能为其他层面的交流创造良好氛围)，而思想价值层面的对话最困难。文化沟通与交流是全方位、多层次的，不能将它们隔绝。

《江边对话》的意义就在于以一种友好、真诚之态展开了不同文化、思想、信仰之间的对话。我们在论及对话交往的底线时常说大家可以“和而不同”，既然能够做到“不同而和”，那么也就可以进一步尝试“求同存异”。虽然“化异”很难，找寻共同点仍是可能的。为此，可以循序渐进，先求“同”而将“异”暂时悬置起来。稳定、和谐的一大技巧，就是“不争论”，不把分歧尖锐地暴露出来。所以说，如何“对话”，这是“共在”的生存艺术。彼此首先应该相互尊重，才有可能进一步去促进理解。跨文化对话也许就应该从易往难、从表及里、从浅尝到深入。赵启正先生认识到了文化的整体性，而且选择了由最表层的经验层面上升到深层的精神交流这样的对话进路。这样的高层对话，尤其是与西方宗教领袖的对话，开展的不是很多，所以这一对话自然受到了全世界的关注。

《对外传播》：中国在对外交往中，过去只注意经济往来与合作，只要经济链条断了，合作也就中止了。但欧美之间有共同的价值观，这种价值观和认同感奠定了它们合作的基础。那么，在外来宗教文化中，有哪些我们可以借鉴的方面？

卓新平：如前面所谈，我们今天努力争取的是“和谐社会”的构建，并怀有实现“和谐世界”的美好理想。但是，当今世界并不“和谐”。不“和谐”的原因很多，除了政治、经济的利益纷争，还有思想、精神的差异和对抗。我们的工作是促进和谐，而不是去增加不和谐的因素，这是宗教研究者必须注意和考虑的。尽管受到过各种批评或猜疑，我想我的学术任务和历史定位是“和平使者”而不是“冲突斗士”。宗教研究与其他研究不同，你必须面对宗教信仰者的宗教感情及对其信仰的神圣性，故而特别需要研究者的政治敏感和学术智慧。借鉴外来宗教文化，应特别关注其开放性和开拓性。我们的传统文化曾有过对内“围”、对外“堵”的失误，这是内涵式发展的农耕文化对比外延式发展的游牧文化和航海文化的不足之处。在全球化的开放社会，我们须切忌重新陷入消极的“自围”、“外堵”怪圈之中。在跨文化交流中，我们自己应该积极地“走出去”，而对外来文化则应采取批判性、扬弃性吸收、借鉴，让其本土化、中国化的“消化”、“融化”、“化解”之术。

《对外传播》：在网上浏览关于您的资料和文章时，字里行间能感受到您心灵的充实和精神的富有。您所从事的正是给他人“精神上的温暖”的事业。请谈一下您现在所做的事情。

卓新平：一方面，我对人的精神世界、精神生活进行比较深层次的研究，另一方面，我最大的精力还是在做了解对方的工作——对话、沟通、认识。外宣是对外宣传，我是对外研究，外宣是让对方知道自己，我做的是知彼，但立足点在中国。如今，我们不仅仅关注对话，而且已经参与到对话之中了。

《对外传播》：在这样的对话中您有什么样的感受？

卓新平：最大的感受是，彼此的了解太少了，对话和认识的空间还非常大。

对话中最忌讳的就是“独白”，也就是不管对方的反应，只管说自己的。对话过程中，必须要有倾听的态度，这是对话成功与否的关键。

中国和西方都有很多值得对方学习的东西，一定要看到彼此的优点和不足。比如，西方人对中国文化的神往主要表现在两方面，一方面是中国传统思维对世界的整体把握（西方人比较注重局部，整体观念不够）；另一方面就是中国的艺术性生活情趣。举例来说，中国烹饪就表现出这种艺术性，相对而言，西方更多地强调技术性思维。当西方人向中国人学做菜时，中国人会告诉他味精放多少、盐放多少，但是西方人会问，这个“多少”到底是多少，要精确到克。中国人强调“感觉”，艺术是一种感悟，不那么精确，与西方的技术思维不同。艺术有其优点，往往能发展到极致，而缺点就是不能批量生产和迅速扩大化，而这一点是西方技术性所能做到的。CCTV—3 有个节目叫“艺术人生”，而在西方（当然，艺术家除外），体现的大多是一种“技术人生”。

用真实、真情、真诚来拨动对方的心弦

《对外传播》：关于中国的宗教信仰问题，国外存在很多误解。请介绍一下这方面的情况。你认为如何才能加强沟通、减少误解，让世界知道一个真实的中国？

卓新平：中国的宗教信仰及其存在有其特点，我们介绍、交流不够，加之外国一些媒体的误导，因此在国外引起了一些误解和偏见。

其实，中国社会对宗教的理解和管理有着自己的独特历史，在许多方面对宗教的帮助甚至远远大于其他国家。例如，今天中国政府对宗教组织、个人的经济支持和帮助、政治关注和重视，是许多国家都无法相比的。我们在 2000 年去美国参加“世界宗教与精神领袖千年和平峰会”时，曾向美国宗教界介绍了这方面的情况，就连一些美国宗教领袖都羡慕不已，认为美国政府根本就做不到这样。

历史上，元朝皇帝就曾给远道而来的欧洲天主教传教士特别的俸禄，使他们衣食无忧，安心传教。

所以，我们对外宣传中国的宗教情况，不能仅限于政治、意识形态层面，还应该从思想、文化、社会等层面反映中国宗教多元、多彩的身姿，这才是真实的中国宗教状况。

在我们针对宗教问题走出去、请进来时，必须注意而且注重“宗教”本身的特色，而不只是其“政治”的“表象”。实际上，观察、了解宗教至少有信仰、政治和思想文化这三个层面，我们世界宗教研究所主要是关

注并研究其思想文化层面，因而可以超出“信仰”、“政治”之外来客观、中立、积极地研究，介绍宗教存在的历史、现状及其作用、意义。

对宇宙的奥秘、变幻莫测的规律，除了科学研究之外，还需要有对这种规律的敬仰，这就是爱因斯坦之所以强调宗教认知的原因。康德曾经说，“天上的星空，心中的道德律”。这句话很经典，也反映了无神论和有神论的思想交锋是可以讨论的，而且也是可以对话的。对于“神”的理解，可能会多种多样，而且其认识、理解本身也会发展变化。在历史上，有神与无神的理论一直都在辩证互动。

《对外传播》：刚才你提到了在跨文化交流的过程中需要有一种全球视域，但是就目前国内的学术界和传媒领域甚至外交界，还存在着很多缺陷，那么在你看来我们怎么才能拥有这种全球视域呢？

卓新平：这涉及主体意识和客体意识的问题。一般我们强调“我”的存在或民族、国家的存在，但是“我”的存在只能在“我们”之中存在，民族、国家是在世界上存在，这样就不是“我在故他在”，而是“共在才我在”。

特别是在全球化背景下，看待国际关系，要有这样的视角，全球化是我们的背景和参考系数。在以前封闭隔绝的时代，可能会突出主体和自我的位置，今天必须从全球的角度看问题，才能更好地把握自我，把握时机，才能更好地在世界的发展中发挥自己的作用。在这个世界中，已经不可能有个人的独唱了，只能是在合唱中间扮演什么样的角色——是主旋律还是伴音？强大了，你就是主旋律；不强大，你就会被边缘化，就是伴音。宗教层面的交流，作为精神层面的交流，会引起外交关系的变化。它不是直接的外交关系，但它会对人的行为交往方式产生潜移默化的影响。所以，宗教交流作为“民间外交”的作用值得注意。

《对外传播》：中国的外宣事业还有许多事情需要做。作为外宣工作者，你认为我们怎样才能做到更好地进行国际交流和沟通？对于外宣事业的发展能否提些你的建议？特别是宗教能为外宣和国际交流提供何种财富？

卓新平：外宣杂志是给做外宣工作的人和外国人看的，外宣工作者要切记工作性质是对外宣传，工作中必须有换位思维，要知道读者如何看待自己的杂志，如何看待自己的宣传。只有具备换位思维，我们的外宣杂志才能做到位，才能真正起到外宣的作用。

对于那些抱着怀疑的眼光看中国的人，我们要去说服他们、打动他们，让他们成为中国改革开放的同情者和支持者、拥护者。所以，我认为，外宣一定要走出内宣的圈子，外宣有外宣的特点，可以借鉴内宣的一些经验，但要看到受众的不同，要体现外宣的特色。这是我对外宣的希望。

实际上，现在很多外宣的东西做得不到位。为什么呢？就是因为不知彼，只知己，只有知己知彼才能做好。不管他者，为我独尊，外宣就会曲高和寡，高处不胜寒。我看，外宣外宣，一定要抓住“对外”这个词做文章。内宣可以千篇一律，外宣必须有个性和灵活性，多彩多姿。

进行国际交流和沟通应有鲜活、多元的姿态，而不能仅限于千篇一律的谈话口径，给人留下千人一样的死板面孔。应更多提倡形象生动、丰富多彩的情感交流、个我交流，尤其是心灵、心理、精神层面的交流。除了“官方”态度，还应有“民间”态度，营造“大众性”、“文化性”、“互动性”交流氛围。

宗教在这些交流中可以发挥重要作用，产生广远影响。交流是一种心与心的相遇和沟通，必须了解对方、尊重对方、打动对方。因此，我们的对外交流和国际交流不能仅限于表明自己的立场，回答对方的提问，而应该走入对方的心田，以我们的真实、真情、真诚来拨动对方的心弦，引起积极的共鸣。

（注：本文由《对外传播》记者宏磊、马新晶等人采访写成，其中部分内容以采访稿的形式载于《对外传播》2008 年第 1 期。）

十二　从超越境界到欣赏包容

——卓新平、梁燕城关于基督教与中国文化的深度对话

编者摘要： 对话回顾了改革开放三十年来，中国文化与西方基督教文化交流和汇通的成就，并从整个中西文化发展历史中的经验和教训进行了深入的探讨和分析。对话认为只有从超越境界才能到达欣赏包容，才能真正地展开基督教与中国文化的深度对话。现在中国社会，除了基督徒，有一大批知识分子，认真和系统地研究基督教思想和神学体系，这在中国历史上从未有过。这种独特的当代中国文化现象，是对基督教的重新贴近和重新关注的表现，在世界上其他国家和历史上很难找到这种现象，可以称之为中国特色。

关键词： 基督教，中国文化，超越境界

基督教的超越境界与文化积淀

梁燕城： 卓教授是当前中国学界研究基督教文化最具资历的学者，从改革开放时已走上这条路，应该有三十年了吧。这三十年来，你认为基督教在哪一个方面最吸引你的注意，其中最有价值的是哪些方面？

卓新平： 对我们这些研究工作者来说，基督教文化主要有两个层面的内容是研究中最吸引人的，一是基督教追求的超越境界，当然这种境界一般来说不容易达到，但它指出了这种境界，这是很吸引我们的。二是基督教所包含的深厚的文化的积淀，这比较打动文化人，因为我们这一代知识分子关注宗教一般是从文化切入的，所以从这两个层面来讲，研究基督教是有丰富的内容的，是值得长期研究的，也值得在研究过程中广交朋友，

进行学术方面深入和多方面的交流沟通。

科学、经济与民主的基础

梁燕城：基督教的超越精神真正形成了其文化积淀，特别是西方文化的那种深层影响。以我的研究来看，基督教构成西方文化几个很重要的元素，一个是宇宙有理性秩序的观念，这跟希伯来与希腊文化的结合，而变成对科学成功发展的充分而必要的条件。科学必先设定宇宙是有理性规律的，而这宇宙规律是客观中立，不被鬼神或人的主观所影响。在古代文化中大概很少有从客观中立这个角度讨论自然万物的。然而在基督教的文化，一开始就讲上帝创造天地，天地万物是由上帝按理性程式去创造的，是一个符合理性的宇宙，不是一般古代神话所认为充满着怪力乱神的世界，由各种神灵来控制，人怕得罪鬼神，就不敢加以研究。理性却是上帝创造的伟大规律，可以成为科学研究的对象，故牛顿在其巨著 Philosophiae Naturalis Principia Mathematica 的第二、第三版附录 General Scholium 中，以祷告来开始其科学研究，并谓上帝写了两本书，一是圣经，一是宇宙规律。他以宇宙的秩序，与圣经具有同等的神圣地位。规律是上帝的话语，具神圣的地位，我们就可以通过一种尊敬的态度去研究，增加对宇宙的更多理解，而不必怕激怒鬼神，这是西方近代科学宇宙观的基础。

其次，基督教文化视财富由上帝所赐予，也具有一种神圣的价值。到清教徒的文化，认为人所进行的各种商业活动，基本上都是有神圣意义在内的。他们认为赚钱的工作也是人服事上帝的神圣天职，由于是天职观念，故人必须有“诚信”与“良知”，人要全力赚钱，但也要诚实地做生意，赚了钱之后要捐钱，用于公益用途，包括帮助穷人。清教徒的诚信与良知形成西方资本主义的伦理基础，导致经济发展的成功。另外一点是希腊没有的，就是平等，希腊本来有一个很好的民主传统，但这个民主是没有平等基础的，是建基于奴隶制度，只有社会上层的自由公民才有选举权，由奴隶制度来建立的民主是没有平等的，但是基督教从一开始就是视人人在上帝面前平等，上帝还主动解放奴隶。有这种平等观念才可能在西方引起真正的民主制度的形成，而因这平等观，发展出人人在法律面前平等，每个个人有人权尊严，人与人之间是有博爱精神的。这些都是西方民主政治制度与法治能够得以建立起来的基础。所以，你一讲到文化的积淀，我就想到这三点就是基督教对西方文化带来的重要贡献。

既现实又理想的人观

卓新平：基督教反映了西方文化的一个特色。但是从它的根源和发展来讲，又不是仅仅局限于西方文化。它的思想和发展，最初我们通称为“两希”文明，一个是希腊文明，一个是希伯来文明，构建了基督教文化的体系。其实希伯来文明是在亚洲，是西方之外的这样一个背景。从这个意义上讲，它是一个开放性的体系，有很大的包容性，它本身又在不断发展中。古希腊和古希伯来文化结合以后，构成了西方文化一些基本因素，但这些因素由于时代的发展，又不断得到充实和扩展，用我们现在的话讲是“与时俱进”的精神，从这个意义上讲它体现了一种持久而又鲜活的生命力。我个人觉得，它突出的一些信息和见解，对我们研究者有一种借鉴和警醒的意义，就是刚才你谈到的几个方面。我们感受特别深刻的，一个是基督教对人的认识，一方面看到人的有限性，另一方面又要求人不要放弃，在认识自己有限性的基础上，努力体现出人真正的内在的这种精神，这就是基督教对人的既现实又有理想的要求。这点我觉得是非常重要的。再一个就是你刚才谈到基督教强调人在现实世界中的作为，一方面人要努力作为，但是人不能自大，就是说任何作为都要有一种超越境界来指导，认识到自己作为的意义，同时认识到自己作为的有限性。也因此，中国文化在表述中提出了一种自强不息的精神。基督教对我们来说，在精神层面上最有蕴涵的，是有一种超越的审视，在这种超越的审视基础上，指导人在现实的作为，指导人在现实的发展，一方面并不因成败论英雄，另一方面又要人不要放弃自我，就是人在成功的时候，也要看到这种成功也是相对的，所以要超越自我，这样就给人类的文化和发展提供了一种动力，也就是文化和思想的可持续发展的推动动力。我认为超越境界和现实精神的结合，就是这种动力。从这个意义上讲，我认为基督教文化所提供的境界和观照，对人是一种鼓励，同时也是一种鞭策。实际上，人在理解和发展中，虽达到了相当的成果，但在这过程中也暴露了某种不足。当然，也只有在人的不足时，基督教才体现了它的宽恕精神。所以，在这几种因素的交织和共构，就使基督教的思想和理论体系非常有弹性，而且能让人感觉到对之可以理解和吸纳，由此能让人找到自我又能超越自我。

以中国的关系本体论描述上帝

梁燕城： 我们可以就此进入有关中国文化特色的讨论中。西方基督教文化可以成为一个参照点，但更重要的是，基督教的本质价值在进入中国时，如何与中国文化交融而彼此欣赏和学习。我们回头看中国文化，儒家和道家文化发展有两千多年。在这个长期发展当中，中国文化重视万物整体相关而和谐，并强调人与人和谐感通，人须尊重和保育万物，也发展了内在自省的深度修养功夫，也都是基督教文化可欣赏和学习的。因为西方希腊文化影响了基督教，柏拉图从抽象的数学，讲超越的真理，基督教吸收后，也把上帝视为抽象的实体，因而减弱了其亲和性，增加了对立性。若吸收中国文化的关系本体论，重感通与和谐，则可以更有理论基础去讲三位一体的统一关系，及描述上帝的亲情仁爱。

另一面，作为中国人，反省近代百年屡受欺凌和内斗之苦，也源自中国文化积淀的一些问题，就是中国宋明以后哲学认为人具有无限的本性。这一点跟基督教人是有限的观念是非常不同的。人的无限性，就是人人皆可成为尧舜，人人可以成为圣人，或成佛成仙，圣人、佛、仙等大概隐含一种无限生命的意思。儒家一开始并没有强调圣人是无限的，但慢慢到宋明理学，程明道以圣人浑然与天地万物成为一体，这就是代表一种无限的心灵和生命。佛教从印度进来，也是在儒家的影响下，提出人人皆有佛性，本来佛性不是印度佛教原本重视的观念，但在中国却因为儒家的重大影响，中国佛学就重佛性。道家庄子提到至人、真人、神人等，原只是一种寓言，指与道结合的人，到道教讲神仙长生不死，则指永恒无限的生命，且是人可修达的境界。宋明以后的中国各家主流哲学，都认为人人可以成圣，人人可以成佛，人人可以成仙，成为一种文化积淀。接下来就到明清和近代的年代，我们发现明末清初也是改革最难的年代。这里我也思考到在文化的积淀里，可能有一个人的无限性的问题。人如果认为自己也有无限性，便会有一种固执，认为我们本性已很好，不必再学其他新的东西，就很自足了。明清以来，中国文化在各方面如艺术和科技等发展很成熟，对新的事物就不断拦阻，从前我们在汉唐接受新的事物还可以，但明清保守势力非常强大。后面的文化积淀是：我们生活在一个很自足的体系里面，知识分子稍有体悟，就自以为达到圣人与佛的境界。那么这个无限性最后实现在谁的身上？从政治文化层面就实现在皇帝身上。秦始皇开始自称皇帝，皇帝这个名字就具有皇天上帝的意思，这超越的最高真理却跟人间统治者结合，在政治上就变成这个“皇帝”。在哲学上结合，就变成一种自我无限化的文化。自我无限化也造就了政治上天朝大国的封闭心态，认为我们已经是最好的了，不需要再学习其他东西了。乾隆皇帝见到英国派来的特使马戈尔尼时，据马戈尔尼记载，乾隆皇帝和他的官员都有一种傲慢，好像不需要你们任何东西，但马戈尔尼却发现清朝当时各方面实在是并不很先进，外国要侵略它也不是很难。马戈尔尼看到中国的自我意识是天朝大国，即一种自我无限化的政治文化。

人的有限性使文化能自我修补

近代我们受苦难很长，是因为我们改革的要求常被否定，经过很长时间的被击败和欺凌，才慢慢能重新肯定。那么中国到现在，改革已经来临，我们在反省中国文化由于过去的封闭所带来的后果时，其中从基督教文化的参照点，可以思考人的有限性自觉还是非常重要的。西方能不断地进步，是因为它对人的有限性的肯定，而且知道自己不等于最后的真理，永远是犯了错可以改。我发现近代西方犯的错很多，如两次大战、越战、资本主义的不公平、帝国主义的霸权等。但西方人不久就能悔改，而改进自身，重新成为新的强大力量。美国在越南战争中是犯了很大错的，但越战后它还是迅速悔改，很快再成为世界上最强大的国家。现在也是美国犯错很多的年代，但我相信以它的文化动力来说，它还是会改过来的。这种可以自我修补的思想文化来源，基于一种人意识到其有限性的自觉，这是一种背后的文化精神根基。中国应该吸收这种思考。尤其是西方经济上有危机时，许多民族主义的情绪出来，以为我们很厉害，无限性的想法就出来了。我们不能从自我无限化这种态度来看问题，还是需要学习有限性的自觉，才能超越自己而与时俱进。然后，再主要学习我们不等于神，“人人可以成圣”本来是对人的尊严的一种肯定，但如果我们以为自己真的成圣，变成无限完美的生命，那就完了。我们须知道，连孔子也认为自己未达圣人之境，“成圣”是永远在前面而不能达到的理想，这样我们才可以永远前进。

内涵超越与外在超越

卓新平：中国文化应该说是博大精深，源远流长，跟西方文化相比，它体现出一种和合的精神，一个中庸，一个包容，这是一种内涵式发展的文化，这对中国几千年来稳态持续发展有它的贡献和优势。同这种文化相比，西方文化是一种更多体现外延式的发展，强调不断地开拓和不断地修改，不断地有外在参照，所以从某种意义上，西方文化的开拓和扩展的态势大于中国文化，尤其近代以来容易对东方文化有一种咄咄逼人的感觉。由于中国文化是内涵式发展，所以如你所说，对人的认识要比西方文化乐观，强调人的修炼功夫，强调人的自我完善，觉得靠人的自觉和修炼就能达到。但事实上现实中并不容易达到，历史上真正能“成圣”的还是凤毛麟角，绝大部分还是很难靠自力来自我完善的。从这个意义上说，基督教文化中的越超的维度和意向还是比较强的。所以我们在进行中西文化比较时，中国文化主要体现在一种内涵的超越，这种超越讲究的是自己的修养和修炼的功夫。西方文化更多地体现外在的超越，是一种境界，看到人的有限性，同时看到人仅仅靠自己是不能摆脱人的窘境，相对来说有一种更大的参照，这是值得我们警醒和学习的方面。

其实，中国文化是一种更多的现实主义的审视，看到的是现实和“此在”，由于复杂的社会、经济、政治、思想的因素，这种现实和“此在”往往在自我（或自我的扩大就是“我们”）这样一个相对小的圈子里发展、提升和完善，但这种发展、提升和完善有它的局限性。正如你刚才提到的，中国古代一些统治者有比较好的自我感觉，强调自己文化的优点，不需要向别人学习，而且对外仅仅是持“包容”、“宽容”的态度而已，这种情况我们在历史中看得很多。其实中国文化本身也有意识或无意识地感觉到了这一点，所以有一句话叫“海纳百川，有容乃大”，中国文化提出了这种精神，只是在这方面做的时候，往往在这两种情况下比较容易做，一是在非常友好和谐的氛围中，可能比较容易向外人学习，在中西文化交流过程中，尤其明清时期基督教文化传入中国时，我们会看到这一点。也就是说，在对方向你谦恭虚心学习的时候，中国人也会表现一种向你学习的姿态，看到自己有取长补短的必要性。还有一种是，如果中西在国力和文化比较中当中国处于劣势时，甚至在遭到惨败时，中国人则会有一种痛定思痛的感觉，这时候往往比较容易向外面的文化学习。所以说，在这个过程中，我们学习的主动性还不够，而且一旦达到某种比较好的程度，往往比较容易满足，“知足常乐”。所以反省自我文化时，要看到一方面中国人很勤奋，也好学，让中国文化在一定时期内能达到比较高的成就，有一些很好的展现。但在展现过程中，另一方面则千万不能故步自封，就像你刚才所说的，因为从历史上看，其实好与坏，强与弱，不是绝对的，一直处于发展变化之中，今天你强，明天不一定就你强，这个过程中就要不断地比较、学习、参照，如果有一种超越的境界或维度的话，或者有一种更超然的审视的话，那当然很好，但相对而言，中国文化还比较缺失这方面的因素。因此，在今天现实社会的发展中，我们应该看到，中国改革开放三十年之所以能够取得这样的成就，关于就在于改革，而所谓改革，就是对自我有个反省，有一个提高，再一个是开放，所谓开放则是向他者学习，吸纳外国尤其是西方文化的一些积极因素，包括科学、技术、经济、政治、思想等各方面积极因素。仅仅三十年，由于这种自我改革和对外开放，向外学习，中国取得了较大成就。但是，中国的成就到今天为止，虽然从自我来讲，可以感觉非常辉煌，但如果从全球的意识进行比较的话，并不能说已经在世界上达到了非常强的比重，目前情况并不是如此。相对来说，中国在发展过程中反而在许多方面还需要提高和完善，有需要向他人学习的地方。从这个意义上，我并不认为因为西方尤其是美国的经济危机，就认为中国已经非常强大了。中国无论是硬实力或软实力方面，应该说并不占很大的优势，只能说这种危机对中国造成的打击和伤害可能会小一些。这个时候千万不能自我陶醉和骄傲，或故步自封，相反在这个过程中应该看到自己的差距，弥补不足，同时继续向外学习。所以正如你刚才提到的西方文化有一个比较成熟的体系，会自我调整自我完善，不断得到发展，克服经济危机对于西方文化这样一个整体来说，并不是很大问题，不过需要一些时间而已。与之相比较，我觉得中国文化一定要保持一种学习和开放的姿态。一方面自我提高，自我升华，一方面还有一个开放和吸纳，把这两个方面结合起来，中国文化才能继续往前走，整个中国社会才能更好地稳定发展。这个时候你提出警醒和告诫，是很必要的，我们一定要清醒地认识到“自我”在人类大家庭中的位置，认识到它真实的处境，千万不要觉得又到了可以自我满足的时候了，一旦自我满足，这个文化就会停滞不前，就会落后。要克服这个问题，就需要一种超然和超越的审视。如果在我们的文化中巩固这种超然和超越的审视，使之成为一种内在因素的话，对我们中国文化可持续发展是功德无量的。

明朝到文革都是封闭

梁燕城：你的分析非常全面而有深度，中国在近代惨败之下来学习，吸纳新文化的主动性不足，且易于自满。我看中国成功突破自我无限化那种情况，还是要到邓小平年代才开始的，这可以说是历史上非常重要的一个发展。本来，中国文化从汉唐以来都不封闭，对外来文化接受也很多，但是到了明朝，西北怕蒙古，东北怕后金，沿海怕日本，内在则自我无限化越来越严重，越来越自视为天朝，故最为锁国，不肯开放。那个时候只有利玛窦能以极谦卑的态度，才能成功达到中西文化交流，实在是很不容易的一件事。到清朝也继承同样的天朝封闭型态的文化，不过清朝比较强大，它认为还可以作为一个大国生存下去。但是遇到西方侵略年代的来临，清朝的继续封闭带来多次失败，然后到辛亥革命成功后，天朝崩溃变成天下大乱，最乱时又遇到日本的侵略，那段时间也是中国人最悲苦的年代。1949 年全国统一，但朝鲜战争又使中国关起门，到了“文化大革命”更觉得自己比任何国家都优越。近代一百多年，中国内忧外患，无暇好好吸收现代化，且全民族的文化创伤甚深，人人都有种愤恨，很易爆发为内斗，不能安定发展。

邓小平年代开始，承认自己并不比别人优越，那时的开放是前所未有的，对新东西的吸纳也是前所未有的，而且非常快速地吸纳西方文化许多好的东西，作为一个文化体，这种吸纳速度在人类历史上是很少见的。西方的全球舞台本来把中国视为配角，但中国迅速吸收现代化的成功因素，近几年已追近西方，成为世界主要实体之一。改革三十年，终于达到初步的成功，令人振奋。不过中国还未全面平衡均富，须继续谦卑学习。有一些说法，例如，三十年河东三十年河西，终有一天中国会领导天下，这些天朝心态还是很容易重新浮现，尤其当我们初步成功的时候。这实在需要我们很深地去不断地鞭策自己。

发掘中国文化的超越维度

刚才你在提到中国文化时，提出超越或超然维度，这是很需要的。在找寻超越时，须承认终极真理是超过我们人自己的，我们永远并不能等同最后的真理，我们只是往那个方向去理解和接近那个最后真理。而且在这个最高真理之下，我们人人平等，这是西方基督教文化发展比较优秀的一面。天人合一不等于我们就是天，这一点我们要清醒；我们还是人，而只是通过人来理解天的某种伟大本性或本质在里面，就像孟子讲的尽心知性知天，从心性来理解天，中庸说天命之谓性，上天最高的美善是在我们的本性里面体验。这大概就是天人合一的本意。从人来说，人还是有限的。天的超越性，在西方就是上帝，在中国就是天的理念。天本来就是宗教与形而上学的理念，上帝这个词本来也有中国远古的传统，这里都有一个超越的维度，所以这些都是当前需要回到中国上古文化价值中去发掘。

另一方面，须知道基督教也不只是西方文化，基督教是全球性的，在非洲的、在中东的基督教，都跟西方很不同，当我们在世界各地遇到一些基督徒时，比如在埃及，古埃及的后裔有许多基督徒，但他们的祷告和西方基督徒完全不一样，他们有他们特别的文化背景在里面。所以我们必须要知道基督教可以会通不同的文化，基督教不等于就是西方文化，虽然西方文化的许多积淀是在基督教里面得到的，基督教本身也是西方文化中一个强大的组成部分，但基督教在其他文化中也有它的发展和贡献。不过今日中国所接受的是西方形态的基督教文化，在相互交流中，我想基督教从中国文化中可以学到它的包容性了，同样需要学习“我不是比别人优越”的思想。这一点基督教也应该从它的传统上的有限性来理解，上帝是无限的，但人是有限的，没有人能代表上帝。这大概是新教精神中比较可取的地方，即上帝没有代理人，任何一个传扬基督教的人都明白，他不能说自己是上帝的代理人，只应该是上帝谦卑的仆人，我可以把上帝的关爱和服侍带给其他民族，但我不等于自己是可以代上帝讲话的人。基督教本身要明白不能有代理人或代言人心态，同时要学习中国文化中能够欣赏和涵容的精神，所谓涵容，是指涵容体会他人的境界，这样才可以在和中国文化交流中获得一种更好的后果。我认为重要的一点，就是通过中国的心灵来消化基督教，由此所产生的基督教可能与西方的不一样，保留西方的好处，同时也有中国的特色。

从关系本体论建立中国基督教

在中国文化中有一种关系的本体论，这种本体论看天地万物是一种网络形态的宇宙，易经、道家等都强调，天地一切称为“万化”，从“化”这个角度，万物都是彼此相关而引致互相变化之中，所以没有一种东西能是完全独立自存的。这种思维是中国形态思维的核心。而基督教在西方发展中，吸收了希腊亚里士多德那种实体哲学，每个东西都是先从它的独立性来考虑本质和根本性，然后再讲到它的关系。因此上帝也变成一个独立外在的客观无限实体，成为逻辑思考的一个对象，人也是这样。这种独立，容易形成分离形态思维，人神二分，主客二分，万物都是各自分开的。这当然有它很重要的意义，如科学就可以从这种思维中产生。但在神学上，我们也要看到基督教的核心思想是神主动临在，跟人建立互为内在的亲情关系，关键在于神跟人立约，“立约”是一种关系的建立，神与人立约而建立关系，跟人与人关系不一样，神对人有一种恩典在里面，有亲情慈爱，是一种恩情关系。这个上帝不是孤立崇高，以他的主权凌驾人类，而是一个有恩情、有亲爱形态的上帝。人与上帝是相关的，人与万物也是相关的，上帝与万物也是相关的，上帝本身三位一体也是一种关系形态的本体。所以，从这种意义上可以用中国的关系本体论建立恩情神学。

我在32岁时写《会通与转化》一书，提出"道体论"（Taology或Daology）一词，用道的观念来理解上帝，而不是从希腊的实体或存在这种观念来理解，道是万物彼此感通相交和互动变化的本体条件，三位一体也正是感通关系的本体。由此上帝跟人、宇宙的整体关系可以有一种不同西方神学形态的表达。恩情的上帝与人立约，这不但是基督教的，甚至可以是基督教最精髓的东西。这种基督教最核心的和最精髓的东西，反而可以通过中国文化形态的关系本体论更好地表达出来。基督教进入中国，也实在是需要有一种能用中国人的心灵来消化的基督教。中国的基督教神学，既有中国文化的特性，也须维持西方基督教发展出的一些好的因素，这样就可以变成中国文化中很重要的元素，对中国文化建立超越的维度有一个贡献，而这个贡献不是单从西方文化冲击过来的，而是中国人在接受和消化基督教后再产生的文化上的更新。这大概就是我对当前基督教文化与中国文化交流的一种反省。

明清的早期开放相对地被动

卓新平：我想从两个方面来回应你的问题。一个从中西文化的交流，另一个是中国文化与基督教的关系。从中西文化的交流历史来看，正如你刚才所说，一旦中国开放的时候，中国文化就出现进步，因为开放体现出了一种谦卑精神，一种自我反省，一种向他者学习的精神。一旦中国文化封闭的时候，中国就会落后。这种封闭意味着自我满足和骄傲、故步自封，不向他者学习。这在中国历史上看得很清楚。尤其在基督教传入中国过程中——它与西方文化的传播有着一种非常复杂的交织，就充分体现了出来。正如你说，明朝时中国本来闭国，由于耶稣会的传入，闭国政策首先从思想理念上慢慢打破，这样就开始有了一种类似西方文艺复兴那种思潮。但这种开放信念还不是很足，而且当时同西方文化交流主要还是耶稣会的传教士这个层面，并没有进一步的扩大。由于当时的历史原因，这个过程没有很好的展现，最后就转向了清朝。清朝一开始应该说还是开放学习的，满族就向汉族学习的，还有，清朝最早的两任皇帝，对基督教尤其是天主教的传教还是持开放态度的，学习西方的文化、科技。但在这个过程中，我觉得中西文化这两方面当时都犯了错误。一方面，中国文化向西方学习时相对比较被动，而不是特别主动，传入来以后再开始慢慢学习，所以这个窗口开得很小。但从另一个方面来说，西方也犯了很大的错误。我们非常清楚，当时所谓的“礼仪之争”，实质上就是西方只是想把自己的东西传过来，而不尊重中国的文化和传统，这样就导致了政治和文化上的冲突。这种冲突结果就是中国重新排斥西方文化，由开放开门重新走回闭关锁国。这个闭关锁国使中国在近代史上吃了很大亏，从此不知道西方在这个时期的天翻地覆的变化，却还是关起门来自己称老大，当西方列强靠枪炮进来时，当时清朝已经不堪一击了。当一开始传教士进来时，清朝的经济实力应该说在世界上还是比较强的，由于故步自封，没有发展，满足于那种稳态的纯农业式的经济发展，结果失去了向工业化转化的机遇，失去了向西方了解资讯的机遇。这是中国文化在近代的惨痛教训。我们今天之所以有所进步，恰恰是吸取了这一惨痛教训。

近代西方咄咄逼人的强势

我们且不说西方文化在同其他文化交流中的问题，仅就它同中国文化在进行交流时，正如你所说，它恰恰没有把基督教文化中那种虚己谦卑精神体现出来，而是以咄咄逼人的一种强势，单独灌输给你，你必须乖乖接受我的东西。这样就在中国文化中形成了一种极大的抗拒。尽管西方文化依靠自己的强势，在一定时期占了上风，迫使中国就范，但却在中国人心灵中留下了阴影，而且为以后的发展带来一些非常不好的影响，以至到今天为止中西文化关系还可以说没有理顺。一方面西方那种强迫或强势的态势还在，咄咄逼人，另一方面中国文化对西方还是有防范和抗拒；中国一方面想向西方文化学习，另一方面对西方的咄咄逼人却感到很不舒服，有一种自然而然的民族主义情绪要抗拒西方。目前是这两种情绪交织在一起。所以我认为，西方文化如果真正要体现出基督教精神的话，需要有一个自我反省的精神，否则中西文化关系很难理顺。这是一个方面。另一个方面，由于中西文化交流关系不正常，影响了中国人对基督教的认识。因为基督教虽然是一种普世的宗教，但是它在近代传入中国时，是以一种强烈的西方文化特色传入的，而且与西方强势文化进入中国有着紧密的关联，这样就使中国人对这样一种宗教有了抗拒的心态。所以我们看中国近代史时，在很多方面的观察都有这种潜意识，比如五口通商、对华传教等。由于一些中国人的皈依是在不平等和单方面的强势下被迫的，所以基督教的优点就无法体现出来，更不用说基督教本身的虚己和谦卑精神，中国人很难看到当时的传教宣讲能体现这一点。到今天为止，许多中国人在骨子里对基督宗教还是持排拒心态，这种排拒心态是同抵抗西方文化强势联系在一起的。所以，我认为“在中国的基督教”到“中国的基督教”还有一段很长的路要走。在这条路上，基督教作为一种虚己和谦卑的精神，我觉得应该迈出主动的一步，就是说，不要以原先那种咄咄逼人强迫人就范的态势来跟中国人打交道，而要更友好、更谦卑、更主动地让自己反省，这一点我认为基督教可以向佛教在中国的传播历史学习，佛教本来是外来文化，但由于它对中国文化采取了学习和吸纳的态度，为中国所接受，达到了一种更新，除了其自身生出了中国的佛教因素外，同时又影响了周边一些文化。从这个角度讲，基督教目前还没有迈出这一步，或者说还没有完成。这就是为什么中西双方目前还处于彼此或恶或爱，自觉或不自觉，有意识或无意识的矛盾之中，保持着这两种文化之间的抗拒和排斥心态。如果我们仔细观察，就会看得很清楚，彼此都有抱怨，都有一些委屈，但彼此都没有想到如何更好地调解双方的关系。我就希望，一方面，基督宗教一定要摆脱西方那种强势文化态度，但在这个过程中它能否也可以影响或改变一下西方文化，使之对中国采取更温和、更平等、更谦恭的态度？另一方面，教会及其信徒自己要身体力行，把虚己和谦卑这种基督教的本质彰显出来，体现出自我牺牲精神，因为其强势并不一定就能让中国人接受。

我感到，基督教跟中国文化的关系，有两个层面，一个是中、西文化关系的改善，这是一个外部环境的改善，另一个是中国对基督教的态度和基督教对中国的态度，自身对彼此之态度的改善，这是内在的因素。在这种改善之后，中国人若能平等、客观地去认识理解基督教，基督教或许也就能在中国文化的因素中产生一种普世的精神，所谓普世的，就是各种文化因素都能吸纳，尤其把这种文化的精华用它自己的信仰方式表现出来。其实中国文化中有许多很重要的因素，一旦基督教跟中国文化能够比较有机的、友善的结合，那么这种因素展示出来也就能推动人类的进步，从这一点来说仍有很多工作要做。一方面中国要保持开放和学习这种态势，另一方面，在中国这种良好开放和学习态势下，基督教和西方文化也要改变对中国的态度。虽然它们认为中国文化有许多不如自己或要改进的地方，但这种改进不是靠强势，而是靠沟通，因为既使它们认为自己的文化内容本身是正确的，但就近代以来它们这种传播手段本身则绝对不是正确的，因为这是一种强势甚至是欺压的方式，所以如果不解决这个问题，不解开这个结，中西文化关系（包括中国与基督教的关系）就会仍然处在这种停滞不前之中。所以我是在经常地思考，西方文化或基督教在这方面对中国是有欠账的，它们在来华传播的历史中的确有过错，如果它们能采取积极的姿态，自我反省，认识这种过错，那么在中国更能赢得民心，中国人也能更容易吸纳它们。也许，从本质上来说中国需要西方的帮助，但由于西方的态度问题，中国人很难接受这种意义上的帮助，反而容易进入以前历史上曾经出现过的恶性循环。因此我现在特别担心双方纠缠在过去的恩恩怨怨之中不能自拔。我们一定要以历史为鉴，不要回到以前历史的循环。如果这个问题解决了，那么你刚才谈到的那些方面，尤其是基督教文化中值得珍惜和学习的内容或那种境界，便会逐渐地以中国文化的方式，以中国人的生命和生活方式展现出来。从目前来说，还是需要具备一定条件，需要好的外部环境，彼此之间显然也还有一些障碍需要克服，而破除这些障碍，现在是时候了。如果我们抓住这个机遇，那么中西文化将翻开新的一页。

基督教与西方文化的纠缠

梁燕城：台湾的吕实强教授有一句很有名的话，为林治平教授所常引用，说基督教和中国文化吵架了一百多年，但还没有真正会过面。这实在是历史的一个悲哀。在儒家或中国文化传统，有人愿意很深入研究基督教，但他们影响不了中国文化，在基督教里也有人很深入理解中国文化，但他们也影响不了基督教，高瞻远瞩好像也有的，但作为群体影响的还不够。这当然成为一个困难。基督教最大的问题，就是跟西方文化纠缠太深，一方面在历史上变成与强势的西方帝国主义连接在一起，故我也主张西方基督徒要向中国人道歉，据知在香港一个名 Call to all 的国际基督教大会已公开道歉，可惜传媒没有报道，变成只是对当场的华人基督徒道歉。我想这是不彻底的。另一方面基督教与西方文化的纠缠，任何人学习基督教都要从西方神学开始学起。一学习西方，就进入了西方文化那种思想形态，在那种情况下形成思维，而不一定是耶稣基督或保罗所传的那种属灵生命。然后，中国文化初步跟基督教接触，比较成功的例子就是利玛窦。利玛窦真的是谦卑地学习中国文化。这种谦卑，中国是完全接受的，所以我总认为那是非常成功的历史经验，如果能尊重、学习中国文化，然后再讲出自己的想法，中国人是可以接受的。不过当耶稣会很成功的时候，道明会反对其接受中国礼仪，就告到教宗那里，用教廷权威来要求中国的信徒放弃中国礼仪，本来那时候西方文化还不是咄咄逼人的，但可惜天主教有它不可置疑的权威，一个命令下来就改变了整个文化和好的情况。这个改变也造成另一个悲剧，不只是基督教进入中国的悲剧，而且也是中国本身的一个悲剧。中国通过一种友好的情况吸收西方文化的处境就因此中断，形成后来中国再次封闭而不跟西方现代化发展接触的僵局，以致其后来的发展比西方滞后了一个世纪。然后，基督教再来的时候，就跟帝国主义连在一起了。当然它本不是有意同帝国主义联在一起，问题是那时正好是帝国主义打进来的时候。传教士跟着帝国主义一起进来，当然受到中国人很大的排斥。在这个遭到排斥的过程中，他们也不自觉地认为，他们的西方文化是比较优秀的，中国文化是不行的。传教士不一定每个都同帝国主义有关，但却觉得他们背后根源的文化是比你中国好，因为要爱中国，需要帮中国改变，反而造成了一种咄咄逼人的态度。西方有帝国主义形态的传教士，当然也有虚己和谦卑的传教士，比如内地会的传教士戴德生及其团队，都梳辫子穿中国服装。不同的传教士都有一种服事中国的心，比如通过医疗、办学、戒烟、建立妇女尊严、批判英国卖鸦片等。他们的态度是无条件的爱和服事，见一个就爱一个，这都对中国人有好的影响。这些谦卑的传教士在中国留下的好的元素，建立了华人教会的根基，又交由华人自己领导教会，使很多教会能自立自养自存。在1949年后，西方传教士走了，华人教会完全自立，虽经过“文化大革命”的冲击，这些好的影响还在，使华人教会空前发展。据调查在甘肃南面一个贫困的农村里面，有基督徒的群体，还能看出当年传教士留下的谦卑服事的影响。甚至在西藏文化强大的藏区，调查发现还有一些较小的基督教团体，是那时候一些传教士留下的痕迹。

挪威人叶永青的牺牲

有一个很明显的例子，一位挪威来的传教士叫叶永青，在山西河曲那样贫穷的地区服事，建了医疗所，帮助很多人，抗战时医治了不少中国伤兵，曾得到八路军贺龙元帅写信致谢，之后死在日本人飞机轰炸中。他的四个儿女都在中国出生，决定留下来继承他对中国人民的服务，但在1949年后都被迫离开了中国。他们后来到了美国，都成为著名医生。他们等待中国开门达三十年之久，终于等到中国重新开放，儿女们遇见早期来海外的中国留学生有来自山西的，就都向其询问故乡情况。他们终于又回到其成长的河曲。少时的朋友都还在那儿，父亲所训练的年青传道人如今已成为牧师，县长的父亲原来就是他们儿童时期的好友。大家讲起过去的事情，都流泪不已。历史幻变并无洗去真实爱心所留下的感情。后来中国政府为这位为中国人民牺牲的传教士立了一个烈士碑，相信这是第一个传教士在华被封为烈士。

中国基督教须非希腊化

历史上伟大的宣教士还是有的，基督教在中国历史上曾有一些伟大的人格留下来了，否则基督教在华很快就会被淘汰掉的。从这里可以看出，中国历史上的传教士和教会不全都是咄咄逼人的，也有很谦卑服事的。今天要反省的是，基督教服事传统从哪里来的？它的帝国主义传统又是从哪里来的？服事传统来自耶稣基督的本来精神，帝国主义传统则来自西方基督教，受了希腊罗马的武力扩张文化影响而产生，特别是亚历山大要用武力侵略来传播希腊文化，这是帝国主义的根源。我曾在二十多年前的著作《会通与转化》一书中，提出中国基督教要"非希腊化"（dehellenization）的口号，正是基于此。现在看新兴的海外华人基督徒，是一个很大的精英群体，海外华人教会早已是自立自养自传，摆脱了西方的影响。而现在对中国关怀的华人基督徒，远多过外国传教士，原因是中华民族文化的共同性，基督徒也同样是爱国的。但是，华人教会本身的神学，还是西方的。我们如果能跟华人基督徒接触，会发现他们接受训练的格局还是西方神学的格局，有着西方系统格局的真理观。但是，华人教会也不是没有中国性，这点也很特别。他们的学问可能是西方的，但生活还是中国的，而信仰则是原本的基督教精神。也许我们可以对华人教会的中国性做一些深度的研究，然后看教会能够生存、能够传教成功的因素在哪里。它们的西方性在哪里，中国性在哪里，成功是如何建立的。然后找出它们中国性的特点，把它们西方性的思维转化成中国形态的神学。

需学中国文化与近代史

海外华人基督徒的这个大群体，在与中国交往时，其实早已像你刚才所说的先让一步，中国文化要与基督教交流，还是需要基督教先让一步，中国文化才能够接受。先让一步就是谦卑，实在也是现在的历史条件可以发展出来的。关键是现在香港回归后，香港许多华人教会对中国已经理解和接受，海外华人基督徒最强大的点在香港，所以在这个时候鼓励香港为主的华人基督徒，调整对中国文化的态度，可以是一个开始。而且，通过他们可以影响北美，北美也是一个强大的华人基督徒群体，也不断受香港和台湾影响，中国台湾当然还是与中国内地比较隔离的一个群体，但香港已经融化到中国内地，所以这里可以有一个新发展的契机。最主要是在香港的神学院里，应该有更多课程对中国历史文化有学习和理解，神学生只有受到中国文化尤其是近代史文化学习和栽培，才可以对中国历史有真的理解，才能真正对中国有贡献。一个人是怎么样才能爱中国呢？要懂中国近代史的人才能会爱中国。像我这样在香港土生土长的人，为什么会爱中国呢，很简单，就是读中国历史，尤其是近代史，而且有时是流着泪来读近代史，这样的人是有感情在内的。不过香港也经过几十年的殖民地教育，与我这个年龄的大部分香港人，是没有读过中国近代史的，所以也可能不会有这种感情。如果他们要认识中国，还需要慢慢调整自己。只有理解中国近代史，才能明白民族的危难在哪里，才能真正爱中国。明白民族危难，才能承担民族命运。有这样心的基督徒，就不会咄咄逼人。对中国危难的理解，西方传教士当然也有，像李提摩太这些人，对中国民族危难会有一种迫切感，故而写了很多文章发表在《万国公报》上，推动改革，影响了戊戌维新，可惜维新失败了。但他仍在山西建了一所大学，教中国人现代新知识。反而海外华人在这方面比较弱，这是因为所在处境有别、所受教育不同。如果现在重新回过头来让华人基督徒理解中国近代史，包括理解一些传教士爱中国的感情和承担，我看是很重要的，因为这是基督教中国化的重要条件。理解中国近代史，同时也要理解教会史，在教会的成与败方面可以作很多检讨。还有一个是理解中国传统文化，如果理解了中国传统文化，你的感情就不只是一个民族承担的问题，而且还是一个文化承担的问题。如果学会了欣赏中国文化和中国那种修养功夫，才会真正爱它，这样就又近了一步。一个基督徒，应该能够投身中国文化的重建，参与建立一个有文化内涵的民族。有这种承担的话，一个基督徒就不会给人咄咄逼人的感觉了。关键还是在于中国近代史和传统文化的学习。

中国文化与基督教互相参照

至于从中国方面来说，我反而感觉这三十年来，对西方文化的追踪和掌握非常快，非常用力，包括对基督教的理解，也是前所未有的，因为过去一百年来中国人对基督教根本没有兴趣，但“文化大革命”之后非基督徒的文化人学习基督教也是一个潮流，这也是因为知识分子反省中国为何文化精神整体会沦落到很低的问题，因为要看看西方成功的基础在哪里，而变成很强烈的学习动力。所以这样也就能建立一个交流的基础，把握这一历史契机，中国文化的人就有可能移向基督教，而基督教的一些知识分子也会移向中国文化。而这个移向越来越接近，才会有今天的对话。这种学习和理解，也是中国文化通过基督教的参照点来反省自己，实在是好事。因为可以作为中国文化参照点的高层次文化，全世界也实在不多，如果有的，也早就已经进来中国了，比如佛教，现在能与中国文化进行平等交流和参照的大文明，就剩基督教了。这同时也是一个互相学习的过程，基督教也要参照中国文化，我想不仅是建立中国的基督教，而且是西方也要受中国文化的启迪。如果我是一个中国基督徒，我学会中国思维再消化基督教之后，告诉西方基督教可以从哪些角度来反思神学，神学不一定限于从罗马、希腊下来的传统，而也可以从中国文化的传统思考。如果这种思考能不改变基督教的核心教义，但能够通过不同文化表达其教义，这对西方来说也是一个很大学习，作为中国基督徒对西方的影响，或让西方来理解中国文化，本身也是很重要的使命。彼此移近可能是当前文化很重要的一点。

需更多牺牲和贡献的信徒

卓新平： 其实，历史中已经有你所说的这种现象。如刚才你提到的利玛窦，既在学习中国文化方面取得了很大成就，同样也在传播西方文化、基督教中取得了很大成功，二者是相辅相成的。但是对利玛窦这种做法，无论在东方，还是在西方，都有不同的看法。尤其是一些传教士，不同意利玛窦的做法，主要认为，第一是向中国文化让步，第二是把基督宗教这种表述方式用在了一种东方形式，而不是用了原本的正确的形式。这种认识应该说直至今天还有影响，所以我们看到在对利玛窦的评价上分歧很大。其实我们中国人对利玛窦的评价往往比西方人还要高，只是在最近几年，对利玛窦的评价在西方才慢慢高起来，但我仍然听到不少西方学者对利玛窦传教方法的批评。这种障碍仍在。但无论如何，像利玛窦这样热爱中国的人，会被中国人记住。你刚才提到一些人很有说服力，我还知道石门坎的柏格利，我们都会记住。所以我们觉得，第一，需要感动中国的人物，第二，这样才会有一种感恩的回应，这二者是非常必要的。从基督教来说，我们今天需要像利玛窦、柏格利这样的人真正体现出耶稣自我牺牲、奉献的精神，作为真正的基督徒，应该活出基督精神来。恕我直言，能做到这一点的，很少很少。所以，你刚才提到海外华人基督徒在异国他乡的发展，其实，对文化理解是一个方面，但对这样一种生命的投入是更重要的。也就是说，基督徒作为耶稣的门徒，那种自我牺牲、奉献、服务的精神要体现出来。要不然的话，光从神学或理论上说说，不会感动中国，从这一点来说，如果有一批像当年利玛窦、柏格利这样的人物，并且越来越多的话，在中国肯定会引起回应的。所以说，在信仰思想的直接沟通上遇到障碍时，社会服务、社会奉献能使这种人际关系和沟通走出困境、柳暗花明。我认为，就像你说的，基本教义或核心理念是一个，但表述却可以有多样的。对于真理的表述，不一定是要用西方的方式表述，而应该是多种多样的。另一方面来说，中国对这种真诚态度也确会有积极回应的，我们看利玛窦时期的徐光启，他对中国文化很热爱，同时又对西方文化和基督教采取了开放态度，而且在遇到对基督教的攻击或当时出现的一些“教案”时，也能挺身而出，替正直的基督徒说话。还有现代的赵紫宸，学习西方的基督教而以中国的方式表达，作了很深入的探讨，这方面也是很重要的。

从个人得救到文化更新

改革开放以来，有很多中国知识分子认真研究基督教，可能有些人不是以个人的皈依或得救作表述，因为从目前一部分中国知识分子理解来讲，一些基督徒太强调个人得救，这种境界并不一定很高，反而现在最需要的是一种文化的更新，是一种中国精神的重塑，这就需要有一些人进行研究和学习，即不是把个人的得救或生命意义放在首位，而是把整个文化的发展放在首位。所以有时我会用佛教的表述，认为这里面有小乘和大乘的境界，即选择救自己还是救他人，有无普度众生的精神。有人说，如果不信基督耶稣就要下地狱，反过来，也有知识分子讲，如果为了中国文化的更新和发展，要作自我牺牲，我不下地狱谁下地狱？从这个意义上说，这种学习或研习基督教，是深入和比较正确地理解，不是建立在个人和自我的功利考虑上，而是一种更开阔的思考和境界。我个人认为，这就是很好的回应。如果这两方在现代有一种积极的互动的话，我觉得基督教有一些因素是可以融入中国文化中来的，使中国文化得到充实和更新。这需要双向互动，而由于基督教在近代史上对中国的亏欠，所以它本身首先就要低下谦卑的头，迈出服务和侍奉的第一步。其实这也只是对对方的期盼，要想在现实中真正出现改变和实质性突破及进展则并不仅仅是期盼而已，必须有姿态及行动。

我们看现在中国社会，除了基督徒，有一大批知识分子，这样认真和系统地研究基督教的思想和神学体系，这在中国历史上从未有过。从这个角度来观察，我们所看到的这种独特的当代中国文化现象，也是对基督教的重新贴近和重新关注的表现，在世界上其他国家和历史上很难找到这种现象。这也可以称之为中国特色吧。西方基督教的有识之士，对这种中国特色，应当学会欣赏，学会理解，学会包容，如果能这样，双方就会走得更近。因为在中国这样一个社会，你会发现彼此间的怀疑、猜忌、距离感还是很大的，所以只能从一步、一点做起，慢慢地扩展双方的交流。感动中国是要靠一种真情，而且要靠一种投入，而现在这种真情和投入不是很多，真正能投入而进行融冰化雪的人还是很少，反而双方还有太多的批评、抱怨。现在已经开始的对话，是两个层面的，一个是生命、生活的投入和体验，这种投入和体验不能像有些中国基督徒那样局限于个人生命的得救，而应该有更开阔的境界；另一个方面，是要展开对真实和真理境界的探求，包括对神学思想的研习，不同的精神比较研究等，就是说要双管齐下，齐头并进，中国社会文化才有可能同基督教文化结缘，现在只能说是“相遇”，但没有到真正的“相识”，更不用说是结缘了。所以，从相遇到相识，到结缘，要靠双方的努力。今天的环境已经为大家提供了一种努力的可能性，所以我们一定要抓住这个机遇。但我有一个担心，现在经常出现的磕磕碰碰，使我想起了当年的礼仪之争，这个礼仪之争的阴影还会再次显现，只有防止历史的教训重演，才不会让这个机遇错过。这种机遇错过的话，对中国历史是一种悲哀，对基督教也是一种悲哀。

服事人的行动比口讲重要

梁燕城：我看类似礼仪之争的争论也不是没有，不过幸好新教里面没有教皇，虽然我们的努力，一定会有人批评的，而且神学界也会有不同意见的人，不过没有教皇，所以也不能拦阻我们继续做我们所看到要做的。讲到那种以爱来投身中国的服事，我个人也做过某种尝试，当然不是全时间地做，因为我还要进行文化思考方面的工作。但我也跑过中国的农村，到最贫困的山区，也到城市看望压在社会最底层的民工，都尽过我们的努力。文化更新机构至今已资助了四千五百多个贫困学生得到教育，且由中学供到大学。此外，四川地震后，文化更新的辅导工作团队，一年多以来，仍住在灾区，与灾民同担苦难。当我开始从这条线做的时候，我发现在基督教中也有很多人在做，不过他们没有怎么讲话。我在四川就遇到一个中国女孩子，是在农村服事的基督徒，她得到香港一个很小的基金会支持，去服事在海拔六千米以上的游牧民族。我对这个女孩子非常佩服，因为我们去的地方，虽然贫穷，但车子总是可以到的，而她要爬一天的山，看到那儿贫穷的儿童，回来就大哭，然后就把资金带上山去改善其教育处境。如果她不找我，我还不知有这样的人存在。我们曾经资助过一位贫困的医科女大学生，并介绍她们认识，她就带这位年轻医生上山去服事。这位年轻人参与扶贫的爱心行动后，十分感动，决定每星期到教会认识信仰，终于接受基督教，立志一生牺牲自己贡献给祖国，帮助穷人。也有一些外国基督教机构投身中国二十多年教英语，在1989年西方批评中国，很多外国人撤离时，坚持留在中国，因为他们爱中国人，不愿跟从西方政治方向走。如今每年都有两百个团队义务英语教师到中国教孩子英语，不但到先进地区，也到落后地区，但没有很大的宣传。现在也有这么一批基督教服事传统里面的人，但大部分都不是中国知识分子形态的人，他们只是实现那种爱，讲得比较少。对基督徒来说，不仅是要得救，而是先要行出像基督一样，实现无条件的爱，就像保罗所说，我活是为基督而活，死是为基督而死，意指生存时天天要实践无上的爱，且愿意为爱他人而牺牲自我、甚至不怕死亡，这才是真正的基督精神。这样才能是摆脱政治形态的基督教，因为基督教要生根中国，除了我刚才讲的要承担中国民族命运，尊重中国文化之外，还有一个很重要的，就是没有政治动机在后面，我看这也是一个关键，要维持真正的政教分离，形成在政治上是非常干净的单纯的仁爱基督徒。如果在这方面做到而让很多中国人看到的话，我看疑虑就会过去。从原则上讲，新教是同政治分离的，我们在海外看到“老外”基督徒关怀中国，那些传教组织本身大都同政治是没有关系的，但传教时可能还是西方那一套，有咄咄逼人的感觉，西方人就是这样子，很难马上改变。这也需要我们华人基督徒去帮助他们理解中国，他们须学习做仆人的那种形态。单单用讲话让人得救，这不是仆人的态度，用行为去无条件关怀人、帮助人才是活出基督。有一个外国人，协助我们申请加拿大政府资助中国农村，我们曾经带他到农村，他就建议要区分用语言传福音还是用行为传福音，主张基督徒最大力量是用爱的行动见证，而不是用语言传扬。这个老外能看到这一点是很难得的。中国人最重要看你怎样行出来，而不是怎样讲。在中国，如果你以仆人作服事，自己先行出爱，人家看到了，自然会到教会寻求信仰，那就不是空言的宗教了。

需顺应中国发展中的政治

卓新平：你刚才说的这些基督徒，我想中国人肯定会知道的，在他身边的人，被他精神感染的人肯定会知道，如果这样的人越多，知道的人也就会越多，会有积极的良性的扩散。所以我认为这方面的工作是有价值的。这些人，按照中国传统文化来说，就是圣人，就是达到中国文化道德高境界的人。当然我们觉得这是一个方面，另一个方面我们思考的是，这样的人在整个关心中国基督教文化中的群体中，究竟占多少比重。这种比重越大越有希望。另外，你提到的政教分离，理想意义上政教分离是很好的，但现实中我们看到基督教在同中国社会的关系中往往很难做到跟政治没有关系。从某种意义上，基督教在很多方面是在选择政治，问题是你要选择怎么样的政治，这在中国也是非常关键的。如果你要选择一种跟中国抗衡或不合拍的政治，中国社会就会抗拒，如果你选择中国普罗大众都能接受的，能够顺应中国发展潮流的政治，那就有利于它在中国社会的适应和本土化。政教分离很理想，但在这过程中不可能避免政治的影响。从以往历史来看，就是从政治发展过来的，所以它有一个过程。从这个过程，我们看今天的教会，尤其是西方的教会，还是在选择政治，而这种选择往往不是中国理想的政治，而是往往站在西方社会跟中国抗衡和对立的立场上，这样中国社会就会对基督教有所失望。例如2008年上半年出现的一些事情。所以在面临目前这种机遇时，教会应该三思而后行，使中国社会在吸纳、包容和理解基督教方面有一种比较好的氛围。要不然，彼此之间永远抱怨下去。我曾感慨而言，基督教与中国社会关系的根本改善，恐怕要等中西政治关系的根本改善！但如果教会能有这种机会的时候，应该展示一种爱心、善心、关怀中国和热爱中国的心，这样才能感动中国。从这个方面来说，我觉得一方面服事工作很重要，另一方面研习对方也有必要。研习是帮助你深入了解，这样就有一种比较整全的有系统的了解，这也就是一种学习真理的过程。服事，则是实践真理的过程。这二者都需要。

中国教父年代来临

梁燕城：当前西方政治与传媒的氛围，仍是反中国的，因为海外反华的政治力量，都大力向西方国会与传媒游说，说中国人权、宗教自由问题。不少人根本就没来过中国，竟然又相信其说。2008年4月，加拿大国会就受藏独影响，听信其歪曲报道，要发一议案来谴责中国。幸有一位华裔议员知道其资料不确实，便邀请我上国会作证，我将十多年所见所闻的中国真相告之，终于议案不获通过。我认为，基督教跟中国文化会面的机会已经来临，不过双方还需要有一段时间去互相理解。让西方理解中国，还是需要一些中间人，例如海外华人基督徒，在海外的华人教会也是很强大的，在香港也可以作为一个开始点，通过对中国的理解，然后再慢慢影响西方。文化的融合还需要更多的时间，三十年发展到现在这样一个地步已经算很快的了，不过将来我们还要争取到一个彼此更进一步理解的时代。就像西方文化从古希腊罗马文化到理解和接受基督教，也是经过好几百年，在这几百年中基督徒也作了很多努力，这实在是开创始初的所谓教父年代。基督教进入中国来的两百多年，也是象征着一个教父年代的来临，也是出重要神学家的时代。在西方基督教是要过一两百多年才出重要神学家，最初也只是传教而已，中国也是同样一个过程。基督教早期在西方受到压制，中国基督教也一样经过被抗拒、杀戮（如义和团时期之乱）和压制（如清中叶及“文化大革命”），很多可以看到历史的重演。历史的重演总归是可以解决的，因为西方跟基督教终于和好，那么中国和基督教也在和好之过程中，到那时基督教将生根中国，成为中国文化一部分，也能够带动中国文化更新，在这方面应该作出更大贡献。

（本对话根据录音记录整理，主要内容刊载于“从超越境界到欣赏包容——基督教与中国文化的深度对话”，与梁燕城合作，《文化中国》2009年第3期。）

十三　与龙泉寺法师的对话

（2009 年 11 月 20 日）

编者按语：11 月 20 日，北京龙泉寺悟光法师、贤立法师等人代表师父学诚大和尚前往中国社会科学院，拜访世界宗教研究所所长卓新平教授等人。双方就学术交流、合作等事宜进行座谈。悟光法师和贤立法师还向卓所长、金所长、纪博士赠送了学诚法师的《和尚博客·留言文集》。座谈后龙泉寺网站以龙泉之声为名发表了相关内容。

亲切的交流

卓新平：请问是龙泉寺的法师吧！

法师：是的，您就是卓所长吧。

卓新平：是的，我们研究所太靠里面不好找。请随我到所会客厅吧。

法师：真不好意思，晚到了一会儿，出门时车出状况又赶上堵车。

卓新平：堵车是常有的事。来来，认识一下我们所的另两位教授。这位是宗教研究所金泽副所长，他对社会学比较有研究；这位是所里纪华传博士，他专门研究佛教。

法师：谢谢！最近所里很忙吧！

卓新平：我们所里会多、事多，学术活动也比较多。

法师：与我们师父在一起时，了解到您。

卓新平：学诚大和尚年轻有为。首先，我代表世界宗教研究所欢迎龙泉寺的高僧大德和佛学造诣很深的居士朋友来研究所访问。应该说我们与龙泉寺以前交往不多，上次我们开中日佛教研讨会时，龙泉寺的一些朋友参加了我们这个会，这样结下的缘。但我与学诚大和尚已经有过很多的交往，在不同的会议上和在很多的场合中我们都有见面。两年前我们研究所的主要负责人专程拜访了中国佛教协会，跟一诚、学诚两位大和尚进行了非常愉快的交流。再次欢迎各位法师大德居士来到所里！

法师：今日特地来向您学习。

一种美好愿望

卓新平：我们世界宗教研究所有佛教研究室，是我所重点学科。以前我们曾有佛教文化艺术研究室，它扩大以后就变成现在的宗教文化艺术研究室了，不仅是研究佛教文化还研究其他的宗教文化。我们所很多著名的学者，都是研究佛学的，所以，我们今天对佛教的研究还是研究所的重中之重。当然，我们研究佛学不能只是闭门苦思，还得走出去跟佛教界交往。同样，这几年我们跟其他宗教界的交往也开始增多了。

我们金所长研究宗教很重视实地考察，他研究的一些课题也以走出去的方式来展开，用咱们佛教界的话说是广结善缘，所以也交了不少朋友。我们今年与佛教研究相关的开放性学术活动值得一提的至少有两项，一个是与日本东洋哲学研究所合作召开的中日佛教研讨会，这在过去也已经开了好几次了。另一个则是今年我们所与宗教学会联合开设的宗教博学班，一共报名了三十多人，各大宗教都有人参加，其中基本上都是佛教界的，他们很多都是在社会上事业有成的人士，也有一些佛教寺院的主持和法师。我和金所长也都讲过课，他们反映非常好，说这种研讨扩大了视野，开拓了知识，并且与学界可以密切地交流。我们也是非常高兴的。

学诚法师有高瞻远瞩的想法，能看到我们在学术交往方面可以大有作为，这个是非常重要的。而且我们也早就听说学诚法师的博客办得非常好，在社会上，尤其是网络世界里有很大的影响。其实，我感觉，如果从弘扬佛法的角度来看，中国佛教现在是达到了一个很好的状态。但是，另一方面，我们也看到表层比较好，而在深层次方面呢，还略显后劲不足，就是说，缺少一些学养很高、修养很深的这种高僧大德。所以，我们觉得这个时代环境这么好，应该是水到渠成、呼唤大师出世的时候了。

是什么样的大师呢？尤其对我们学界来讲，他要有深厚的佛学底蕴，也要有广博的其他方面的知识，能够与俗界尤其是跟学界进行对话、进行交流，所以我们也是翘首盼望。咱们龙泉寺现在应该说在研究佛学方面、在关注人生哲学、整个社会的一些思想啊，已经渐渐地形成一个气场了，我觉得这种氛围非常可贵。希望我们抓住机遇，把这方面发挥好。我们前不久，也专门开了一个当代佛教研讨会，这个会规模不大，也有几个佛教界的法师参加，大家交流得很好。我非常愿意我们所与龙泉寺结缘。以后在学术方面做一些深层次的交流，包括我们今后有佛学方面的研讨会，我们也想请各位朋友来参与。另一方面，我们愿意有机会去拜访龙泉寺，如果我们有研讨会要开或者需要闭门思考的时候，我们就与你们寺院联系，可以上你们那儿去进行。有时候我们跑很远，而你们就在北京，所以我们大可不必舍近求远，希望以后我们能够有些新的开拓。如果在学术方面有新的开拓，就会造就一代大师。说实话，赵朴老在世的时候，我们跟赵朴老联系也很多，他是一个居士，但他在学术界、文化界的影响是非常大的。恕我直言，赵朴老去世以后，应该说佛教界有影响的人很多，但是在学术上、在文化上能够像赵朴老那样的，现在不敢说没有，可能也只是凤毛麟角吧。所以，从这个意义上来讲，应该是呼唤大师的时候了。那么这个大师呢，并不是凭空出世，也是一个慢慢沟通积淀的结果。学诚法师的这七本博客出来的话，在网上会有多少点击量呀，刚才说已经出版二十一本了，其影响可想而知。如果要说得直一点的话，这个影响可能还不够。佛教界的高僧大德还需要慢慢走入社会，走入学术界。今天我们佛教的发展形势、外部生存环境状况应该比历史上很多的时候要好，特别是在修行和钻研学问上已有很好的外部环境，就看我们的心思在不在这上面投入一定的时间进行开拓，有没有这种抱负。如果这样的人才最后能形成一种梯队性发展，就有意思了。这就当我的一种美好愿望吧，实话实讲，别的我们也不懂，也是外行，也说不了什么。

悟光法师：卓所长太谦虚了。

今后要走出高楼

卓新平：另一方面我们自己的研究有点书斋味，孤芳自赏，孤独自表，让人会产生有这么一个感觉。这个纯学问是要做，但是呢，可能还要把眼光更扩大一些，研究领域也要更开拓一点；因为就如我刚才说的，佛教发展非常好，而其他宗教发展也非常好，这里就会有比较研究、相互对话的必要。在当前宗教文化尤其是佛教文化发展方面，我们要有更多的关注，学者今后要走出高楼，接触实际，有临界感、处境感。如刚才所谈的，我们不仅要研究佛教历史、哲学、文献，对佛教的景观、建筑、艺术也要多关注。鉴赏宗教文化艺术，这应该是一种风雅，但这种风雅是比较高尚的，对社会也是有用的。从这方面来讲，艺术鉴赏对整个社会提高人的修养、情操、境界方面是有好处的。

我们看到，企业界人士，尤其是事业有成以后，开始慢慢转向宗教的学问，尤其是学习佛学方面是最多的，其他方面的也有一些。所以我们在精神方面，在文化方面能合作开展一些活动也是挺好的。比如宗教对社会文化、人民生活、社会安定、生态等方面都是大有文章可做的。历代名山僧占多，在自然景观的基础上，增加一些人文景观，这样秀丽山川也就有文化的底蕴了。我的老家是张家界，它的自然景观非常美，过去在欣赏自然景观的同时，感觉故事太少，为什么？就是因为仍缺乏对其文化底蕴的发掘、弘扬。怎么这样讲呢？因为我们这次去杭州西湖，就注意到西湖其实不大，从自然景观来说也没什么独到之处，但是它到处都是故事，这些故事把文化、历史就烘托出来了，展示出厚重的历史积淀和文化底蕴。这一点我就觉得非常好，所以，我们现在谈文化遗产、谈人与自然的关系，也可以通过宗教文化的参与来给自然景观增添些灵气，显得鲜活，具有人气。当然，要把握好自然生态平衡之度，应相得益彰、恰到好处。对于我们搞理论研究的来说，习惯认为要想讲就必须开研讨会才能讲，要想写的话也要以出著作的形式才能写好。这对于宗教研究仍很不够。如果这方面要有一些联系实际的交往、交流，则有必要与宗教界结合、跟寺庙开展学术合作。

送缘与结缘

贤立法师：我们师父曾讲过，这个时代宗教之间的对话与交流已经是一个基本的潮流。彼此的接纳和尊重是一个基本的态度。

卓新平：所以你们今天来就是给我们送缘来了，我们也是要积极地结缘哟（呵呵）。

悟光法师：来学习的。

龙泉之声所编座谈后记：我观察到卓所长在谈话的时候，两位法师都认真听着很少插话。在来的路上，悟光法师说，师父交代我们要多听多看多学。通过卓所长的介绍，我也体会到师父的用意，社会上很多东西都值得去学习。听卓所长谈话的过程中，佛家谈得最多，可以说是应机而谈吧。若不查资料是不知道他其实是一位基督教研究专家，光基督教方面的专著就有好几本，如《基督宗教论》、《中国基督教基础知识》等。卓所长说：“在中国，佛教影响最大，基督教发展最快。基督教研究在当代中国的发展速度是前所未有的，已成为中国宗教学术研究的重要组成部分，我也是尝试着对中国基督教加以客观介绍和研究。”

谈话中，卓所长一再说，今后我们要有些实质性的合作和交流，具体的纪博士会和你们联系，他对佛教非常有研究。一个小时的时间很快过去，卓所长非常繁忙，我们也不便多打搅，法师们起身告辞，卓所长又一次说：“感谢学诚大和尚。”

随后，纪博士带我们参观了中国社会科学院世界宗教所的佛教研究室，一进门望见慈悲的观世音菩萨，心里很欢喜，我们都合掌行礼，菩萨背后是满书柜的乾隆大藏经，往里面看，各类经书琳琅满目：藏文大藏经、大正藏经等，整个屋子四周都是经书。有几位教授正讨论着什么，看我们进去都起身问候。纪博士拿出一本《佛教与传统文化研究》的书送给龙泉寺留念。

十四　从金融危机谈宗教

——2009 年年初与《绿叶》杂志记者对谈

记者：卓老师，金融危机的发生，引起人们对资本主义社会与信仰、宗教关系的思考，您能不能对这一问题谈谈您个人的看法？

卓新平：西方宗教社会学家马克斯·韦伯等人曾谈论过基督教与资本主义社会发展的关系。我的意思就是，马克斯·韦伯的一些观点曾引起中国经济学界和宗教学界的讨论，主要涉及新教伦理跟早期资本主义社会的形成有什么关系这样的问题，他是从对此加以肯定这种积极意义上来谈到的。那么，他谈到了早期资产阶级所受到的新教加尔文宗伦理的影响，其中有两点被他所强调，一个就是这种伦理号召早期资产阶级要积极有为，要去主动创造财富。而第二点呢，就是要克己，过节俭的生活，不要去过度地消费，或者是浪费财富。他认为这样就形成了所谓的资本的原始积累，而这对于资本主义国家的发展，就是等于提供了第一桶金。这是马克斯·韦伯在考虑这个关系的时候，其认识的一个基本出发点。而我们则更强调西方殖民主义海外掠夺、扩张所形成的原始积累。

但是随着这个新兴资本主义社会的发展，上述新教伦理的观点就慢慢被淡化、被遗忘了，人们主要是想到这个已经形成了的资本主义精神，即它的世俗形态。资本主义精神当然是典型体现在这种拼命开拓、对外扩张的意向上。早期新教伦理对它的影响是让它善于捕捉一切可能获取财富的机会，然后又让它不断地积攒这个财产，以积累财富的成功来显示上帝对自己的拣选。

但是在这个发展过程中间，它出现了一些异化。一方面，就是资本家积累的这个财产，并不是不消费的，他们不仅消费，而且是过度的消费，拼命的挥霍。所以，提倡简朴的新教伦理慢慢地被资本主义的奢华之风所淡化了，甚至是根本改变了。另一个方面，就是资本家所积攒的财产是大多数人的财产，是剥削、剥夺所得；而他们的消费则只是少数人的消费。这样形成了这个资本主义社会的根本矛盾。所以，从这个意义上来讲，马克思的《资本论》是更深刻地揭露了这个资本的由来，讲清了剩余价值的理论，包括这种剥削与被剥削的关系等，从而揭示了这个资本主义社会的本质。

至于这次金融危机呢，它暴露出来了很多的问题，而且大多也与资本有关。其中一个就是它形成了一种过度的消费，而且可以说是人们在没有财产时也照样消费，即靠借贷借钱来消费，是明显超前的消费。这与新教伦理所倡导的完全相反，走了一条与早期资本主义发展截然不同的道路，可以说是背道而驰。一旦这个所借资源出了问题，即资源转瞬之间化为泡沫，那么人们的这种消费也是很容易出问题的，所以，这就说明为什么会出现一个根本性的崩盘，然后会接着出现连锁反应，一个链条接一个链条的灾难降临。它就等于是用本来没有积累的“资本”来消费。这种“空中楼阁”不仅化为“无”，而且导致“负”！

再一个值得探讨的是这种消费的范围。按照以前资本主义的理念，一般来说，你是有钱人就可以高消费，它是让少数人消费，显然不是让大多数人如此消费，大多数穷人是消费不起的。但是现在你会看到，金融危机前出现了非常奇怪的现象，就是说，好像你没有钱也可以借钱消费，银行借贷会满足你高消费的要求或奢望。但是有一点仍很明白，借钱毕竟就是借，不是让你白白消费的；所以，它让你借钱的目的本来就是一个圈套，是想让你付出更多的费用。而一旦你付不出这个费用的时候，麻烦就来了。它对双方都是灾难性的。所以，这次就暴露出了波及面广、影响很大的危机。

跟这个危机相关联的，则是其连锁反应，如同推倒的多米诺骨牌那样。之所以会有这样迅猛的连锁反应，是因为现在这个商品经济社会发展已经形成了它的系统网络，是一环扣一环，它有其产业链和关系网，但是这个产业链条是不能断的，一断的话其破坏性就是全局性的，会破坏整个社会关系网。

另一个特别值得注意的，则是到了金融资本的时候，这种所谓金融资本有时只是一种虚拟资本，它不是实的，只表现为一组组虚幻、变化莫测的数字。这种虚拟资本之所以能够支撑，是靠社会所具有的信用，靠彼此之间的信任，也就是说靠另外一种意义上的信仰来支撑的。一旦人们失去对你的这种信任，突然感觉到是上当受骗，没有了这种习以为常的信用的时候，那么这个社会链条也就垮了，原有的信誉是一落千丈。其结果本来有钱的人也不敢去轻易消费，特别是不再敢去搞市场投资了，因为他对社会、对人际缺失了根本的信任。所以我们认为，当前西方的金融危机从某种社会意义层面来讲，也是一种信任的危机、信用的危机，即社会信仰危机。这样，就跟我们所谈的宗教、信仰的观念有关联了。大家以前只看到这个硬资本，主要是从硬实力这一物质的层面来考虑，而现在更多地发现这个信仰也是一种资本。显然这是从软实力、从精神的层面来考虑的。

尤其当经济发展到特别强调、依赖金融的时候，它的很多资本都是“魔力资本”，有其神秘性、不可预测性。说有，它确实就有，能够让你一夜之间成为巨富，增加很多的财富，社会流行许多一夜暴富的神话，而且活灵活现、真假俱有。但是说没呢，它真是消失得也很快，转眼之间巨大的财富一下子就蒸发了，化得无影无踪。这种现象也跟信仰的表现有很多类似之处。比如说，当信仰存在的时候，你看它会形成一种非常强大的力量，让“精神变物质”！但是一旦这种信仰消失之后，那就会产生原有社会结构分崩离析、本来看似强大的力量荡然无存的这种感觉。

所以，我觉得这次金融危机应带给我们很多的反思。在西方的文化传统中，基督教保留的一些观念让人们重新感到其深刻，对社会现实和其变迁有一种宗教的考量。观察现实社会，也很有必要从宗教的角度来考虑。当然，这种宗教的考虑是会有多个层面的。我们首先可以探讨宗教的信仰跟资本到底有什么关系。这里，完全可以从宗教的经济学这个角度来考虑，可以从信仰的资本论来分析。所涉及的这些问题都应该是引起人们沉思的问题。

从现在社会的发展来看，解释其为纯物质的存在是很不够的，因为人类社会存在方式有着很多思想理念的支撑，物质文明跟精神文明是交织在一起的，它是一种有机共构。社会之网把大家都罩在一起了，可以说是天网恢恢，疏而不漏。从这个意义上来讲，在这样一个瞬息万变的资本社会中间，宗教信仰在其中还能起什么样的作用，它怎么去引导人们，怎么去监控社会。我想，随着当代西方资本主义社会金融危机的加剧，人们会重新思考这些问题，注意到宗教之维。对照宗教从较深层次、精神方面来剖析这个社会，其实也已经开始了。这里触及的一个问题，就是对人的精神层面纯洁性的回归，其生态保护也非常重要。也就是说，你不要有贪婪之心，不要有一种好像在现实生活中掠夺自然的贪欲，而在资本运用上挥霍好像不属于你的这样一种财产，享受一种精神纵欲，这实际上也是一种破坏精神生态的扭曲表现。

那么，这就涉及刚才所说的宗教的生态观念。这种将自然生态与神圣相关联的宗教生态观念，强调这个世界应有一种神圣的持续，因为世界是神创造出来的，人并不是这个世界的主人，而只是这个世界的一个管理者。就是说，人有管理权，但并没有太多的支配权。可是人现在显然已经滥用了这个管理权，把自然作为财产来对待，而且干脆将之看成是属于自己的。人不认为自己只是自然财富的一个管理者，而是完全觉得自己是它的拥有者，心安理得地想怎么用就怎么用，甚至是对自然资源的挥霍、浪费。

这样就破坏了人与自然本有的一种神圣秩序，使二者关系失去了基本的平衡，从而难以维系这种自然状况的持续，或者说难以使原来理应保持的那种神人关系持续下去。人破坏自然，侵吞自然财富，这不仅是对自然的伤害，而且还是对神之僭越。人对自然的为所欲为，势必也会在人自身的社会中造成混乱。所以，用宗教界的这种语言来讲，人在这个世界上的生存，一定要处理好三个层面的关系，一个是人与上帝、就是人与绝对存在这一层面的关系，第二是人与自然之层面的这种关系，那么第三个层面则是人对自我，就是人与人、人自身与其邻人、与整个人类的关系。实际上，这三个关系是联系在一起的，哪个关系处理得不好，那另外的关系就肯定也会出现毛病。

这样的联想，让我感觉到，随着金融危机、社会的动荡，肯定也会带来一些思想方面的波动，比如说会出现精神方面的危机。这让我们想起在20 世纪初的情景，当时西方宗教运动是由危机神学开启的。为什么偏偏是危机神学呢？当时西方世界出现了危机，先是政治危机，爆发了第一次世界大战，随之而来的是西方的经济危机，整个社会陷入大萧条的惨境。这样一来，原来19世纪末曾有的一种乐观情调被一扫而尽，对未来的信心和期盼荡然无存。人们在现实和思想中所充满的只有危机。可以说，危机是西方社会步入20世纪后首先必须面对和思考的。而21世纪的序幕刚刚拉开，人们在金融危机中又看到了种种不好的预兆，这种危机似乎来得比20世纪还要早。以前，人们在20世纪快要结束的时候，对21世纪有很多的憧憬，有很多的希望，也有很多美好的想象。但是现在呢，金融危机给人们带来的是一个非常严酷的现实，人们好像步入了雷区和险境，不知如何迈步。21世纪还没有走出十年呢！你想，从2008年开始，这才刚刚经过八年的光景，而且这次的危机是前所未有的，以前的所谓世界经济危机，主要是在西方发达国家发生，但现在是全球化的时代了，全球都受影响，哪个国家有可能不被卷入？面对全球范围的危机，大家都很难幸免。

至此，人们进而就提出了在一个全球化时代人类对自己的家园、即对这个世界、对这个地球的守护的问题。人类对地球的守护，从生态意义上来讲是多层面的。对自然的守护，对自然作为人类生存环境的关怀，宗教很早就曾以一种神圣关系的形式给人一种直觉。但这种模糊、神秘的直觉发展为人的自我意识却走了很多弯路。尤其是人在世俗化、非神圣化的过程中甚至会失去这种宝贵的直觉及其带来的预警、提示。人类学会用高科技来开发自然、利用自然以来，人与自然的关系变化很快，自然环境的恶化也加快了速度，而宗教的警示似乎在现代社会已经无济于事。对此，大家可以算一个账。如果把人类社会发展的漫长经历算作一年来讲的话，那么进入20世纪以来的发展在人类的时间历程中，好像就是短短的几分钟或几秒钟。但恰恰是在这几分钟、几秒钟的时段中，这个世界天翻地覆的变化，是人类几千年对世界的要求、对地球的发掘都做不到的。现代人的确做到了，但带来的后果是什么呢？就是说地球很快就承受不了人类的这种肆意挥霍和过度开发，所以，臭氧层、地球变暖、大气和水等生命资源的污染、生物种类的锐减、地表的沙化、北极南极的融化等一系列的问题，在短时间内都出现了。人们亦开始对此感到恐慌，害怕随时会发生灾变。

应该说，在过去的前工业化社会、农业社会的时候，地球保持了相对稳态的发展，人类跟地球的这种关系也基本上是处于一种比较和谐的关系。那么随着工业化、尤其是现在这种高科技的发展之后，人对自然的这种关系，基本上是主人跟奴隶的关系。人可以随心所欲，肆无忌惮；但这个奴隶也是会呻吟的呀！虽然你看它好像是一个自然之物，没有灵魂、没有感觉，但是它实际上是在以种种方式来表现它已经很难承受这个重负。

如果像农业社会的状况，比如说这个世界还能维系几千万年、上亿年或者更久的话，那么现在这种破坏性开发则会使地球的寿命大大缩短。人类在导致自然毁灭的同时，实际上也是在预示着人类自己的毁灭。所以，这就带来非常严峻的问题，即人跟自然的关系必须调整，如果人一意孤行、继续破坏，就彻底失去了它原有的生态平衡。

此外，这种危机意识还涉及人与自己、即对人类自我关系的调整。人类历史上建立的所谓社会、经济、政治等文明制度，都是反映出人与人的这种自我关系之调整。在不知有无神明的时代，或者觉得神明已经不再过问、干涉人世之事的状况下，这种关系则是基于社会契约，即人与人立约。而最早的立约本是宗教行为，早期宗教立约是基于神圣立约这样一种观念，就是神对这个约是有约束力的，是有监控权的。从前宗教的神人之约已经启迪了、或者说蜕变为当今的世人之约。我们知道，所谓金融关系，这种信贷所依靠的信誉，是建立在这种契约之上的，由此而有各种合同、约规。不过，人与人之间的世俗立约缺少神圣之维，它的约束、监控等管理是不明确的，所谓的制度、条款在关键时刻可能会失效，根本不起作用。显然，人们在进入世俗之约时，并无绝对的信心；社会交往中的信誉、信托，也缺乏坚实的基础。

在以往的传统宗教信仰观念中，中国人相信举头三尺有神明，所以认为自己的一举一动都受到监控，不敢乱动。这样，想象中的神人关系使由此导致的被动和不自觉压力转化为现实中人际关系上的主动和自觉行为。现在却不然，由于没有这种不为自我意识所察觉的神圣裁决或审判之压力，世俗人际关系中的信任和信誉面对着巨大挑战，人们亦缺失了真正的信心。游戏、冒险、赌博遂掺杂在所谓信托、契约之中，故而一有风吹草动就会人心惶惶。在人际之约或之信的过程中，所谓的监控会失效，会出现欺骗或欺诈行为。由于世人没有一种外在的、超越性的监控，靠自我监控自己则是很难的。为什么在这次金融危机中许多监控会失效，人们没能得到预警或忠告，一个重要原因就是在其实施过程中虽有言却无信，立约难弃约易。很多人甚至用了欺骗论、操纵论这种极端术语来描述金融危机形成的始因，认为金融风暴在于一开始就吹的是邪风、阴风。所谓金融衍生产品成为圈钱行家所玩的“空手道”，在其买空卖空中得以“无中生有”，利用人们“信用投资”的滚滚资金快速流动来坐收红利，以“借”钱来“生”钱，无本而万利！一些金融寡头不仅欺骗民众、操纵市场，甚至敢把大量的金钱挥霍，把公共资产变成自己的私有财产以后，留下那么大的窟窿来让政府“埋单”。而政府只得动用国家资产来应付，所用资源又靠什么呢？靠发行国债，这实际上就是让老百姓来“埋单”。尤其是像美国这样的超级大国，它一举一动都影响了全球，所以它会有办法让全世界来给它“埋单”。这样的话，人与自我的关系实际上遭到了破坏。金融秩序的混乱、国际关系的混乱，即人之社会的混乱。它也是一种生态平衡被打破了，这种失衡肯定就会带来人之存在的紊乱。

我们前不久刚说到自然界海啸对人造成的冲击，现在又出现了席卷整个人类世界的金融海啸，而人们对它所造成的危害究竟有多大也心里没底。现在大家讨论的问题是金融危机、经济危机到底见底了没有，世界经济形势什么时候能够好转，股票、基金、债券是否还能回升等。但是，更深层次的反思并不多见，人们还没有认真考虑人与自然的关系究竟应该怎样处理，人与人之间的这种社会建构、这种交际网络究竟应该怎样构建才能是和谐的、美好的。我们谈和谐社会、和谐世界，必须落到实处。人跟自然和谐了，人跟人的自我社会和谐了，其追求的和谐社会才可能会真实存在。哪个方面没有处理好，它都不会和谐。

在处理人与自然、人与人的和谐关系时，西方的宗教信仰会重新让人联想到神人之间的和谐，它强调这是一种神圣和谐的关系，可用以统摄人与自然、人与人之间的和谐。就像我们所讲的，这在西方语境中是在上纲上线。

我觉得，随着金融危机带来的一系列社会危机和精神危机，人们会有一定的反思。而在这种反思中，肯定也会有宗教的资源可供利用。宗教信仰会参与其内，用其古老的、神秘的信仰来指点迷津、破解人生。宗教可能会给出它相应的答案，或者提供相应的解决办法。但不同的宗教所给出的答案和提供的解决办法肯定是不一样的，这里面当然就有文化的因素，有信仰传统的因素，有宗教社团的因素。现实中的宗教，势必要在神圣与世俗之间奔波，其作为两个世界的公民难免有“沉重的肉身”，不可能是神明之无影无踪，也很难奢望“天使”那般空灵。所以，我想神学为什么会是处境化的，会有多种流派，就像在20世纪初因社会危机而出现的危机神学，生态危机也就势必会出现生态神学。针对目前出现的这种状态，我想肯定也会出现一些相应的社会争执，人们也会用信仰文化这方面的理论来解释这些问题，同时也会有人从更深层次、从更长远、也就是从可持续性发展的角度来展开思考，其宗旨不仅是要解决今天的问题，而且还要考虑如何正确引导未来人类发展的问题。

按照基督教的信仰传统，其生态观可以追溯到《圣经》中的“创世记”：上帝所创造的一个世界是美好的，是一个有秩序的、和谐共构的世界。各种动物、植物都有它的归属秩序，而人也是处在这个神造自然世界的中间。第一，人属于自然中的一员；第二，人在这个自然中还有自己的责任，人是其神授的守望者、监管者；第三，人可以享受自然的成果，但有限定，不能随心所欲，不可偷吃“禁果”。所以，这种信仰传统会让人们在今天面对各种危机时好好考虑一下，人类这个万物之灵他自己的责任究竟执行得怎么样，他为什么没有执行好。而人没能执行好其应尽责任，对人类自己同样也是一种损坏，会造成灾难性的后果。这些显然也都是同样值得我们认真反思的一系列问题。

我们所讲的环保、生态等都是多层面的。其中最基本的是自然环保，即自然生态的保护，这就是我们习称的“绿色”观念，“绿”代表长青、代表健康、代表生命永恒。此外也还有社会资源的环保，精神资源的环保，它们也应是健康的，是绿色的，不然就会出现今天这样混乱的状况。

所以，人类如何面对现今、走向未来，确实是个值得思考的问题。其实，从金融危机的发生能让人想起很多的问题，而且是忧思多于憧憬。这也是人无远虑、必有近忧的“忧患意识”。实际上，地球已在不断地给人类各种警醒，表示它已经在呻吟，它承受的压力已经使它快支撑不住了。它在催促人得赶快想办法，如果再不想办法的话，它可能会不是这里出问题，就是那里出问题。这显然已经到了我们所说的临界点了，危机的信号灯已经亮了起来。我们一直在谈论人类要可持续发展，究竟怎么才能可持续，应给后人留下什么，这是现在必须认真面对的问题。

从宗教这一层面来讲，宗教信仰对这个社会的稳定、对社会和谐的维系能起到什么作用，也是要看宗教本身所处的这个环境。信仰在精神与物质的关系中乃虚实结合，相应转化，因此对信仰之用其实也是个双刃剑。我们在金融发展中看到那么多的资金很快就能积累起来，它实际上靠的是信仰或信任，不过这是另外一个层面的信仰或信任。但是一旦这个资金链破裂，这种看似巨大的资金会在瞬间蒸发消失，其实这也是跟信仰或信念的缺失相关联的。金融市场的“多米诺”效应反映出信仰的正负作用，“资产”是实际财富还是泡沫数字，也与信仰有关。其“信”所“仰”既可有神圣的升华，也可能是金钱拜物教的潦沉。就是说，金融危机所反映的不仅仅是一个纯粹的经济问题，不仅仅是一个纯粹的金融问题，而有着精神上的支撑，信仰上的保障等因素。其获得的信仰或信任可以使精神变物质，得到实实在在的财富，而一旦信仰或信任这种精神因素出了问题，物质财富也可能化为乌有。我们思考问题必须有一个整体观，必须要做系统的分析，这样才能把所有的问题理出头绪来。

在今天的世界，考虑问题必须要有整体论。全球化让人类整体共在，我们处理事情也应该整体思维、通盘考虑。有些人以为自己了不起，以为掌握了很多的高科技就可以为所欲为，觉得“人定胜天”。其实不然。人在逞强、霸蛮地高速发展过程中，很可能是釜底抽薪，把其以前原本构建得很好的东西整个打乱。而一旦等其不得不推倒重来的话，已经付出或所要付出的代价反而会大得多。如果按照一种理想的秩序三思而行、循序渐进，虽然相对而言看起来可能比较慢一点。然而它是稳健的、有序的发展，反而会比因激进、冒进而遭挫败、半途而废要好得多。这种发展中的大起大落，是个很危险的现象，因为其惯性会使它起落的幅度越来越增大，起落之间的间距越来越缩小，而其发生的频率也将越来越高。这种状况一旦成为常态，那么社会的安定、全球的稳态也就会慢慢地看不到了。

所以，除了政治家之外，我们普通老百姓也得关心生态问题和环保问题，关心社会信仰或信任问题。这种生态与心态、环境保护与精神保护，都是有着内在关系的。

记者：我觉得，当前面对金融危机，以及长期以来所面对的其实已经非常严重的生态危机，在社会政治文化等各个方面都应该有一些新的理论要形成。就是说，我们已经在形成这样的理论的过程中。我还想再更加具体地讨论一下基督教，看它在这样一个过程当中会有哪些理论贡献。我在看您写的这篇文章的时候，觉得您对基督教的观念及其对现代化建设的意义特别关注，然后又有自己的条分缕析，讲得非常清晰、非常深刻。

您自己也说到，这里对于金融危机给社会、政治、经济各层面所造成的影响只是附带来谈，您所关注的主要是宗教问题。所以我想，基督教面对当前这样一种形势会怎么办。我们讲生态文明建设，应该涵括更多的内容，譬如说应该综合、全面地考虑到政治、经济和民众生活这样三个层面。我更关心的是制度跟民众生活方式，或者是生活理念这样一些问题，对此基督教能够提供哪些有益的理论支持?

卓新平：基督教在不同的社会中所发挥的作用是不一样的。应该说，在解决当前社会问题时，它在西方国家就是基督教占主流的国家中所发挥的作用可能会更大一点。相对而言，它在当前中国社会中可能不会起到像在西方国家那样的作用。

但是基督教解决问题的一些想法、应对危机的一些观念，却仍然值得我们借鉴。从这个角度来讲，我们有必要较为全面、深入、系统地研究基督教。让它所提供的宗教思考和信仰智慧能给我们起一个借鉴、提醒的作用。基督教的有些观念可能不会对中国的社会发展产生直接影响，但是会间接地起到一个启迪的作用。坦率地说，基督教在中国社会目前就处于这种状态。

你在看我的文章时也已经注意到，我对基督教在中国的影响和作用，主要是从其精神意象的发展态势上来论说的。我们可以从几个具体的层面来看它给我们可能提供的一些启迪。例如，今天人们强调人的有限性，而这种人的有限性之论就是基督教最基本的人性论。它提醒人不可以胡作非为，人不能自比神明、僭越傲慢。人的能力是有限的，如果认识到这个有限性，人在大自然，在这样一个人际社会中间，就会抱有一颗谦卑之心，承认人在大千世界中的微不足道。不要觉得自己处处是这个世界的主人，也要想到自己同时又是这个世界的仆人。人在世界百花园中只是一个园丁，起着服侍、维护世界的这种独特作用，而不仅仅是作为主人来在这个家园尽情享受。基督教这种对人的有限性的定位，给对人的本性分析提供了比较恰当的视角。基督教对我们摆正人在这个现实世界中的地位，端正人对自然的态度，以及弄清人的社会角色上面，是有着重要启迪作用的。这是第一个值得我们思考的基督教人性认知。

第二个就是基督教谈到了人的超越性。它认为人要有一种自我克制，要有一种自我超越，克制是被动、消极而为，超越则是主动、积极之举。孔子在古代时候也早已说过人要克己复礼。人是有很多的欲望的，有很多要求的，在这时候人需要以一种崇高的目标为追求，从而把自己的私欲克制住，这样就能回归公礼。中国传统文化的本质是一种礼文化，为了社会之公“礼”而要求这一社会共同体中的个人诚信、忠义、仁德。那么在基督教的理论中则不这么讲，它以超然的神圣之维来要求世人超越自我，从自我的这种世俗局限、思想有限性中超脱出来，以便达到一种神圣的境界。为此，基督教有时对人所存在的社会、对其社会秩序等也持批评态度。个人修行、社会守序乃是人的内在超越，而超越社会局限、超越时空羁绊则为外在超越，这种外在超越因其神圣之维而被视为终极超越。不过，这种社会的内在超越和宗教的外在超越也是相通的，因此基督教提倡以“出世”的境界来做“入世”的事情，有“生活在这一世界但不属于这一世界”的情怀。实际上，这就是讲人要自我不断升华，不断完善，不断克服自己的有限性。

在当代这个世俗社会的发展中，随着工业化的成功和物质财富的积累，人的一些有限性、一些弊端也暴露出来了，社会上物欲横流、唯利是图的现象比较普遍，人们多了欺诈之脸而少了诚真之心。那么，这时候你要不想随波逐流，希望保持洁身自好，做到出淤泥而不染，就必须要有一个超越的观念，有自己脱俗的追求。在此，我觉得基督教的超越观也是可以起到一些作用的。

第三个就是基督教强调人在上帝面前一律平等。应该说这种平等的观念也是非常重要的，就是让人在这个现实社会中间平等共在，各守其位，履行好自己的职责。人有分工不同，却无贵贱高低之别。当然，这与现实反差太大，只能是人的一种理想。只有人人平等，才能真正体现出人道，呈现人文之景。它强调要基于人人平等来构建社会秩序，没有个人特权，而只有通过民众契约转让、委托所致的公权。掌权者在这个社会秩序中要有一种公共责任感，要作为社会公仆为人民服务，而不可滥用公权以谋私利。

另外，基督教还有一个意义，就是不完全相信世俗权威及其权力而要求分权监管，形成掌权人之间的监督、制约。基督教认为人的自由及自我意志的选择是一个双刃剑，即有两种可能性，人可能选择善也可能选择恶。为了防患人可能对恶的选择，就必须有一个监督机制，这种监督机制也是非常重要的。在神圣绝对权力之下，世人只有相对权力，这是基于人的有限性。相对权力的有效运作则在于监督、制约。当神治被人治所取代，人们不知道在冥冥之中是否还有神的旨意、神的掌控时，人的自我管理靠什么呢，也就只得靠这种监督机制了。所以，在西方文化传统及其思想观念的影响下，西方的分权治理、彼此监督，显然是有一定道理的，符合其基本社情的需求。

不过，这次金融领域所出问题若要从其根源来看，其中一大原因就是监督机制出了问题，基本没有起到监督的作用。这一机制如果严格履行了其职责，真正起到了监督的作用，就会防患于未然。但是，这次恰恰相反，没负责任的监管机构客观上帮助了一些人把这个金融骗局做大，时间拖得太长，弄到最后已不可收拾。所以，这种应对有限之人实现监督的思想，也是非常深刻的，在现实中也是非常有意义的。

最后值得一提的，就是基督教有其关于未来的想象，它有一个末世观、终末论。但这是一种发展的、进化的末世观；就是说，人类的发展要以一种有序的发展来走向未来。基督教讲的是神性的秩序，向着未来敞开并延续。世界不应是无序的发展，人也不该奢望在一夜之间就把整个世界的财富开发尽、对之加以浪费、破坏性的享受、挥霍。人对自然世界的认识和开采必须是循序渐进的，当人类使用地球的时候，也必须不断地补充地球，让自然有新的创造。这种创造是一种能够持续性的创造，此即人的可持续发展、科学发展。终末不是让人以破坏走向灭亡，而是鼓励人在创造中有其盼望。

当然，基督教在当代西方社会中也只能起到间接作用，至于这种间接作用能够达到什么程度，这要靠以宗教为支撑的人、包括教会中的人在这个现实社会中的表现。例如，在这个金融危机出现以后，教界人士的表现，其社会亮相和作为，会给世人相应的启示。宗教界的社会表达是其信仰理念的生动写照。信仰不只是说出来的，更多的是做出来的。基督教早就强调它不只是做先知，同样也是做仆人，在服务社会中实施对社会的神圣救赎。基督教预见到了一些问题，但是解决这个问题必须要靠教会自己身体力行，起表率作用。这种社会实践做得怎么样，会决定它的信仰理论究竟是不是长青之树。

记者：我觉得，我们在分析生态危机根源的时候，有很多人就会将之归结到工业文明，然后从工业文明再往前追究，结果就追究到了西方，并且认为与基督教传统的自然与神明、理性与神秘二元对立有关联。基督教传统过于强调神性权威而有着对自然的贬低、轻视，只是将自然视为实现其神性目的的手段或过程。这种信仰因素的偏重使其对自然的认知失衡，甚至忽视了自然的存在及其重要意义。这样，不少人就会批判二元对立，批判西方传统，进而批判基督教传统。这种批评有道理吗？

卓新平：其实这种二元对立的思想应该说是多方面的，并不只是基督教拥有。在西方传统上，人们可以追溯到古希腊思想，其中也有二元观念，如精神与物质、灵魂与肉身相分离的种种说法。突出精神在柏拉图的理念观中得到最早的系统表述，人们对其“理念”（idea）有各种翻译和解释，如理念、观念、思想、理想、唯心等，现在则习称其为“相”思维。所以说，物质层面跟精神层面有别相分的思想不仅仅是在基督教传统中存在，古希腊传统也早已有之，它甚至影响了基督教的理论体系，在其中世纪的“名”、“实”之争中得到典型体现。此外，这种二元观念在其他的思想文化传统中也有，例如我们谈论得比较多的，就是所谓的琐罗亚斯德教，即二元神教，它源于今天伊朗这个地方，属古代波斯文化传统。它强调世界是善恶二元的产物，善为光明、恶为黑暗，两种不同且对立的因素交织而冲突，其此消彼长形成复杂的世界发展。

其实，一元世界观中也有合二为一、一分为二的两个层面，二者乃对立统一、辩证共构，也有人考虑到其平行发展、并行不悖。在哲学讨论中，精神、物质，唯心、唯物的问题仍没有得到彻底解决，对其认知还在继续开放、延伸。从整体论的视角来看，二元之间必有关联，存在着其“间”性关系。一旦将二元截然分开，就会出问题。西方思想体系中非常清晰的二元对立观，对于其辩证思维，对于其精神博弈，对于其思辨传统，甚至对于其自然科学体系的发展，都是很有帮助的。但是它在非此即彼、偏重一方上也留下了遗憾，失去了平衡。这种西方思维造成了一些偏执，有着真理在握、替天行道的霸气，故而让人感到居高临下、咄咄逼人。在这种认知中，“他”者是陌生的、低下的、可加排斥的。这种思维定式主张“独白”而没有“对话”。只是后来一个犹太哲学家马丁·布伯对比神人关系才提出了要用“我你”的平等关系来取代“我他”的不平等关系，由此不同思维模式的平等对话方有可能。在无“对话”思考之际，甚至自然和社会也被作为“他者”，这就出现了自然的毁损、社会的异化，导致人与其自然、与其社会的对立。

“我你”关系实际上是想表达一种平等、亲近的关系，让彼此尽量拉近或贴近，缩短其“间”性距离。而在中国文化资源中，我们的思维与之并不一样，我们更多地强调“我们”这样一种整体论。而且，这种整体论乃天人合一，坚持自然跟人也是一体的。不过，我们所认识的整体是个模糊整体，不是很清晰，所以也有其问题。比如说我们有宏观综合优势，但在微观分析上就有不足。此外，我们在逻辑思辨、科学抽象、理论体系构设等形而上意义的升华方面也并无优势。我们可在模糊整体中界说一切，但什么也很难说得彻底清楚。

讲这些区别和各自优长的意思，是想对西方的二元观念及其意义具体分析，不要绝对地说好说坏。我们不要把所有的西方社会矛盾都归结到西方文化传统及其宗教，这种评价并不公平。我觉得，人类的认知也是相对的，是对未来开放的，不存在绝对真理。我们今天讲对话就是要相互沟通、取长补短。对话就是看到自己认知体系的相对性，从其对话伙伴的思维方式中吸取一些新的东西，这样使自己达到积极的提升。

记者：在西方传统所看到的人与自然的那种对立，也是二元对立。人作为主体对作为客体的自然肆意攫取，缺乏整体性通盘考虑。这就是我们在搞生态理论的时候，大家批判得很严重的一个问题。有人说人对自然的攫取欲望刺激了科技的发展。但后来就像在金融危机里面那样尝到了自种的苦果。因此，人们对物质的贪婪，对科技的滥用，现在是到了应该彻底反省的时候了。

卓新平：是的，因为这种发展和恶性循环导致了地球环境和自然链条的整个异化。自然本来是跟人一体的，现在却完全异化成了另一个对象，被人掳掠、支配、挥霍的这样一个对象。然而，当人在异化自然的同时，也把人之自我彻底异化了。所以，这是双重的异化，一个是明显的，另一个是潜在的；一个是有意识的，另一个是无意识的，但实际上都是在进行着异化，并同时走向毁坏和毁灭。

在世俗理论风行时，我们可以回过头来关注宗教资源，研究宗教理论。宗教的特点是比较保守一点，其对自然的认识、对科技发展的理解都显得保守。但是，这种保守在某种意义上，对人类的发展是有好处的。发展得过快有过快的问题，一旦别的什么都跟不上了，过快发展就会是畸形的发展。发展的节奏相对慢一点，并不一定全是坏事。欲速则不达，半途而废的教训已有很多。那么，宗教求稳的境界，求一种周全稳态的发展，可能也反映出自然的韵律及其奥妙。这或许也比较符合我们的和谐理念。发展而和谐，这是比较重要的，光发展不和谐，那是不可能的。

记者：这是讲那个科学发展观，非常有道理。

卓新平：发展与和谐，是辩证性的有机统一。如果人完全保留在最初的自然混沌那种和谐之中，那也就不能称为人类，也没有人类的诞生。所以，这个中间还是有张力的，应该把握好这个张力，让人应该做到科学、有序、和谐地发展。不发展也不行，从人类自身来讲，发展是硬道理。对地球来讲，它也需要发展，使地球不断地完善，把自己的潜力展示出来，发挥出来。这也是很重要的。我们尚不知道有没有别的星球存在着生物，人类所在的这个星球要靠人类发展，做出的事情要体现人类文明，我们要使这个世界充满意义。但是，这种发展如果是破坏性的，最后是造成它毁灭的，那么人类就一定要谨慎了。

记者：好，谢谢卓老师。我今天想问的问题就先问到这里吧。其实，有好多问题我还想向您请教，希望以后再有机会，请您多多关心和支持我们的工作。

十五　纪念任继愈先生
——对卓新平的访谈

——《长江商报》记者与卓新平的对话

（2009 年 7 月）

中国学术界进入与前辈大师告别的时代。

《长江商报》记者按语：“任老的逝世，在中国哲学研究史上标志着一个时代的结束。如今，学术界面临一个承上启下的转型期，进入了一个与前辈大师告别的时代！”在中国社会科学院办公楼里，该院世界宗教研究所所长、中国宗教学会会长卓新平接受了本报记者的专访，畅谈他对任老的学术成就的认识与回忆。他认为，任老不仅研究中国哲学中的各个领域，更有从古至今的通史梳理和研究，这正是当今的年轻学者需要走的学习探索之路。从任先生继愈这个名字的寓意而言，任先生和韩愈一样坚持原则。

记者：任老在 1964 年创建了新中国第一个国家级宗教学术研究机构，也就是如今的中国社会科学院世界宗教研究所，任首任所长。作为第五任所长，您和任老的关系也比较密切吧？

卓新平：任老是迄今任期最长的所长，后来也一直是我所的名誉所长。我是新中国成立后的第一批宗教学的研究生，虽然研究基督教方向，但听过他的《中国哲学史》等课程，受他的引领和教诲，走上宗教研究道路 30 多年，曾有幸和他一起主编过《宗教大词典》，商讨编撰问题，共写绪论。

记者：他很崇敬唐代文人韩愈，把自己的名字改为了“继愈”。您觉得他身上有没有继承韩愈的东西？

卓新平：“继愈”寓意继承韩愈，我想就其一生，在开阔视野和批判眼光上，这个表述是恰当的。和韩愈一样，任老也有极强的批判意识，比如在无神论上。他的学术风格就是坚持原则，勇于批判。

“儒教即宗教”开山立业

记者：在您看来，任老最具开拓性的学术成就有哪些？

卓新平：他是我国马克思主义宗教学研究的奠基人，开拓了关于中国文化传统的宗教性的新的视野，使中国宗教研究与国际接轨；他打破了以往按西方逻辑、方法得来的那一套模式，这不仅仅是理论上的标新立异，而且还开辟了中国人认知宗教的新道路，为之提供了更广更深的思考空间。他在20世纪70年代召开的国际学术会议上提出了“儒教即宗教”的著名论断，近十余年来，学术界对此在宗教学范畴内的意义和价值取得了越来越多的共识，中国特色宗教理论体系的构建由此开拓出新的道路。

记者：作为一代国学大师，任老在普及国学上作了哪些事情？

卓新平：他的《中国哲学史》是国学的重要内容，作为大学教材，影响了几代人。他还是研究老子的专家，曾经把老子的《道德经》译成白话文。但他对国学有自己的见解，对这一表述有冷静的分析。他主编的宗教词典类的工具书更是多次再版，帮助了很多人解决了实际问题，开始接触学术。

新一代功底不如前辈

记者：任老这一代学者完成了哪些历史使命，又有哪些未完成的历史使命？

卓新平：在中国文化史料的整理上，任老这一代学者作出了很多成绩，并且对于中国文化的可持续发展有不少思考。我们后面的学者可以站在他们的肩上做其未完成的工作，比如揭示中国文化中的经验和教训，思索和探讨中国传统文化面对世界这个大舞台该走向何方以及如何进入世界体系等问题。

记者：他在宗教学的学术研究上有什么是值得年轻学者学习的？

卓新平：他做宗教学研究始终持有一种客观的态度，运用纯学术的、客观的研究方法。我们知道大凡研究宗教的学者，特别是国外的学者，要么个人会有宗教情结，要么皈依了所研究的宗教。可是以任老为代表的中国宗教学研究专家不是这样，所突出的是客观、科学的研究，这也是中国宗教学的一个主要特色。

任老这一代学者都有扎实过硬的传统文化功底。所谓的“板凳要坐十年冷，文章不写半句空”，是他们做学问的写照，但现在的年轻学者能做到不为诱惑所动，耐住寂寞扎实下苦工夫的太少太少，他们的功底不如前辈，但可能在总结思想逻辑、规律或是比较方法等上面会有新的突破。任老和季老的去世使中国宗教学领域失去了一代大师，年轻学者必须继续努力，将老一辈学者在中国开创的这一学科继承下来，并争取其更好的发展。

十六　关于世界文化现状与趋势的座谈

——2010 年 1 月文化研讨会上相关问题问答录

主持人： 我们请卓新平所长就世界宗教的问题给大家介绍一些情况。

卓新平： 非常感谢邀请我参加这个会议，我对文化部是有感激之情的。2002 年时我去非洲参加一个国际哲学与人文学科两年一次的大会，如果文化部驻当地的参赞和工作人员不接我们、送我们，我们会进不了非洲、也出不了非洲。那是我第一次直接跟文化部的朋友们有交往。

我想围绕全球化处境中的宗教文化及发展趋势谈点自己粗浅的看法，大概谈六个方面，我简要介绍一下。

（一）有没有“文化全球化”的问题，是不是应该提出这个问题，这在我们国内学术界、尤其是世界史学界是有争议的，一些学者写过很多文章，批评“文化全球化”的说法，我对此持保留意见。为什么呢？我觉得没有必要先对“文化全球化”下一个定义，将其专指是“西方文化”的全球影响，从而否定和抵制“文化全球化”。其实“文化全球化”应该是在“经济全球化”背景下各种文化在全球范围的流动、影响、辐射。这已经是一个不争的事实，所以我们应该认识到这种全球性文化的流动、交流。正因为看到这一点，我们才有必要谈文化软实力、文化话语权的问题，才有意义讨论当代文化的交流和互渗，才有可能推动我们的文化“走出去”战略。

（二）“文化全球化”这种说法如果成立的话，我认为其最为典型的表现之一就是宗教文化在今天社会上的复兴和普遍发展。宗教文化作为当今“文化全球化”发展的重要表现，应该怎么样来理解呢？我们谈亨廷顿的“文明冲突论”已经很多，但对于这一命题的一个背景即亨廷顿的“文化圈”理论，国内讨论得并不是很充分。这个话题是西方历史哲学进入20世纪以来比较关注的，不少历史哲学家就在不断反思人类文明的发展，像施本格勒谈到西方的衰落，而汤因比在其《历史研究》中也用涨潮、落潮来谈论世界文明的发展，这种思想在文化史界应该说是受到了高度的重视。

我们看人类各民族、各国度的文化发展演变，实际上就是一个潮起潮落、朝晖晚霞的发展过程。亨廷顿基于这个文化圈理论而认为古代的文明经过发展、嬗变、淘汰，还剩下五种文明形态，在现代发展中则出现了三种比较新的文化圈，这样在当今世界上大约有八种文明形态，即形成了相应的文化圈，而每一种文化圈中都有一个核心价值体系，这种核心价值体系实际是以相关的宗教体系为代表。

比如，第一个是西方文化圈，它的核心价值体系是基督教。第二个是中国文化圈，它的核心价值体系是儒家思想。在亨廷顿的理论中并没有佛教的地位，因为他认为佛教虽然是很重要的宗教，但是由于它在其原创地印度曾经消亡了，而在中国等地区则不是原创性的，所以它在这些国家和地区很难担当这种精神价值主体的作用。第三种是日本文化圈，是以神道教为其精神支柱。第四种是印度文化圈，以印度教为其精神价值象征。第五种是阿拉伯、波斯伊斯兰文化圈，以伊斯兰教为象征。

在现代发展中出现的社会变迁，则又形成了斯拉夫文化圈，以东正教为其文化价值标志；拉美文化圈，它主要的象征是天主教，而这里的天主教跟西欧、北美的天主教显然已有所不同；另外是非洲文化圈，它的精神象征体系比较复杂一些，主要有三大因素，一个是基督教，第二是伊斯兰教，另外是它的原生态的本土宗教。从文化圈理论我们看到它的基本思想是政治、文化的板块论，不同文化板块交接之处会发生碰撞，于是就造成文明冲突。当然，这些碰撞的地方同样也是文化交流最容易进行的地方。亨廷顿所谈到的一些热点地区就是我们今天看到世界上问题比较多的地方，尤其是在“后冷战时期”为世人所特别关注。

以前会比较多地从政治格局来看世界，但这种格局在“后冷战时期”已被打破，所以亨廷顿开始从不同文明及其关系来看世界，由此他曾经谈到他的担心，就是害怕儒教文化圈会跟伊斯兰教文化圈结合，他感觉到伊斯兰学者中有人希望能够形成“德黑兰—伊斯兰堡—北京轴心”，以便能跟中国结合而与“华盛顿—伦敦—巴黎轴心”等抗衡。当然，他也注意到中国对于上述说法并没有太大的响应，所以他感觉到西方文化与中国文化中间还是存有政治、文化对话的空间。西方学者今天对于世界格局的考量已不仅是以往的军事、政治、意识形态的关注，而更多是从文化战略上来考虑。这种思路对今天的西方政治家显然有一定的影响。

我们中国学界和政界在“文明冲突论”出现以后对亨廷顿批得很厉害，但是没有真正讨论过其“文明冲突论”与其“文化圈”理论有何关联，并没有完全弄清亨廷顿究竟真正想说什么。所以，“9·11”事件发生以后，亨廷顿曾经说，这不是“文明冲突”是什么？他提出“文明冲突论”就是希望西方政治家能够更多地关注文明的冲突。而在“文明冲突”中，一个重要的内容就是宗教的冲突。宗教的冲突在文明的冲突中间占有很大的比重，我们今天讲社会和谐恰好是“冲突”的反面，可想而知宗教和谐在社会和谐、文化的和平交往中同样占有很大比重。

我们在分析今天这种文化交流时会看到一种现象，就是传统意义上的固定文化圈实际上已不复存在，文化圈的边缘是一种流线，而不是固定之线，对这种流线体我们一定要重视。今天我们看西方宗教文化在中国大众生活中最为典型的体现就是“圣诞文化”现象，这种以节庆方式所表现的“圣诞文化”现象实际上在中国文化市场上已经占有很大的空间。其意义就是一种另类的社会、社交节日，占据中国节庆文化的中间一块。中国的节日文化在传统上实际为两大块，即国家庆典和家庭相聚。节日是什么？节日就是时间上的关键之处，即人类社会文化历史之时间流动中比较重要的时刻，关节之意由此体现。在中国的节庆中有两大传统，一个是政治节日，再一个就是民俗节日。辛亥革命以来曾废掉了不少民俗节日，最近这几年我们国家从重视传统文化的弘扬、关心民生的角度而恢复了很多民俗节日。从文化战略上考虑，恢复这些民俗节日的基本意义还是在于注意它的核心价值，突出它的精神层面，其中也包括它的宗教传承。如果剥除它的精神层面、宗教层面，中国的很多传统节日所剩下的恐怕就只有“吃”了，即吃什么、怎样吃，这些年来我们听到了关于吃元宵、粽子、月饼的许多故事，尤其是月饼的制作和包装已经有“异化”的倾向，颇令人担忧。所以，我们一定要认识到在中国这两类节日中间仍有一个缺失，即缺少“公民社会”意义上的民间性社会节日。我们目前的政治节日是全民性的，突出的是“国”，而民俗节日则基本上成为家庭性的了，“回家”过节、过年被强调、“家”的意义被凸显。但是我们缺少普通民众社会性的节日，这样，圣诞节日的节庆就作为大众社会节日乘虚而入。西方圣诞节已经获得了过宗教生活和迎接新年的双重意义，而中国圣诞节除了教堂礼仪之外最热闹的是商界、学校这些部门，其气氛、声势也远远超过教会，它更突出朋友、同事、同学、事业上的伙伴之间的交往，体现出民间社交的意趣。我们要看到一些作为精神载体的宗教节日也会发展出大众化的方便之道，这样使老百姓非常容易接受，而且流行开来。当我们在圣诞节来临的时期漫步在中国各大中城市，试问哪个大宾馆、大商场会没有装饰圣诞树？除了圣诞老人之外，我们还会看到很多圣诞小姐、圣诞先生，面对顾客的员工上班几乎全穿着圣诞服装！但实际上这对于其节日本身在中国的意义来说，是为了营造社会共在的气氛，而且我们也没办法对它加以任何防范。所以，我们从这个意义上要注意到，如果说文化圈在以往的历史上曾经相对固定，但是在今天它的边界已是一条流动之线，而不是一条僵化、固定之线，文化也体现出你中有我、我中有你的交织。对于西方宗教对我国的影响，我们常用的词叫“宗教渗透”，但这种渗透是没办法彻底防范的，除非你把国门重新关起来，而今天你就是关得了国门也关不了信息门，互联网仍能使人们保持与世界的开放和沟通。但对于这种社会大众交往中的文化缺失，我们在考虑文化战略时一定要想办法弥补，不然这个空间会越来越多地被西方文化所占领，如西方的“情人节”也开始在中国年轻人中间流行等，我们有必要以中国文化的元素来影响、主导这种公共文化的发展。

（三）宗教文化跟中国传统文化的弘扬是什么关系？我们现在讲中国文化建设，其实目前在国内外都有着很大的中国文化真空。例如，我们谈中国传统文化离不开儒、佛、道，如果离开这三种宗教文化，中国传统文化还有什么好谈的？而且，海外华人在世界各地所保持、传播的中国传统文化，其中有很大比重是儒、佛、道宗教文化，以及由这三教发展、演变的中国民间宗教文化。因此，我们必须对中国传统文化要做到心中有数，了解其当今处境和地位。我觉得，文化输出首先需搞清楚我们究竟应该输出什么，别人会接受我们什么样的文化；这都要认真观察研究，不要盲目输出，因为盲目输出后并不起作用，还会给我们的文化带来负面影响。我们今天要在国内搞清楚，现今文化的建设跟传统文化的弘扬到底是什么关系。文化的两大特性一个是文化的传承，另一个是民族的特性，这是我们了解中华文化脉络神髓的基点，也是我们理解宗教文化的时候应该把握的。

我们有些人谈起海外孔子学院的建设，以此来分析目前我们的文化如何走出去。其实，我们对孔子学院的海外发展是花了血本的，而一旦我们不掏这个钱，有些国家的孔子学院就会瘫痪，因此，孔子学院实际上是我们自己掏钱建立起来的文化前沿据点。不过，我们创办孔子学院乃施教热情有余，而文化准备却不足。这个文化准备是什么呢？在推广孔子学院时应该认真思考、充分研究。我们现在的孔子学院实际上是在海外汉语教学的机构，但你仅仅教汉语并不会从深层次上打动孔子学院所在国家的老百姓，让他们认识、接受中国文化，因此还必须把语言的精神、灵魂之类的因素随着教授语言而讲出去。我们教汉语必须要注意表达中华文化的底蕴和精神性特征。孔子学院的文化象征符号是什么？“孔子”就是要突出儒家文化的蕴涵和传承，代表着中国人的生活方式和精神气质。我们现在讲建设共同的精神家园，假若我们中国人自己都说不清楚我们中国人的精神家园是什么，那在海外谈中国文化就会没有底气，说不到其独特和关键之处。所以，我觉得如何对待中国的传统文化，我们自己就有必要对之来一次重新认识，尤其是关注其宗教因素及基本构建。从文化战略角度来考虑，我们就没有必要一谈宗教而色变。对于传统中国宗教文化资源，一定要学会充分发掘、巧为运用。

（四）即使有些宗教文化是从外面“输入”的，它也是作为相关外来文化的载体而出现，让我们感受到外来文化的复杂影响。例如，现在世界上最大的宗教是基督教，基督教占全世界三分之一的人口，即共有二十二亿基督徒，相对应的世界人口是六十亿，基督徒人数要远远大于中国的人口，我们不能回避它的存在。当前大部分中国人对基督教文化的基本心态，一是害怕它发展，二是防范其扩张，故多少仍有“非我族类”的排拒反应。但害怕它发展并不管用，其实我们应该把害怕的心态变成平常心；同理，防范也不起作用，如果说它是渗透，那么则是全方位的渗透，我们可以把这种防范改变为引导它跟中国文化相结合，使其本土化、中国化。例如，犹太教在世界上是民族性最强的一种宗教，它在世界各地都没有被同化过，而且在许多地区它都曾遭受过迫害，不过它越被迫害就越是坚强，历经磨难而保持住其民族、宗教特点。但是犹太教在其历史传承中唯独在中国河南开封消失了。为什么呢？因为中国包容它的存在，对其民族、宗教特点持尊重之态。这样它反而产生了对于中国社会及文化的向心力和认同感，不知不觉地放松了警惕，与华人通婚、参加科举考试，而且在被中国文化“化掉”后它仍然还感谢你。以此为例，我认为对于外来的宗教文化也要有一个正常的心态。现在对于外来宗教的心态，我个人认为还不是很正常，这会影响到我们文化的建设。所以，中国传统就是“海纳百川、有容乃大”，今天我们就应该弘扬这种优良传统。

（五）如何处理、解决“宗教文化”在“全球化”与“本土化”之张力中的生存及发展的问题。宗教文化比较典型地体现出不同文化的对比、对照、竞争、融合之特征。今天我们已经看到中国社会的飞速发展，但是当前文化方面的发展并不一定占有明显优势。我觉得，要学会把宗教文化作为与我相关的潜在精神力量来参与我们当代软实力的构建。在这种软实力的构建中，要使宗教成为有利于社会硬实力发展的一种“巧实力”，而不要让它成为一种障碍或制约、不利于我们自己发展的软肋。这是我们谈到今天宗教文化时一定要关注的问题。

（六）在当代文化中如何看待宗教的作用。今天我们谈到宗教时，总是会谈到宗教在社会上的正功能和负功能。如果我们因为害怕它的负功能，所以就不敢弘扬它的正功能，这显然就是一个认知误区。今天大家谈了很多中国文化的恢复现象，像张艺谋在其艺术创作中就给人留下了典型的中国传统民俗的印象。但这种印象仍缺乏一些深度，我感觉它好像是形式大于内容，没有深沉感；虽然它的思想性很弱，但是它的观赏性却很强，这样会给人留下一种视觉美感，但是在这种视觉美感之后，对于其精神到底体现的是什么却仍然抓不准。现在，张艺谋在其新创作的作品中也开始尝试克服这一弱点，在追求一种思想和唯美意义上的深沉。因此，我们要看到中国现在文化中出现的一些真空，而且我们也要察觉在其文化真空中折射出一种信仰的危机。我们要抓住目前社会发展势头较好这样的机遇，把文化建设提到议事日程上面来，并认识到在这中间宗教文化是非常重要的因素。

世界文化的发展在不少地方都保持着“一体多元”的格局，但是在全球化的今天，“一体”在弱化，而“多元”则在强化。面对这样的一个发展趋势，我们今天对于宗教在社会的复兴一定要正确地看待、客观地分析。

作为总结的话，大概可以这么说：“在当代世界文化中，宗教文化在凸显，宗教文化与民族文化有着复杂交织，我们现在对宗教的认识主要是从讲政治的角度而认为它无小事，但是对宗教文化的核心、它的本质还是有些不了解，由于这种不了解，对其态度也是防范和抵制要大于对它更好的弘扬。”这是我个人的一种看法。从这个角度来讲，我觉得今后要作出相应的调整，要从全球视野、从中国未来文化发展的眼光来考虑中国文化在未来文化发展中的定位问题。

主持人：谢谢卓新平，讲了六个问题，六个问题就是一个问题，到底怎么认识宗教，很多外国人认为中国人没有宗教，好像从本性上来说世界上绝大多数人在心理人格上还是要有一个宗教空间的。我们中国人在这样的一种情况下会是一种什么样的宗教感？他的宗教情怀是一种什么状况，我觉得也是非常值得考虑的。

学者提问：我想请教卓教授，我觉得他刚才非常清晰描述宗教关于中国有关的情况。我是有一个想法，我们观察到在欧洲有一个很明显的趋势，就是在欧洲信教的人，特别年轻人大大减少，这个现象非常明显，而且就是在这几十年里非常的突出。所以在欧洲宗教很奇怪，为什么中国突然出现了本来它的传统是宗教色彩不是特别强，但是现在宗教却特别多的现象，这是一个常态的现象、还是暂时偶然的非常复杂的因素所产生的这么一个现象？

因为整个世界随着世界世俗化的进程总趋势是精神自由的价值观念占主导地位，虽然我们的想法是强调宗教自由，但是，在这么一个世俗化的趋势情况下，我们怎么去推进中国的宗教发展？而且还要在国际上推动中国的宗教?

卓新平: 西方的宗教以前基本上以基督教为主,但西方的基督教现在有着明显的衰落,所以基督徒的人数目前在南半球已经超过了北半球,在东边超过了在西边的信徒人数。当然,教会的保守已经对它的社会发展带来了危机,因而基督教作为社会精神支撑也有所调整。不过,基督教已经扩展到世界的很多地方,虽然在其传统大本营宗教已经有所衰落,却出现了西方不亮东方亮的趋势,这种现象使其对基督教的复兴仍抱有希望。

因为20世纪的“文化大革命”对人的精神压力太大,改革开放以后中国成为开放的社会,中国人的心态出现反弹,这种反弹必然会造成信仰、宗教的复兴。按照我们学术上的分析,在社会正常情况下,它热到一定程度时则会回归到常态,如果在这个过程中我们采取打压态势,它反而会越发展越激烈。针对这种情况,我认为一定要有远古大禹治水的那种引导方式、疏导方式,而不是简单地采取堵的方法。其实越堵越麻烦,后果不堪设想。

所以,从这个意义上讲,中国虽然出现宗教热,但是比例不是特别大,如果在正常的情况下它就会恢复平常之态,但如果对其采取压的态势,它就会在国内外得到更多的同情。因此,中国的宗教发展实际上还是有一个能不能走向常态的问题。我个人认为目前还没有真正进入常态,所以这中间仍充满变数,未来很难预测。

您的问题我只能回答这一半。总体来看,外来宗教对我们的影响已经很大,现在不少宗教都进了国门了。但是,中国的宗教同样对外国的影响也很大。我们在与一些海外华人接触时颇有些感慨。我们看到,有宗教信仰的这些老一代华人认祖归宗的思想非常强烈。一开始他们对你不熟悉,有意识地加以区分地说“你们中国”、“我们新加坡”等。但是一旦大家说得热闹,彼此认识之后,他们也会无意识地说出“我们中国”,现出其深层次的中华文化认同。不过,他们的认祖归宗之举在回到中国之后进行得并不顺利。他们在其祖籍家乡访问时反而会被作为另类,甚至被作为异己,遇到过不少麻烦,所以令他们感到百思不得其解。我去东南亚访问的时候,他们提出了很多问题希望让我们回答。我感到在我们今天中国文化建设中要学会充分利用海外华人的爱国之心和他们的宗教资源;如果在中国对其信仰排斥的时间太久，如果这种态势还会继续，显然其向心力就会减弱，而离心力则有可能增大。因此，我们要及时、巧妙地抓住这种向心力，从积极的意义上来构建文化中国，使中华文化在世界范围也能够可持续、有影响地发展。

从这个意义上讲，中国的文化重建还是有希望的，其中很大的因素是要以平常心来对待宗教的发展，而不是简单认为宗教一热就是不好的事情。

学者提问：因为我不是搞宗教的，但是我觉得如果我没记错的话，我们知道有全球化发展、世俗化发展，以为宗教徒会越来越少，但是从数字上来看宗教信徒在增加，所以这跟人们的印象是恰恰相反的。此外，宗教发展在欧美是不一样的，实际上美国从20世纪90年代末到21世纪初，它的宗教明显是在上升。您怎样看宗教发展的问题？

卓新平：我注意到刚才这位老师的说法，实际上，世界宗教重新热起来，是进入“后冷战”时期以来的发展。不少地区以往的政治权威消解了，与之相呼应地则是形成了一种体制外的宗教热，这种热主要是在原苏东地区和亚洲其他地区。在当代美国，宗教的复兴则与基督教福音派、灵恩派的重新活跃有着直接关联。

此外，西方许多地区也有一些新的宗教热。在20世纪六七十年代，西方著名的社会学家彼得·伯格曾经写过不少书专门谈宗教的“祛魅”，认为西方社会进入了“世俗化”时代；但他在上世纪末开始反省自己以前的看法，认为自己从前的判断有误，宗教在西方仍大有市场，于是后来他又写了宗教的“复魅”现象，修改了自己的观点。在现实中我们会看到，不同文化之间的交往往往会刺激文化的发展，并有可能形成新的宗教热。我们今天中国的宗教发展应该有一个很好的局面，但是我们引导不够，有所放任；尤其是我们以前对宗教的判断只有政治层面，这种情况也促使很多宗教的发展主要成为从政治方面的发展。宗教与政治的结合是双刃剑，做好了有利于我们社会，做不好则不利于我们社会。所以，我个人认为我们国家的宗教应该更多进入社会文化建设方面，这就可以回到刚才这位老师的讲话，就是说我们今天孔子学院的建设要更多地有儒释道方面的内容。对于这种内容，人家起码会抱着文化好奇心态来学习。现在我们在政治理念上所接受的就是西方的理论。在这方面我们并不强，真正强的还是中国传统中儒释道的思想。

学者提问：刚才咱们介绍宗教的老师提出了一个概念，就是几大文化圈的问题。我的问题还是想扣在今天会议的主题，在几大文化圈里中华文化圈在和其他几大文化圈发挥效果的时候作用是不一样的。我们这里讨论的重点，是想看到当前中国文化和西方文化或者中国文化和强势文化之间的关系。或者说，在努力推广中华文化的同时，在推广和建立中国的国家文化形象的同时，在推广我们精华文化的同时，我们对强势文化到底能产生什么样的影响？我们今天怎么估计在一番努力之后会达到什么样的成果？

我还想从另外一个层面想，从西方来讲，到今天为止，它们的真正精英阶层可能仍然有西方文化中心论的感觉。比如绘画，中国可能自己认为自己是很完美的体系，但拿到西方去看它们大师到底怎么看我们的绘画？他可能会觉得你是另一种认识的方式，一种表达方式，可能起一种锦上添花的作用，但他真的认为，你的东西具有跟他油画理论并驾齐驱的价值吗？

卓新平：在今天的世界文化圈中间，中国文化圈不是最强的，也不是最弱的。对于这个文化圈的发展和扩展，我个人认为要体现中国特色。现在我们跟西方大国拼硬实力仍然拼不过人家，而我们的文化在外面的影响也很弱很弱，远不如政治经济领域中的影响。其原因就在于对这一方面我们没有充分发掘。这种文化方面的交流我们应该去做，但是不能像政治那样张扬的去做，而要体现中国的传统文化之精髓；不是要用强势话语、以咄咄逼人的方式去做，我们只能采取以柔克刚的方式，要达到和风细雨、润物无声的效果。创办孔子学院在我个人看来是个很好的契机，但是要把它做实。而且，不仅仅是孔子学院，对于儒释道思想中能输出的部分，还是要以各种渠道来设法输出。

中国文化和西方文化有什么大的区别呢？西方文化是喜欢走偏激道路的，跟刚刚说的文化咄咄逼人有关联，比如其绘画艺术风格，近代西方油画几乎跟照片完全相似，逼真得没有想象的空间和发挥的余地；要么就如印象派等创作那样非常不像，你看不出来，发挥得离真实太远、不着边际。中国文化艺术则是表现在似与不似之间，留下了想象空间和发挥的余地。这就是中国文化的奥妙，而且对西方国家有种特别的魅力，我们要弘扬这个传统，这是可以做的。齐白石讲中国画的高明就在似与不似之间，他认为，太似则媚俗，不似则欺世。从绘画的角度我们能够看到中国文化的特点，这是世界其他国家没有或不太典型的，我们可以把这个输出去打动人家，让人家向咱们学习。

学者提问：另外，世界还有一种较大的宗教称为巴哈伊教，我们从中国文化上讲，这个宗教是不是对我们来说有很多积极意义？

卓新平：巴哈伊教的人数非常少，但是它的传播仅次于基督教，在230多个国家和地区有它的影响，伊斯兰教的传播还不到200个国家和地区。因此，巴哈伊教的发展潜力仍非常大。它在信仰上强调九教合一、世界大同，这是跟中国学的。中国传统民间宗教有主张三教合一、五教合一的。根据对其教义的理解，中国学者最初曾将其汉译为大同教。而且，巴哈伊教的教义中还有不反对政府的规定，所以许多国家都允许其进入其所辖区域。

学者提问：基督教在世界上有20多亿信徒，伊斯兰教有13亿穆斯林，这两个教过去的经验是冲突比较多，一个是中世纪的“东征”（十字军东征），一个是“圣战”，对其未来的趋势有没有可能预测一下？

另外，伊斯兰教除了对基督教之外，对其他像我们中华文化圈的关系今后会是什么趋势？是结合还是也会有冲突？

卓新平：就今天的国际形势来看，伊斯兰教和基督教的冲突根本不会消失，这一方面表现在其经济利益方面，西方社会发展对伊斯兰教的空间打压很厉害，尽管欧美国家在阿拉伯很多地方也有它的地盘。

另一方面，从现代发展来看，以色列在西方支持下得以建国发展，而实际上就是处在西方利益的第一线跟伊斯兰教形成冲突，它背后显然有着强大的基督教国家的支撑。西方与阿拉伯双方在宗教上也是有矛盾的，当然，在当代它们也采取了一些方法来争取缓和，并取得了一些暂时性的成效。在彼此较量中，现在伊斯兰教处于劣势，而在中世纪它在对付“十字军东征”时明显是占着上风的。但是，近代以来伊斯兰教国家在政治、经济、军事等方面渐渐处于下风，与西方拉下了较大距离。

从中国的情况来讲，以前态势比较平和，新疆“7·5”事件发生以后，大家会有些感慨，直接看到了一些矛盾冲突。像这次暴露出的某些维族和汉族之间的矛盾，甚至维族和回族的某些矛盾，如不加克服或缓和也会慢慢突出起来。因此，“维稳”任务对我们的文化建设也十分重要。在新疆，伊斯兰教对道教、佛教的冲突不会很大，但是现在汉族信基督教的人越来越多，这个矛盾现象慢慢在中国显示出来了。我们的相应对策和政策也应该跟上，以防范多元宗教冲突的现象发生。

学者提问：中国文化和伊斯兰文化的关系应如何处理，怎样看待？

卓新平：伊斯兰教在中国的适应和发展中曾趋于采取中国文化的方式，形成了其影响广远的中国化存在形式及发展；但现在一些中国穆斯林也有了对阿拉伯文化的认同和回归，从这个方面来讲它对整个汉族文化看似会形成一种潜在的挑战，但并没有形成所谓威胁，而这种挑战则提醒我们应加强文化求和的工作，中华民族本来就为多民族共构，拥有多元文化的因素反而能说明中华文化的广博和强大。

学者提问：我听咱们的专家讲世界文明圈被划分为八大文明圈，我认为除了这八大文明圈外还有一个地中海文化圈，我不知道这个大家能不能认同。因为我学阿拉伯语，我在西亚北非国家很多年，我体会到地中海沿岸，包括西班牙、南欧、意大利、法国南部、希腊等国家的文化好像跟北非很接近，同时从西班牙、希腊回来的同事谈他们的生活习惯跟西亚北非很接近。我们在西班牙的文化参赞最近跟我交流了一下，他说在西班牙老百姓的生活习惯跟阿拉伯也几乎完全一样。所以，我说到地中海文化圈的概念，看看我们专家能不能认同，是不是有这个文化圈的存在。

卓新平：地中海文化圈其实是在人类历史上最早形成的跨洲文化圈，这就是古罗马帝国时期建立的地跨亚洲、欧洲、非洲的文化圈，可惜东西罗马帝国分裂以后这个文化圈破裂了。古罗马曾经有一个口号叫“罗马即世界”（或者“罗马即地球”），所以这在欧洲的历史上是非常清楚的，毫无疑问的，由此形成了跨地区、跨国家甚至跨洲范围的帝国概念。

我们谈到帝国概念，在历史的追溯上可以看看西方人是怎样走过来的：最早是罗马帝国，古罗马后期也是以基督教为国教的；中世纪有神圣罗马帝国；后来还有希特勒在20世纪上半叶搞的第三帝国；俄罗斯也曾经在沙俄时期有第三帝国之说。这都是可以从古代地中海帝国追溯而来的。但是，我们谈八大文化圈是说古代有些文化圈已经消解了，没有延续下来，现在形成新的重构。刚才您谈的这些国度，要么被归为西方文化圈，要么被归为阿拉伯文化圈。您谈的这个对地中海沿岸地区的影响是从伊斯兰教形成以后开始扩张而来的，尤其是西班牙半岛被穆斯林占据好几百年，一直到15世纪以后西方才把穆斯林从西班牙半岛赶出去，当时他们有个词就称为“收复失地”，以纪念这一历史变化。穆斯林的政治力量自此在西班牙失去了，但是文化影响却保留下来。所以，你今天到西班牙仍会看到很多跟阿拉伯相似的东西，比如西班牙的舞蹈跟阿拉伯的舞蹈就非常相似。这样，古罗马帝国的影响通过间接的方式得以保留下来。

土耳其的文化非常复杂，东西罗马帝国分裂以后东罗马的大部分领土就在今天土耳其这个地方，甚至东罗马的首都君士坦丁堡也作为土耳其的名城伊斯坦布尔得以完好保存。随着奥斯曼帝国的垮台，土耳其形成了非常复杂的社会文化心态，在现代又对自己究竟是欧洲国家还是亚洲国家举棋不定，非常矛盾。现在西方处于政治方面的考虑把它拉过去加入了北约，但是在经济、社会、文化方面西方对与土耳其结盟却很消极，想把它排斥在外，因而使土耳其加入欧盟的过程漫长、艰难，不易成功。这个发展也是地中海帝国影响到今天的延续，留下了复杂的文化遗产和问题。从这个意义上讲，地中海文化圈确实有过，而且曾经非常辉煌，但是今天它是支离破碎的，已不再可能作为一个文化圈来理解。

学者提问：八大文明圈的概念更多是着重于历史传统，而我们所说的世界文化现状从时间段来看最多可以上溯到几十年，但文明圈的历史却比这长得多。所以，八大文明圈作为我们探讨世界文化现状与趋势的背景是可以这样来理解的，但是肯定不能用八大文明圈的概念来涵盖当今复杂多样的世界文明，将之直接等同于文化现状。

卓新平：因为有好几个人说到八大文化圈问题，所以，我想说明这不是我的理论，而是出自亨廷顿。对于其文明圈或文化板块理论，我们不要简单照搬，而是对其思路有所了解，其理论界说对我们而言则仅供参考。

主持人：请与会专家对世界文化的趋势、当前世界文化现状作出一个评价、概括，比如你说我个人认为这个世界的文化现在有哪几个特点，你就给出两三句话，或者给出几个关键词则可；而通过这几个短语、词组，我们就可以把握世界文化发展大的、主要的趋势。

卓新平：我想谈的关键词是：多元文化态势中西方文化仍呈强势，中国文化走向世界正逢机遇，但准备不足；或者说，中国文化走向世界应抓住机遇、充分准备。中国文化现在有识本、正本、固本、强本的问题，也正面临着中国文化的自知、自觉、自信、自强方面的重建。我们的文化思想特征一定要是传统的，是我们自己中国特色的，而不能是西方的、外来的。因为现在我们面临的问题是有三大“学”的博弈，一个是“国学”，一个是“马学”，一个是“神学”，那么三“学”现在究竟在中国的处境中谁强谁弱仍不好说。“马学”和“神学”虽然截然对立，按其本源却同属“西学”。从文化战略的角度来考虑，我们在认识中国文化和输出中国文化当中，一定要突出中国“国学”、“中国文化”这一块。在国内我们可以用马克思主义指导我们的发展，但是对外文化宣传则一定要输出我们中国传统的、本真的文化。这个是非常重要的。

刚才有一个朋友谈到利用网络很重要，那么坐在你的电脑前面你就可以告诉全世界你的想法等，你也能知道全世界的事情；对此，我建议哲学所应有一个网络文化哲学建设的思考。这是非常重要的，因为网络世界的出现对我们这个领域的研究形成了非常有意思的现象，它虚虚实实、真真假假，二者交织，很难彻底区分。现在有两个虚拟世界，宗教是虚拟世界，网络也是虚拟世界，两个虚拟世界都有非常强大的影响。我们面对的网络世界给我们带来了信息高速公路，但人们为防范“黑毒”、“黄毒”等而又给信息高速公路安了红绿灯，想对之加以规范、管制；但这种高速通道仍会有不少或明或暗的拐点、出口，躲过所设关卡，让各种信息流动、畅通。看到网络世界的潜力和网络文化的意义，我们也一定要在网络文化上对中国文化的“走出去”大做文章、积极作为。

十七　马克思主义宗教观是世界宗教所立所之本

——2010年与《中国社会科学报》记者座谈

记者：近年来，世界宗教研究所在宗教研究方面有何特色，取得了哪些成果，在学界引起了怎样的反响？

卓新平：世界宗教研究所在宗教学的综合研究力量方面走在全国前列，我们的研究有以下几个方面的特色。首先，重视马克思主义宗教观研究，承担了国家社科基金、中央统战部、中宣部委托中央编译局等部委的相关课题；此外，召开了马克思主义宗教观的学术研讨会，汇集本领域研究学者，进行学术座谈，并出版论文集。目前，我们还准备组建马克思主义宗教观研究室。其中包括科学无神论研究，计划梳理古今中外历史上在学术层面对无神论阐述，并从欧洲无神论的发展和宗教评判理论方面进行探讨。其二，在研究内容上，重视原典研究并取得一系列研究成果。编辑出版了《马克思主义研究论丛　宗教观研究》，完成了中央编译局委托的马克思主义基本理论研究的三个研究报告，得到了相关部门的肯定；其中《论丛》受到国际宗教学界的关注，引起较大反响，有国外研究机构曾要求将论丛翻译为外文。其三，系统梳理和研究中国宗教学方面取得突出成就。出版了由我责编的《20世纪中国学术大典宗教卷》，最近由我主编的《20世纪中国社会科学·宗教学卷》对20世纪中国宗教学进行了系统回顾、总结和梳理。近期，我们将召开学术会议，庆祝中国宗教学成立30周年。

在相关学术领域，也取得了一定成绩。其一，在系统全面的调研方面取得突出成绩。尤其重视宗教现状的调查研究，曾深入福建、浙江等地进行民间信仰的调研，形成的意见对中央的决策起到了重要参考作用。去年开始在相关部委的委托和中央领导的直接关注下，我们进行了三省两市宗教状况调研，并与国家统计局等有关部门合作，力求科学性、权威性、前沿性。其二，相关分支学科研究取得良好成绩，佛教研究方面，由我所主持的课题世界佛教通史进展顺利，将跨越整个佛教发展史，对全世界佛教的发展做全方位的审视，在佛教全球发展研究中起到了重要的整合引领作用。基督教当代理论和发展研究方面，相关课题已经完成，并出版了六卷书。对基督教在各领域、不同教派的不同思想、在世界的分布都进行了系统研究，是当代基督教研究最系统、最全面的成果，也是对世界基督教发展的态势的总结和前瞻。其三，重视当代宗教问题的研究。去年起每年召开当代宗教论坛，根据论坛推出的宗教蓝皮书引起很大的社会反响。其四，在新学科增长点上作了有益探讨，比如宗教人类学研究方面，我们既坚持理论与实践结合，又结合田野调查和理论追溯，既研究中国宗教问题又译介国际相关宗教学著作，使这一学科得到快速发展。其五，主持出版国内权威宗教学工具书和普及著作，包括中国五大宗教的系统丛书。这虽然不是学术前沿，但可以帮助社会了解宗教是什么，在宗教普及方面作出了应有的贡献。

记者：在学科建设、课题制度改革方面，宗教所有哪些规划？将重点扶持哪些学科发展？

卓新平：宗教学是一门新兴学科，在中国的历史不到百年，方兴未艾，需要建设的东西很多，我们主要从两个方面进行建设。第一，继续系统深入研究大宗教，这是我们的强项，今后要巩固。第二，宗教学本身有其学科体系，世界宗教所这方面的构建需要加强。宗教学中有宗教史学、比较宗教学、宗教心理学、宗教社会学、宗教人类学、宗教哲学、宗教生态学、宗教文化学、宗教语言学、宗教政治学、宗教经济学等，将来我们将投入更大的力量进行学科体系建设。如果说学科是面上的考虑那么课题就是点上的研究，有点有面的研究才能活起来。我们在课题设置上主要从两方面考虑，一要有问题意识，要对那些有紧迫性、重要性、当下性的问题进行研究，加强与现实的结合。二是基础研究方面，希望世界宗教研究所在学科建设和宗教研究方面能继续起到引领和指导作用，在这方面我们需要进行相关改革。我们的努力方向是基本理论学科构建方面在中国能够继续起引领作用，在世界上有发言权；在重大问题上有自己的发言权，有自己的见解并引起方方面面的关注。

现在重点扶持的学科首先是道教研究，我认为，“道”是中国宗教的核心观念，研究道教，要有大道教意识，要关注与道教相关的传统宗教。儒释道三家在历史沿革中都涉及“道”的观念，民间信仰与道教既区别又结合，在大道教的研究中都可以进行涵括。中国人必须有自己的传统，研究自己的宗教，因此道教是我们重点发展和扶持的学科。第二，儒教研究。中国到底有没有儒教，儒家、儒学到底有没有宗教因素，国内学界争论不休。这涉及对中国宗教历史的评价、对中国宗教性的认识和中国社会结构的了解，这些都必须回答儒教是不是宗教，是什么样的宗教这个问题。因此我们把儒教研究作为扶持重点，对这一问题从不同方面进行系统梳理，从资料搜集、田野调查到哲学上的提炼都有基本考量，并从社会基层，社会结构方面另辟蹊径，对儒家的宗教性做新的探讨。第三，当代宗教研究。目前处于转型期，社会多变多动，当代问题很重要。此外，我们注重弹性扶持，以三个研究室为重点，在课题和会议上对所有研究室给予扶持。

记者：您 2001 年当选为中国宗教学会会长。能否谈谈我国宗教学在世界宗教学中的地位和作用，如何通过宗教学研究提升我国在国际学术界的话语权？

卓新平：2001 年我担任中国宗教学会会长一职后，致力于与大学结合，定期举行学术研讨会，也进行工作交流，争取使宗教学会在全国宗教学界起统领作用。但要在国际上争取发言权有些困难，受到资金、社会政治体制、意识形态方面的影响。比如，中国宗教学会是国际宗教史学会的正式成员，2005 年，在日本国际宗教史学会上，当时参会的有一中一台，我们据理力争，付出艰辛的努力，维护了国家利益。目前世界宗教所在国际上有一定影响力，我们的一些研究成果和专著受到国外许多研究机构的关注和重视，被引用和转载的文章很多，有些研究成果甚至被要求翻译成外文，我也多次受邀参加国外重要的学术会议，其中有些发言引起很大反响。我曾担任两届国际哲学人文科学理事会副主席，这一职位从汝信开始一直由我院学者担任，这是联合国教科文组织下属的学术机构，统领不同学科的学会。要研究世界宗教，就要加强国际交流和学术交往，学者必须走出去，让世界听到我们的声音，研讨会要请进来，要与国际学术机构合作，让国际学界了解中国宗教学。

中国宗教学最大特点是由一批人文哲学领域没有宗教信仰的学者进行宗教研究。世界上绝大部分宗教研究者都有宗教信仰背景，中国在这方面可谓一枝独秀，虽然也招致一些批评，但我始终强调客观科学的宗教学研究，包括神学研究，我们要开展学术神学的研究，将神学追溯到柏拉图时代，我们要做的是对神、神圣问题的探讨和寻找，而不是以一种信仰为前提，在信仰之下做诠释和教义的梳理。除此之外，还要有问题意识，在调查研究的基础上，既深入进去又走出来，进行入其内又出乎其外的研究。

宗教与民族有密切联系，研究宗教也要促进发挥宗教中的积极因素，促进民族团结。构建和谐社会要调动各方面积极因素，首先要了解认识，在此基础上才能求同存异。

记者：近日，中国社会科学院专门召开管理强院所局级领导干部研讨会，请您谈谈对管理强院的看法，宗教所在落实管理强院方面采取怎样的措施？宗教所在青年人才培养方面将推出哪些举措？

卓新平：管理强院是我院今年的一件大事，事关我院发展大局，社会科学研究的管理涉及对学者学问和人的管理，在实际管理中常常遇到意想不到的问题，稍不注意就会出现意想不到的差错。这就需要科学管理，我们在贯彻落实院管理强院的相关政策基础上，要结合本所实际，将管理管到实处，促进我所科研事业发展。

青年培养方面，我们所已基本完成了老一代向青年一代的过渡，我在世界宗教所当了 11 年的所长，所务管理包括敬老和扶青，应该说敬老的任务基本完成，但扶青具有很大挑战性，任重道远，由于条件有限，无法引进很拔尖的青年，我感到压力很大。应对这方面的挑战，需要院里出台更多扶持青年的举措，进一步改善生活和工作条件，解决他们的后顾之忧；另外一方面要让我们的年轻人在中国社会科学院的环境下尽早成长成才，有所作为，能独当一面，敢担当。社会科学的研究对象是人，但其研究者本身就是人，关注社会科学发展，以人为本，要落实到关心年轻人上面。

（资料链接：卓新平，现任中国社会科学院世界宗教研究所所长、基督教研究中心主任、研究员、博士生导师，中国宗教学会会长，2008 年当选为十一届全国人大常务委员会委员、民族委员会委员。他是第一批中国社会科学院培养的研究生，也是国内第一批宗教学研究生，是在国外系统学习宗教学并获宗教哲学博士学位的第一人。30 年来卓新平一直坚持宗教学研究，主要研究领域是基督教，其论文和著作常常被引用、转引或翻译，在国际上有一定影响力和发言权，对周边国家也有一定影响，常常受邀参加欧美宗教学相关学术会议。2008 年美国召开了宗教与法制会议，邀请了两位主题发言人，卓新平作为第一主题发言人，其发言引起很大反响和关注，为中国宗教学发展和走向世界方面作出了杰出贡献。代表著作有《宗教起源纵横谈》、《宗教与文化》、《尼布尔》、《世界宗教与宗教学》、《当代西方新教神学》、《当代西方天主教神学》、《宗教理解》、《基督宗教论》、《基督宗教研究》、《圣经鉴赏》等。——本报记者　周悦）

十八　关于“人类‘宗教共同体’”的对话

——2010 年年初与安伦的座谈

卓新平： 今天是虎年的正月十四，明天十五过后新年节庆就基本上结束了。非常高兴能有机会在新年节庆时期跟安先生进行交流。我想我们今天就围绕着“人类‘宗教共同体’”的话题以漫谈的形式进行对话。

我拜读了安先生的《理性信仰之道》这部著作，应该说收益非常之大。总体印象就是您对宗教和人类的发展有极为乐观的审视，这是非常难能可贵的，因为现在人们谈论起宗教的时候，尤其是在中国这个社会文化氛围中，一般来讲，从相对悲观和低调的口吻来谈的比较多，乐观和积极的探讨刚刚开始有一些，但还是凤毛麟角。所以，我看到安先生这部著作有这样一种精神，应该说很受感染。当然，从您的字里行间可以看出，一方面呢，是充满对未来发展的乐观的憧憬，但另一方面，我也感觉到可能浪漫主义色彩要大于现实主义色彩。当然，首先要有浪漫主义的精神，随后才能促成现实方面的实现。从这个意义上来讲，我个人是应该向您学习的。但是，如果要真正实现这样一个在您书中所说的宗教发展的愿景的话，我觉得难度还是非常之大，现在最多是处于一个起步的阶段，要涉及的问题很多，要解决的问题也很多。

您的文章我拜读之后，我感觉跟以往的相关印象有非常大的反差。就是说，在分析中国的宗教状况的时候，一般来讲很多中国的知识分子，包括今天社会上的很多人会认为，中华民族不是一个宗教情感很强的民族，中国的宗教意识也不像其他国家那么凸显，中国从来就没有类似于国教这样的大一统的宗教。从这个意义上讲，一般人会认为中国离宗教更远，但是您的书中反而认为这有利于“宗教共同体”的构建。我对这个思路蛮感兴趣，这是很新奇的思路，给人一种柳暗花明的感觉。您也分析了一些有关理由，我想如果顺着这个思路探讨的话，可能要从几个层面来进行具体的分析和研究。第一个层面，对于宗教究竟是什么要有一个共识。尤其是在中国的文化思想语境中，对于宗教究竟是什么分歧是非常之大的，到今天还在争论不休。没有在宗教认知上获得一种相对的共识，那么“宗教共同体”的构建就缺乏理论的支撑。

再一个就是对于宗教所涉及的基本问题，比如对人的问题：人是什么，人为什么存在，人从何而来，往何而去。还有对宇宙的认知，宇宙是什么，宇宙存在的意义何在，宗教信仰的意义何在，用您的话说就是“终极神圣”在宇宙观中的表述，超越宇宙之外还有什么存在，宇宙是精神还是物质的、是分离的还是统一的、是一元的还是二元的。再就是宗教意义的问题，包括人自身的意义，世界的意义，宗教存在的意义，都应加以探讨。

最后是在中国被人们所非常强调的，而恰恰在这个层面上的分歧也是非常大的，即宗教的社会作用和社会功能是什么，如何评价它的社会存在，宗教处于一个什么社会位置。如果我们要构建一个“宗教共同体”的话，首先要对这些问题进行探讨和梳理。我非常想听听安先生的一些基本思考，这之后我们可以再讨论“宗教共同体”的可行性和具体如何操作的问题。这可以算是谈话的一个引子吧，让我们把具体的问题和涉及的层面都摆出来，再加以探讨。

安伦：卓所长的研究所是国内宗教学界的最高权威，非常高兴有机会与您就全球化的宗教和共同体问题对话交流，聆听您的高见。

关于宗教的认识问题和“宗教共同体”我作了很多年的独立阅读和思考。您提到的我的那本书是在 2007 年到 2008 年间写成的，辗转到 2009 年初先在美国出版，后半年又在中国出版。因为我不是宗教学科班出身，在这本书出版之前，对宗教的研究完全靠自己阅读和思考，独立于传统宗教学系统之外。这样的坏处是缺乏与学界的直接交流，好处是没有受传统思维框架的束缚影响。有趣的是，我最近不止一次仔细拜读了您的《全球化的宗教与当代中国》一书，发现您书中的大部分关于宗教问题的观点都与我独立研究体悟出的观点一致或接近，只不过您的分析论证更加深入透彻，更加广泛全面，读来让人深受启发。您书中的观点90%以上我不仅完全接受，并且有由衷的共鸣。我的看法是，您的许多分析和论证如果再往前稍微引申发展，势必走向“宗教共同体”的理念。例如，您书中多次论及普世宗教的建立、宗教多元通和、和合共生，对约翰·希克多元论的认同，中华文明的佛道儒三教合一传统等等。因此，与您的直接沟通对话非常有意义。

您刚才讲到要构建“宗教共同体”，首先应当厘清对于宗教及其相关的基本问题的认识，我非常赞同。您书中讲到必须先解决对宗教怎么看的问题，然后才能解决好对宗教怎么办的问题，这可以说是至理名言。怎么看的问题在当今中国处于比较混乱的状态。改革开放以前宗教在中国被当作一种敌对势力，是被妖魔化和边缘化的，特别是在“文化大革命”时期是被消灭的对象。虽然改革开放以来宗教逐渐恢复起来，但人们对宗教的认识正在经历一个过渡转变的混乱阶段。在这个阶段，视宗教为敌的惯性思维与宗教是社会和谐力量的新观点鱼龙混杂，复兴中华文明的呼声与新文化运动以来对中华传统文明全盘否定的态度清浊交汇，宗教在民间的蓬勃发展与中国无宗教论相映成趣。由于宗教在我国仍旧沿袭了边缘化的地位，关于宗教话题的研究和发表都非常敏感，社会关注度很低，学界和整个社会都缺乏针对宗教社会问题从全球化高度跨宗教跨学科的深入研究，造成社会对宗教，特别是中国宗教的许多重大问题都处于概念混乱、认识不清的状况。这些在您的书中有深入透彻的分析。只有经过深入探讨和论证，解决对宗教怎么看的问题，才能看清“宗教共同体”究竟仅仅是一种理想还是一种历史趋势。所以，我们的对话从讨论对宗教怎么看开始是一个很好的开端。

卓新平：对于怎么看待宗教，实际上有两个基本的看法，由此形成了很大的反差和分歧。比如说，谈到宗教，西方宗教学者如伊利亚德等很多学者都认为宗教是“人类学的常数”。宗教与人的基本属性、人的社会特点有密切的关联。就是说，只要有人就必然有宗教，宗教是人类生活发展的一种“常态”。这是国际宗教学术界比较有共识的看法。但国内一些学者对这一表述持保留意见，认为宗教并不能涵括人类所有人群，也不是在人类所有发展阶段都存在。因此，对宗教与人类的关系，值得深入研究、全面考量，作出客观、准确的分析。

安伦：我非常赞同这种观点。我写那本书的时候还没有读过伊利亚德，也没有听说过国际学界的这种共识，但我书中的观点是，宗教是人类社会无时不在、无处不在的存在，既不能被消灭，也没有任何办法令其不存在。这似乎并不仅仅是一种巧合。我认为，中国宗教信仰缺失的状况只是人类常态当中的一个例外，而且是人为的例外，是由于“文化大革命”等一系列运动人为造成的。但既然是人为造成的例外，当人为因素减弱之后，必然会走向回归，重新恢复到人类的正常本能状态。现在能看到一种趋势，就是改革开放以后，原来已经被彻底消灭的宗教不仅死灰复燃，而且发展的势头相当强，可以说方兴未艾。如果不能树立对宗教的正确认识，如果没有妥善的方法应对宗教的快速发展，宗教问题就会越来越严重，政治和社会就会非常被动。

卓新平：这是您对中国宗教问题的理解和分析，其实这方面的问题还是很大的。中国社会舆论中既有把宗教视为“常态”的看法，也有将宗教看作“问题”的见解。前一个方面的看法基本是国际上的共识，而后一个方面的见解则主要是中国的特点。中国到今天为止尚未完全赞成国际上这种几乎已成为共识的说法，并不把宗教看作“人类学的常数”。在中国社会上比较有影响的观点是，宗教是在历史过程中产生，也会在历史过程中消亡，宗教并不一定必然跟某个民族、某种文化的发展紧密地联系在一起。这种观点在20世纪初的中国思想界就有，如梁启超、蔡元培等人在“新文化”运动开始的时候对中国传统宗教和外国宗教都抱有相对否定的态度，这种态度影响到中国社会，尤其是中国社会的知识群体对宗教的认知。如果能把宗教作为一种“常态”来看，就不会出现大惊小怪、对宗教发展表示担忧，就会顺其自然。现在不是这样，许多人把宗教的发展看作社会中不太理想、甚至不太正常的趋势，顺着这个思路就不会对宗教的发展持认可认同的态度。这一点从今天社会上对宗教的相关认知和举措方面可以看得很清楚。

中国对宗教的认知问题是没有根本解决的，尤其是中国很多知识分子强调中国社会文化的“非宗教性”。一般在文化和宗教的关系上，很多宗教学的学者都认为它们之间密切关联，而很多其他学者却认为宗教不一定是文化中的必不可少的重要组成部分，不一定是其理想的、应该积极推动的构建。只是到十七大后胡锦涛总书记最近的有些发言，才开始正面肯定宗教对推动社会发展的积极作用，承认宗教教义中有积极因素，以前对之基本上不是否定就是持怀疑的态度。因此我们在宗教认知上还有很大的反差，这种反差直接或间接影响到今天中国宗教的发展及其未来走向。这是一个我们必须面对的现实问题，在中国的宗教理解上这个问题绕不过去。

今天我们应当从深层次反思，中华民族究竟是否有世界上其他民族所具有的体现“人类学常数”的宗教性，中国文化、尤其是传统文化中宗教的比重、宗教的含量究竟有多少，中华民族对宗教的认知和体悟跟世界其他民族有哪些相同和哪些不同，这些问题都还没有得到系统的说明和解决。所以，我们从今天中国的宗教理解来看，包括您说的那些观念和我书中所说的一些观点，应该说仍然属于极少数人的观点。这样就与国际文化背景中的宗教认知显然有一个强大的反差，这就是您书中或我书中提到的境外动不动就会用宗教的问题来指责和批评我们的原因及相关环境。显然，这里涉及一个不同的对宗教认知和对宗教评价的语境问题。所以，我觉得首先需要解决这个语境问题。如果没有一个共同的语境，那么“宗教共同体”的构建可能就会比较虚，很难形成一个大家共同努力的氛围。在这方面因为分歧太大，所以我不知道应该如何去推动今天的中国社会公众、尤其是知识阶层达成共识，特别是我们的主流意识形态在宗教认知方面应该有怎样的积极拓展，但这种共识和拓展是非常重要的。

其实，正如在我这本书上讲到的，在信仰问题上，很多中国人强调我们中华民族是有信仰的，但一些人认为这不一定是宗教信仰，而是有其他的信仰。这样的话就提供了在认识和理解信仰上一个新的思路。从另一个角度来讲，很多人把信仰单一化，故而认为宗教信仰势必会跟其他信仰比如政治信仰等相矛盾、相冲突。那么，在这种情况下，如果有国外背景的宗教在中国传播，其传播过程中就会有宗教渗透、意识形态方面的张力等问题。对这些问题归根结底地都涉及宗教的基本认知，我们还没有解决这类问题。

我们具体来看今天中国的社会发展，应该说，改革开放三十年，对宗教在社会宽容度方面已经有了很大的进步，但是在宗教认知方面，并没有发生质的突破。从积极意义上谈宗教的本质，这只是我们学术圈子中谈到的共识，而且仅仅是少部分知识分子的共识，在中国社会中还没有达成共识。能否达成共识呢，现在仍然还是一个问号。所以，我个人觉得要有两个方面的努力，一个是在宗教本身建设性的发展方面，其发展成效能使今天的中国社会产生什么样的宗教形象，这可能会影响到中国人对宗教在中国这个社会环境中存在的认知；另一个就是社会对宗教究竟应该持一个什么样的更为理想、更加宽容的态度，使宗教有一个正常的、公平的社会生存环境。从这两个方面来看，我个人认为目前都还存在不少的问题。

安伦：您讲到学界从民国初年开始由于梁启超、蔡元培等著名学者和新文化运动的影响产生了认为中国人没有宗教信仰，中国人缺乏宗教意识和情感，中国人在宗教信仰上是人类常态的例外这样的认识，并且这种认识在很大程度上今天仍然主导影响着现代中国社会对宗教的认识。我个人认为这是一种偏颇和浮浅的认识，立足于对中国传统文明和宗教的错误认识和定性。从中国传统来讲，儒道佛是宗教是上千年来中国社会始终的共识。传统中华文明说到底就是儒道佛“宗教共同体”文明。如果作为中华文明主干的儒道佛是宗教，那么两千年来普遍信仰这些宗教的中华民族就毫无疑问是有信仰的民族，与世界所有其他民族相同。儒道佛是宗教不仅是我们先人的共识，而且是现代国际宗教学界的普遍共识。我注意到国内一些近代著名学者如任继愈等也反复论证了儒道佛是宗教的观点，只是由于宗教的边缘化处境，这一观点还没有被学界和社会广泛关注和接受。中国人不能没有自己的根和魂，如果能够让整个社会认清儒道佛就是传统中华文明，就是宗教，就是中国人的根和魂，对宗教怎么看和怎么办的问题就不难解决了。

中国非宗教论认识误区的产生起因于清末民初知识分子对民族危机、社会动荡的过度反应。当时在西方列强“鸦片战争”和八国联军等多次强权冲击下，国破家亡，知识分子受到强烈震惊而惊慌失措，产生了西方一切都好，中国传统文明一切都是糟粕的过激偏颇思潮。这原本也是一种本能反应，但后果是造成了新文化运动对传统中华文明的全盘否定、妄自菲薄和自我文明虚无。中国没有宗教的论调，就是在这种畏洋崇洋背景下潜意识把西方宗教如基督教等看作宗教的唯一形式，并据此狭隘定义了宗教之后造成的。如果这种狭隘定义成立，不仅儒道佛不是宗教，就连印度教等世界主要宗教也不是宗教，世界上可以称为宗教的寥寥无几。这就好像仅以白种人的特征制定人的定义标准，然后拿这套定义标准去衡量不符合这套定义的其他人种，结论是其他人种都不是人。中国的传统文明中是有糟粕，是有保守和需要突破的地方，但它富含博大精深的文明精华，不能全盘否定。“新文化”运动否定的不仅是宗教，而且是整个传统中华文明。至于说传统中国文化与宗教的关系，其实传统中华文明主要就是儒道佛宗教文明，中国宗教和中华文明本来就是一体的，中国传统文化本质上就是儒道佛宗教文化。中华民族现在已经到了正本清源，寻根追魂，重新认识和复兴中华文明的时代了。

造成对宗教认识误区的另一个原因是，提出这一观点的学者，如梁启超、蔡元培等人，都不是专业研究宗教的，对宗教了解很少。中国人有一种迷信的倾向：某人一旦成为著名学者权威，就会被认为无所不知，是一切学术专业的权威。梁启超等人不从事宗教研究，不可能对宗教有深入的了解，对于他们并不真正了解的宗教轻率地作出错误的定义结论，却由于他们在学界重大的影响力造成后来的学者、尤其是不懂宗教的知识分子跟着这样的思路走下去。这些思潮后来又受到无神论和视宗教为敌态度的强化，就形成了现代宗教认识的误区。说穿了，这种宗教认识偏差的基础是对宗教的无知。没有对宗教到底是什么，宗教与人类存在的关系，宗教有什么社会功能等问题作出深入透彻的研究认识，只是凭乱世中形成的对宗教浅薄混乱的认识去处理宗教问题，效果一定是南辕北辙。

宗教是人对宇宙、自然和超自然的探索体悟和敬畏，并不一定要限于某一种认识体悟、某一种崇拜形式或某一种组织形式才是宗教。宗教不应是迷信，而应是智慧感悟。所以很难把宗教与哲学思想等对自然和超自然的探索认知截然区分开来。事实上，人类早期的哲学和科学都是包含在宗教中的。如果我们认真研究各大宗教的原始教义创始人如孔子、老子、释迦牟尼，很难分清他们的学说到底是哲学思想智慧还是宗教教义。所以，我认为宗教的定义应该宽泛到足以容纳现实世界中存在的各种不同形式的宗教现象和对自然和超自然的探索感悟，才能避免认识的误区和盲区，才能避免很多无谓的争论。这样看来，关于儒是家还是教，道是家还是教，佛是宗教还是哲学等争论都是立足于对宗教的狭隘定义上的，从孔子、老子和释迦牟尼的角度来看都应当是伪命题。如果能够恰如其分地定义宗教，那么中国不仅有宗教，而且宗教是有史以来一直主导中国人意识形态的存在，只不过与西方宗教的形式和认识面不同。中华民族事实上完全符合“宗教是人类学常数”的理论，而绝不是人类的唯一例外。中国人普遍的宗教本能还可以从改革开放以来宗教死灰复燃、迅猛发展的现状和势头中观察到。如果中国人传统就没有宗教，没有宗教的本能、意识和情感，根本不需要宗教，那么怎样解释宗教在仍处于社会边缘化状况下还能有这么迅猛的自然发展！

您刚才讲到当代中国人的信仰观，汉语里的“信仰”是一个很有意思的词，既有“信”，还有“仰”。被信仰的对象必须具有超越性和神圣性才值得以敬畏仰望的态度去相信，而具有神圣性和超越性的只有神或超自然，因此“信仰”应该是宗教的专门用语。世俗的事物，如某个人、某种思想、某种主义、某种事物、某种文化都不具有神圣性和超越性，“信仰”这些世俗事物是对信仰这个词的误用或滥用。对于世俗事物，“相信”、“信念”或者“坚信”可能才是适当的用词。信仰这个词从“新文化”运动以来在中国社会中长期被错误运用，造成了宗教和世俗事物的概念混淆，维持了社会对宗教的错误认识，还造成了很多实质性的危害。例如，对人的信仰造成了把人当成神的个人崇拜和狂热，对思想或主义的信仰造成了把思想或主义当成宗教，对财富的信仰造成了寡廉鲜耻的拜金主义等等。经验证明，凡是把世俗事物当成信仰对象的很少不给社会带来严重的负面后果。因此，要树立对宗教的正确认识，重要的一环是端正对“信仰”的认识和运用，分清神圣和世俗。

至于宗教是人类社会的阶段性现象，会随着人类认识提高而消亡的观点，不仅被当代国际学界普遍否定，而且被人类迄今为止的所有历史否定。连前总书记江泽民同志都认识到宗教长期存在的必然，认为宗教的生命力将会长于政党和国家。

卓新平：这就涉及对宗教意义的认知问题，其实它是两个层面的。在中国社会上有些人，包括您刚才提到的一些思想家从许多宗教现象中看到了一种“泛宗教化”的趋势。而另一方面，我们刚才讲到对于梁启超、蔡元培等人的批评，则认为他们的态度是一种“非宗教化”或者“去宗教化”的趋势。在20世纪初的中国知识分子中有蔡元培“以美育代宗教”、梁漱溟“以道德代宗教”和冯友兰“以哲学代宗教”等“非宗教”或“去宗教”的主张。这二者之间有很大的张力，这种张力在中国今天的社会还没有根本解决，就是说宗教的意义问题还没有解决。对此学术界应该是当仁不让地做很多工作，能够尽量达成一种相对的共识；但任务很艰巨。

再一个就涉及宗教理解当中最为核心的问题，就是对神圣的理解问题。您知道中国现在关于有神无神的争论是非常尖锐的，这也是非常关键而且绕不过去的一个问题。那么对于神圣的理解，您刚才谈到了，就是在意识上把包括相对的事物或具体的人理解为一种神灵来崇拜，因此出现一些错误。那么，有没有一种超越具体的事物、具体的宗教领袖或者其他一些具有“超凡魅力”（CHARISMA）的人、“终极神圣”或“终极实在”，这个也是我们在理论探讨上有分歧的。这个分歧实际上就是关于有神和无神的争论。您刚才所说的，很多命题是假命题，其实在有神无神的争论的时候也出现了很多假命题，就是因为没有解决争论中的核心问题。所谈的这个“神”究竟是有还是无，核心在于对“神”是怎么理解的，双方使用此词之所指究竟是什么。在这个方面如果不展开一些沟通和对话的话，去讨论其“有”或者“无”就是假命题，就可能各说各话，谈的根本就不是同一回事。现在恰恰是在理解“神”之所指的内涵、语义这样的对话方面没有很多开展或进展，而是在论战层面满足于“有”或者“无”的争议、冲突，甚至主要是意识形态、价值论上的冲突。其实，在论述“神”之存在上，涉及多个方面的理解，如亚里士多德关于“形而上”之“道”的有无问题，如果有此“道”即关涉“道”是否独立存在、其“形之上”与“形之下”的“器”有何种关系以及“道”有无“人格性”即“主体性”的问题。就是对于如中国宗教传统中的“多神”或“人格神”的“超自然”、“超人间”性也不能过于简单地理解，如中国民间的“关公”崇拜就包含有对“忠义”等价值观念的升华、“神化”，其虽为人格形象，却有超人格的寓意，而对其崇敬也不只是“功利”性的，乃有着更为理想、更加崇高的蕴涵。

这个问题从宗教哲学意义上来讲是值得探讨的。这种探讨其实在西方宗教学发展过程中也有过，比如您谈到的希克，他对“终极实在”或“终极神圣”有一种超越性的理解，不同的文化、不同的宗教对这个“终极实在”或“终极神圣”的理解和解释上就有它的文化传统，有它的语言，有它的认知模式，以此来将之称为上帝、神、安拉、梵、道等互不相同的“神名”，其所形成的这些理解或解释都是相对的，但是各自的共同目标是朝向其所认为存在的“终极实在”或“终极神圣”。

安伦：我觉得希克的理论是合理的。我注意到您对他的观点也比较认同。从逻辑上讲，希克的终极实在（不过我个人不太喜欢“实在”这个词，因为把难以认知的超自然称为“实在”，令普通人困惑。所以我的书里用“终极神圣”而不是“终极实在”）从有信仰者角度来看是令人信服的。有信仰者必然相信他们信仰的终极神圣，无论是上帝、安拉、雅赫维、道还是梵，是真实存在的，并且相信各自宗教的终极神圣，无论是人格的还是非人格的，是宇宙的唯一主宰；否则他们的信仰就是虚假的。宇宙是唯一的，因此从逻辑上讲，宇宙的唯一主宰就是同一的。这个推理必然导致各宗教信仰的是同一终极神圣，或诸神同一的结论。

这就为各宗教相互包容、和合共生在信仰对象上提供了共同基础。从现实意义上讲，这种共识的好处就是在全球化地球村时代为人类消除宗教战争冲突、和平共处、共同生存发展提供了宗教认识的理论基础。如果没有这样一个共识基础，要想调和各个宗教之间的关系，让大家放弃排他对立、不共戴天的态度是很难的。希克的理论把各宗教和各种世界观都看作对同一终极实在的不同回应，还为无神论者留下了对自然和超自然认识和解释的空间，为您刚才提到的解决有神和无神争论提供了关于神的理解余地。有神论和无神论的辩论持续了几百年，还是没有结果。如果没有新的思路，继续照老样子辩论下去，永远也不会辩出结果。

在西方，人们对希克的观点有很多误解和批评。对他反对呼声最高的就是宗教原教旨主义者们：他的理论让所有的宗教处于平等地位，这些人肯定是难以接受的。其次就是一些宗教学者，但他们在很大程度上从无神论角度先把他的观点歪曲误解，然后再对曲解了的观点提出批判意见。尽管如此，从世界上绝大多数普通信仰者角度来看，特别是从中国人的角度来看，希克的观点是容易接受的。

卓新平：对于有信仰的人来讲，希克的观点使他们达成一种信仰的共识，应该说不失为一条可行之路，对这种解释我持同意的意见。但问题是在我们中国社会，对有没有存在这种“终极实在”或者“终极神圣”，而且这个“终极神圣”是否对宇宙起着支配主宰的作用，这是有很大分歧的。对于宗教信仰人群中的问题，在其之外的人群中看来也是个假命题。所以这样的话呢，就形成了在理论上也是一个没有解决的问题。其实，包括很多的科学家也进行了一系列的探讨，比如爱因斯坦，他也从他的宇宙宗教观中谈到，他对“终极神圣”是从宇宙规律等方面加以解释的，宇宙的和谐、有序、规律在他看来就是“神性”的体现。这是他让宗教信仰之外的人理解神圣及宗教的一种方式，从中也可以让人悟出宗教思维的一些特点。

当人们做无神论的表述的时候，往往是人对自我能力、自我见解的一种肯定，是基于一种“自信”来推而广之，从而采取的是靠自我来“掌握”世界这样一种态度。而有神论却往往是对“未知”的一种敬畏和向往，靠宗教来对未知世界加以一种信仰的“掌握”，所以角度是不同的。这个问题不可能在短期内真正得到解决，但是处理的方式方法是不是可以有所改变，也就是从以前的论战式的、争论式的，到一种分析式的、讨论式的探讨。就像您刚才说的，对于争论不清的事情，一个坚持有，一个坚持无，这样争论下去毫无意义。如果能对于人类信仰的特点和思维方式，以及人类认识世界的方式加以客观、认真的分析，那么有神论和无神论就可以从对话的角度来进行探讨、有所沟通。我最近听了中科院院长路甬祥先生的报告，他说过，到目前为止，人类已经能够认知的这个宇宙世界的物质层面仅仅占其总量的4%，也就是说还有96%没有被人类所认知。应该说，对于尚没有被认知的这96%的物质世界，人们不可能去随心任意地断言，而只能是要么抱着一种敬畏的心情，要么抱着探讨的态度。

安伦：我认为这就是宗教存在的基础。宗教其实是对未知的宇宙超然力量的探索、体悟和敬畏。在对于96%的宇宙物质世界都还没有认知的状况下，人们顶多有各自的观点，但据此断定自己已经无所不知，绝对正确，人定胜天，是难以有说服力的。关于“神”的事，人是不可能完全认知的。如果“神”既不能被完全认知，也不可能用证据来证明或证伪，有神无神就是个无意义的辩论。

从另一条进路来看，既然这场辩论永远不会有结果，那么对社会最有益的研究是怎样妥善解决处理绝大多数人的问题。根据中外许多信仰状况调查报告的结果推断，世界上真正的无神论者低于世界人口的5%，就是说世界上有95%以上的人有宗教信仰或者以某种方式相信有神存在。学界不可能面面俱到，解决所有人的问题和所有的问题。研究解决占人类95%以上有神论者的问题远比与极少数无神论者达成共识更重要，何况达成共识的可能性很低。此外，人类95%以上的人并不需要等他们与极少数的无神论者达成共识后才能正当地保持他们的信仰，学界和社会也未必要等到有神论者和无神论者取得一致意见后才能去面对和解决世界上绝大多数人的问题。

卓新平：我觉得需要摒弃以前那种非此即彼的完全排斥性的方式，而是用建设性的、进步性的对话方式，探讨一些人类思索的基本问题，宗教有关的基本问题。这样去营造一些对宗教理解的良好氛围，这在目前的中国社会我认为是很缺失的。

安伦：我想强调的是，虽然让所有的学者都接受有神论的诸神同一的观点是困难的，但是让大多数中国普通百姓接受却很容易。这点我自己做过很多测试，反复得到证实。普通百姓大多数是有神论者，不会去做学术或教义上的探讨，不会把问题搞到像学者那样复杂，也不会钻到牛角尖里。这种观念只要能被大多数人接受，能被大多数人付诸实践，构建“宗教共同体”的基础就具备了。现实世界中多数事情并不需要等取得完全共识以后再去实践，被多数人接受、在实践中证明成功才更重要。

卓新平：我们前面谈的两个问题是关于宗教本身的意义的问题。那么，再回到您提出的“宗教共同体”构想。德国社会学家滕尼斯曾提出过“共同体—社会”之说，他旨在以此说明人类从田园牧歌般的“共同体”到错综复杂的“社会”之发展演变，并指望靠这种“共同体”的理念或理想来指导、引领“社会”的重建，即以更开阔的视野、更宽阔的胸襟来在“社会”中重建“共同体”。这里说到了“共同体”所蕴含的社会开放性、普遍性问题，而您所言“宗教共同体”也就涉及比如史密斯等学者谈到的普世宗教的问题。“宗教共同体”实际上是顺着宗教普世性这个思路来的。“普世性”这个表述在今天的中国社会也是个非常敏感的话语，例如前阵子我们听到对于“普世价值”观的批判。这是因为在这种批判看来，所谓的“普世”的观点其实是某一种思想、某一种具体的文化形态想要取得普世的地位，从而进行扩张、渗透，这样就在文化之间形成了排拒。所以说，“共同性”、“共同体”这类构想实际上就涉及究竟有没有普世性的宗教，什么是普世性的宗教这种问题；应该说，现在讨论起来难度非常之大。从理论上来讲呢，有些人的确想要构建一种超越各种宗教的宗教，也就是形成一种普世性的宗教。实际上，到目前为止，这还只是一种愿望，或者一种愿景，并没有现实中的可操作性。为什么呢，我们举个可能不太恰当的例子，在人类开始相互交流时，曾经希望有一种共同的语言来供大家沟通使用，但《圣经》中修建巴别塔时人类口音被变乱的典故说明了这一想法的破灭。在现代人类有了更多的接触和交流后，有些学者就开始想要形成一种世界语，而且这个“世界语”通过一些实验努力的确是被造出来了；本来，如柴门霍夫创制的“世界语”（Esperanto，意指“怀着希望的人”）是指望能代替地方语言的，但是这个世界语事实上还是没有能够流行开来，现在仍然只是个别学者研究的领域，而真正通行的还是英语等一些大的语种。当然，我们汉语将来能不能通行世界，则还要看今后发展的趋势。

那么，谈到普世宗教的问题，西方文化主体论就会说，这种普世的宗教即“宗教共同体”已经存在了，这就是以基督教的形式来推行，因为基督教的人数已经占到了世界的三分之一甚至更多。这样，就形成了对新的“宗教共同体”构建的排拒。这也就涉及其外部氛围有无其可能性的问题。不过，如果把基督教作为“宗教共同体”的原型或标本，实际上仍是把较狭隘的宗教集团当成了“共同体”，其唯我独尊、排除异己只会带来危害。必须承认，基督教在中国社会虽然是一种边缘的、少数的存在，但是在整个世界上其发展还是非常张扬的，而且它的势力是无孔不入，影响非常之大。在这种情况下，“宗教共同体”作为各种宗教的综合体或其整合，就有如何面对强势宗教的问题。如果我们关起门来仅在中国谈“宗教共同体”就好办，但您现在的思路是走向世界；若从全球的景观来看，这就不可能回避各大宗教如何处理“宗教共同体”这样一个关键问题。应该说，迄今仍还没有成功的例子。基督教也是分分合合，而且可能是分得最厉害的，但其分了之后还是要合，这一过程尚未结束。

在现实当中，“宗教共同体”在世界宗教历史的构建方面，不知道安先生有什么具体的想法，能够应对目前各大宗教各有一定的影响范围、各占有一定的地盘这样的情况。这个“宗教共同体”是实际性的、还是联谊性的？它是不是一种思想观念，即比较虚的东西？您在写这本书之前是博览群书，看了很多东西，作了很多分析。但在谈到“宗教共同体”的时候，我总感觉到您的发挥展开得不是很多，感到您总是把它作为一种理想的愿景而摆出来的。我是说，如果同意您的观点、使之得以积极促成的话，则要面对一些现实问题，这些问题是绕不过去的。那么，您有些什么基本的考量，对于这些，我非常想听听安先生的意见。

安伦：要回答您这个问题，首先需要对“宗教共同体”有一个适当的界定，否则会引起不必要的混乱或误解。“宗教共同体”既不是单凭想象创建的一种新兴宗教，也不是由现有宗教合并而成的单一宗教，而应当是人类顺应全球化趋势为了共同生存发展而必将形成的各宗教信众和教派多元通合、和而不同、和合共生的信仰机制。它要求各宗教放弃对立排他的因素，但不要求各宗教放弃各自的特色和身份。从全球视域看，共同体的主要作用是消除宗教对立、冲突和战争，避免毁灭，维护人类共同的和平生存发展，提供地球村人类共同的核心价值和伦理体系。就此而论，它是远比宗教对话更有效、更可行的进路。从中国视域看，共同体的主要作用是复兴和弘扬中华文明、重建民族核心价值和道德体系、维护社会和谐稳定、提供民族凝聚力、解决日益严重的宗教问题。这些都是任何单一宗教或其他社会力量不能提供，也不能替代的。

您提到共同体现在处于起步阶段，还有很长的路要走，我赞同。在起步阶段，最重要的是让共同体的理念和作用被社会广泛认识和逐渐接受，而不具备实施的条件，所以我的书中谈理念和作用多，谈实施少。在我看来，如何实现共同体的理念和历史使命是最重要的，至于共同体的组织建构只要有利于以上目的的实现都可以探讨或尝试，包括但不限于政府指导、监控和支持下的宗教或民间自发机制、协调机构、联谊、联盟、紧密组织、松散配合等。应当留下足够的空间和伸缩余地以便容纳和包容各种宗教派别和信众以不同的形式汇合融入。当然，这只是个人的一些初步想法。由于牵涉到各宗教教派内部、各宗教之间、信众的意愿和偏好、宗教与政治、宗教与社会等各种复杂因素，“宗教共同体”的组织形式不是任何人、任何组织事先可以硬性规定的，有待学者和宗教界共同探讨论证，更有待在实践发展中逐步演进和完善。应当指出，“宗教共同体”最重要的是对信仰对象、信仰目标、信仰理念、核心价值观和伦理道德规范的认同，而不像政治共同体或经济共同体那样牵涉到世俗权利和利益的划分，所以并不一定需要强大的权力和组织机构，也不一定要拘泥于某种特定的组织形式。

您刚才讲的世界语基本上是撇开现有语言人为制造的语言，所以很难取代现有语言得到推广。“宗教共同体”不是人为制造的一种宗教，而是在全球化时代人类为了共同生存发展必然演进而成的各宗教及信众和合共生的信仰机制。从性质、内容到可行性和必然性，二者都有本质的差别。

从共同体的可行性来讲，世界任何其他国家都有强势排他的主导宗教，如果直接去推行这个理念都是行不通的。因此，史密斯、汉斯·昆等人提出普世宗教概念，但是再往下就走不通了，原因是在西方的视域里看不到普世宗教实施的可行性。他们还看不到的是，全世界唯独中国有首先实现“宗教共同体”，继而将之推广传播到世界的优越条件和可行性。中华民族具有超强的民族融合力和宗教包容力。中国从唐代开始就实现了儒道佛三教合一，这实际就是传统的“宗教共同体”。受此传统影响，大多数民众心目中的宗教信仰就是“宗教共同体”信仰。中国没有强势主导宗教，因此很少有对其他宗教的排斥张力，有的是五大宗教在政府的指导下协调行动的格局，这其实就是共同体的雏形。此外，中国迫切需要类似共同体的信仰体系去满足复兴中华传统文明、重建民族核心价值和道德体系、凝聚全民族、维护社会和谐稳定等社会需求。这些都构成共同体普世宗教在中国兴起的优越条件。

回到有没有普世宗教的问题，我的回应是“有”，但不是基督教或任何单一宗教，而是“宗教共同体”。如您所说，遭到质疑的“普世价值”其实是某一种思想、某一种信仰力求取得普世的地位。这种所谓普世宗教不能包容人类所有宗教信仰，因此遭到质疑和抵制是必然的。“宗教共同体”像滕尼斯所描述的那样以最开阔的胸襟包容吸纳人类所有宗教信仰，对所有宗教和信众开放，是真正意义上的普世宗教，能够提供真正的普世价值。如您指出，“宗教共同体”作为普世宗教的形式在目前只是一种愿景。但人类作为自然界中唯一有长远目标、有理性计划能力的生物，应当认清自己的长远利益所在，并以此规划自己的目标愿景，调控自己的行为，才有可能逐步加以实现。

至于“宗教共同体”如何在国际上强势宗教的排他张力中走向世界，如何应对处理与强势宗教的关系，我的建议是避开争议、冲突和阻力，走捷径。正如您指出的，“宗教共同体”在中国好办，那么我们就先在中国办。等在中国成功发展了，就会借助中国大国的国势和影响力辐射传播到世界。进入世界的主要形式，可能不是通过与各宗教谈判辩论取得认同（当然如果能取得各宗教教派认同更好），而是直接争取信众的认同和参与。如果能够获得世界广大民众的接受和认同，如果能发展到足够多的信众，“宗教共同体”就会逐渐取代现有宗教格局，成为世界上新型的信仰模式。现代宗教的兴衰不是靠辩论和对抗取胜，而是看事实上信众人数的多寡。根据多种调查数据，近年来，西方许多传统基督教强势国家，如英国、德国、澳大利亚、斯堪的纳维亚各国，去教堂的人数大幅下降到不足人口的20%，甚至更低，但有宗教信仰或有神论者仍占人口的95%以上。这些不再去教堂的有神论者不仅削弱了宗教排他势力，而且构成“宗教共同体”没有竞争的天然受众群体。共同体包含了所有宗教的精华，更符合信仰真理，最有利于人类共同生存发展，与科学和理性相辅相成，适合现代人的知识结构和认识水平，被越来越多的现代人和未来人接受是必然趋势。等到共同体的理念深入人心，共同体的信众人数和影响力足够庞大，现有的宗教教派可能就会更倾向于加入共同体活动。即便有顽固不化的保守势力，到那时已是势单力孤，不足以抗衡世界潮流。何况食古不化者最终也会因生死规律自然退出历史舞台。

卓新平：对于这个设想，您有您的独特见解，我感觉到它是反映了人在意识认同上的务实精神。我们可以分析一下人类发展历史的一个奇特的现象，就是在“分”与“合”之间走过来的。其实从更多人的向往来看，还是向往走“合”这条路。我们最近谈“全球化”，“一个世界”等，无论东方文化还是西方文化都有这样的一个传统，比如共同体这样的一种表述，在宗教文化中也是这样。例如，欧洲共同体实际上是反映了欧洲的统一。欧洲历史上在古罗马时期和中世纪是有过统一的，尤其是天主教会的统一非常明显，后来由于政治、民族等问题使欧洲分成很多小的国家，但今天随着欧盟的建立，欧洲共同体的统一意识则在不断地增强。由此我们可以看到欧洲历史从古代的“合”到近代的“分”、再到当代的“合”这样一个过程，反映出这样一种发展的趋势。这个趋势对宗教的存在及发展也形成了一个非常大的挑战；应该说，在远古或者中世纪的“合”的时期主要是一种宗教的存在，而在近代的发展中就出现了多元，尤其是随着工业革命和移民的问题，各种宗教相互交织，形成一个你中有我、我中有你的局面。在今天这样一种多元发展态势当中，欧洲虽然在政治、经济方面又在努力走向统一，但在社会文化、意识形态方面还是多元的，彼此差异犹存的状况凸显，它想统一但是很难真正统得起来。所以它让人们看到了其本身有很多不成熟的条件。

回过头来看中国，中国从秦始皇统一中国以来“大一统”、“大中华”的观念也是很强的，中国的文化特色即“群体”意识就可以作为一种例证。中国的宗教也一直是走“合”的道路。合的概念更多是融合、包容、宽容和吸纳，不过分强调自己个性的彰显，这一点和西方的宗教特点不完全一样。这就是为什么会有佛中有道、道中有儒，儒释道宋明理学通吃这样一个状况。其奥秘就是它不强调彰显、突出自己的个性，而是更注重吸纳、包容、共构，所以我们中国文化中常用到“圆融”这个词，就是能够把更多的东西整合起来，达到不同而同的“玄同”。对于形成“宗教共同体”这么一个理念，我认为是依于我们文化思想上的一种积淀，使我们认识到有这么一种可能性。

安伦：不错。如果合是人心所向，大势所趋，那么“宗教共同体”的实现就有良好的基础。特别是您谈到的中国人传统的大一统思想、历史上中国宗教一直走合的道路、中华民族有圆融、融合、包容、宽容和吸纳的特别优势、儒道佛相互融合共生的传统实践，这些都是有利于共同体在中国首先实现的优越条件。其实，对于大多数中国人来说，从理念上接受认同“宗教共同体”并不困难，共同体从信众基础、信仰理念、民族包容力、宗教阻力、社会需求等各方面来看都具有充分的可行性。共同体可行性的真正关键在于政界能否建立对宗教的深入正确认识。如您所说，这方面还有很多工作要做。

卓新平：中国的宗教和政治有密切的联系，因为我们知道中国的政教关系和西方其他国家包括阿拉伯国家都是完全不一样的，在我们这个政教关系中，政治是处于主导地位的，所以实际上是政治上的作为促成了宗教的整合和发展。从这个意义上讲，共同体就不一定是宗教内部的自发性行为，而是有政治上的引导、社会上的扶持，由此所形成的一种发展态势。

安伦：一个伟大宗教的兴旺发展，总是和政治有紧密的相互配合的关系。不仅在中国是这样，在其他文明国家也是这样，比如佛教、基督教的兴起和发展其实都是靠着执政者的扶植和支持。共同体在中国也应该保持这种关系，就是政主教从，宗教配合政治实现社会稳定和谐，同时受到政治的扶植和支持。我很难设想没有中国执政者的认同、支持和扶植，“宗教共同体”会有任何作为。

卓新平：现在需要解决的中国的问题是，如何看待政教之间的关系。宗教如何发展，是整合，还是分化？按照西方人的态度，宗教是它自己的事情，政治是不加干涉的。但在中国这种情况下，政治应不应该作为？应该怎样作为？这些都是值得我们思考的。再一个较为独特的问题则是，在历史上有些其他国家在政教关系的处理上，执政者自身是有某种宗教信仰的，在中国历史上也有类似情况。但在今天中国这种情况下，要促使共同体的实现，至少执政者会宣称自己是没有宗教信仰的；所以，这就涉及政治和宗教的主体地位的问题，就是谁来实现“宗教共同体”，谁来推动这个事情的发展。推动者自身是一种什么样的情况，而且他的意愿或者他的想法如何对其成败与否就是很关键的。这就涉及一个述与做、言与行的问题。比如说，我们书呆子在一起谈论“宗教共同体”是可以的，而政界对于这个问题怎么看，怎么想，以及怎么办，则确实很关键。所以，我们在讨论对话时就会发现，物质层面的对话是最容易的，思想层面的对话是最复杂的，而政治层面的对话则是最关键的。不把最关键的问题解决好，其他一切都难以开展。

安伦：共同体在中国能否实行，关键确实在于执政者的认识和态度。一旦执政者认识到共同体对社会治理的各种巨大潜能和利益，认识到宗教是友而不是敌，是维护政权和社会稳定的有力工具，愿意积极推行和支持，共同体的可行性问题就解决了。政教关系又涉及刚才我们谈到的对于宗教怎么认识的问题。我认为，关键在于建立对宗教积极社会功能的认识和确立一种政教分离又相互支持、政教分工又相互配合、政主教从的和谐关系。应当明确分清政治与宗教各自的专属领域和界限，把政治经济等物质和“现世”世界明确界定为政治的专属领域，把精神和“彼岸”世界明确界定为宗教的分工领域，让宗教名正言顺地专注于精神领域，充分发挥强大潜能，通过教化民众从善、提升维护社会道德、提供价值体系和精神依托、奉献公益慈善服务、反战促和、维护社会稳定和谐、促进民族团结等社会服务，配合辅助政治治理需要，政教才能相得益彰，政教关系才能真正和谐。

为了在我国确立政教和谐关系，最根本的问题就是如何解决马克思主义和宗教对立的矛盾。我注意到最近有一种倾向是从马克思主义宗教观的中国化和现代化的角度去寻求对宗教认识问题的突破，但是我认为这是一条相对来说困难和阻力都非常大的进路，必须有超常的突破才能解决问题。其实，马克思主义与宗教的冲突问题本来就是不存在的，并不需要绞尽脑汁去破解它。二者的对立冲突起源于对二者的错误认识和概念混淆，就是我们刚才讲的信仰错位问题。把马克思主义也当成一种宗教来信仰是造成它和宗教看似竞争对立的根源。马克思既然认为“宗教是人民的鸦片”，就绝对不可能自己创造出一种学说作为鸦片来取代宗教这个鸦片。把马克思主义当成宗教信仰是马克思无论如何也不可能同意的。因此马克思主义不是一种宗教，更不是一种宗教信仰，它只是一种关于物质和现世世界的政治经济思想，是一种政治主张。宗教所涉及的是完全不同的精神和彼岸世界的领域，与马克思主义处于完全不同的维度和层面，关注的是不同的问题，并没有与马克思主义竞争冲突的必然领域。如果把这个问题研究认识透彻，就会发现，宗教和马克思主义并不是竞争对立者，二者之间完全可以建立相互配合的关系。马克思主义可以继续保持它的政治意识形态的主导地位，宗教可以向社会提供精神、价值、道德和慈善等层面的服务，二者可以相互配合实现社会的和谐与稳定。这样我们就会很容易地走出当前意识形态的困境。

在这个基本认识问题解决的前提下，政界才能进一步解决复兴中国儒道佛文明与马克思主义地位的矛盾，解决抵御西方普世价值侵入的问题，解决对宗教实施拥堵还是疏导策略等一系列棘手的宗教问题，才能认真认识和发掘宗教造福社会的各种潜力，也才能放手积极支持“宗教共同体”的构建。至于共同体的构建、运作和发展，我认为应该由宗教界和民间来完成，政府的功能应当是监控、指导和积极扶持，这样才有利于形成合理互动的模式。中国的执政者没有宗教信仰，主要障碍可能有两个。一是我们前面所说的把马克思主义当作与宗教竞争对立的宗教信仰，二是没有认识到中华传统文明就是儒道佛宗教文明。如果把这两个问题都认识清了，情况可能会有很大改观。

卓新平：这要看社会舆论接受不接受，现在实际上谈到一个比较现实的问题。因为很多人仍在批评宗教的发展会给现实政治方面带来不利或负面的影响，现在还在讲有些人是不信马列信宗教，把马列主义和宗教二者在信仰领域中对立起来。

安伦：这就是把马克思主义当作宗教信仰带来的后果。

卓新平：但是现在强调马列主义是一种信仰的这种说法的力量还是很大的。我也接受它不是宗教信仰。如果它是一种信仰的话，也是本质有别的多层信仰之中的一种政治信仰，跟人类其他方面的信仰是不矛盾的。

安伦：我主张恢复它政治思想或信念的本来面貌。称它是信仰是把它混同于宗教。

卓新平：现在就涉及如何理解马克思主义中国化以及怎么去实践的问题。这个问题处理得好，直接影响到对宗教的看法和处理，处理得不好就很容易形成一种很大的张力，所以这是政教关系需要解决的一个大的问题。

安伦：所以我主张学界和社会加强对这个问题的关注和研究认识。马克思主义和宗教不是相互敌对的力量，二者处于不同的层面而且可以相互配合，宗教可以在维护社会稳定和良好运转中发挥重大作用，这些其实并不难以认识和理解，只是社会以往对这些问题的关注和客观研究太少，使得认识含糊，概念混淆。

卓新平：所以，在什么是信念、什么是信仰、什么是主义、什么是主张上，有些人强调马列主义是一种信念而不是信仰。但是在这二者之间，信念跟信仰也是有关联的，在这当中如何把层次分清楚还有大量的工作要做。对于“宗教共同体”的可行性来讲，这也是一个绕不过去的问题。具体来看呢，就是教与教之间的关系，这从中国的角度来说也是值得关注的。我们现有中国特色的五大宗教，实际上各个宗教都已经形成了共同体，虽然它们仍非常脆弱，或者说只是形式上的一体；但必须承认，中国当今五大宗教各自的共同体之所以得以建立，也受中国的政治和社会体制的影响非常之大，在“大一统”的环境中形成了这样一种模式。这种模式在各大宗教还行，还能够运作下去，因为它们包括了一些具体的宗教传承和有一些具体的办事机构。可以说，目前的五大宗教本身所具有的这样一些团体能够作为会影响到“宗教共同体”形成的基础。但问题是，如何把这些基础共同构建成“一”，即我们仍面临着从“五”到“一”这个过渡的问题，应如何过渡，以什么形式过渡，随之又以哪种态势在世界舞台上亮相？对于这些问题，我不知道您想过没有，因为我们现在主要是以五大宗教共构的宗教和平委员会这种形式来在世界舞台上亮相。但这只是一个临时的、随意的，并不是一个常设性的机构。比如说，我们刚才谈到的政治上有联合国的方式，这是一种共同体，经济上有 WTO，这也是共同体，那么“宗教共同体”的发展是不是有这种模式呢？如果有这种模式则应该怎么去操作呢？它的构建是如何的？您在书中从理想层面谈的比较多，深深打动了我；但后面还应该做什么，如何去做，这个是我非常想知道的。

安伦：您说得对，我的那本书重点是阐述共同体的理念和功能，并没有把具体如何实行作为重点。有两个原因：第一是前面讲到的，由于各种因素错综复杂，共同体以什么形式实行最好，要靠实践中的探讨、演进和完善来定，没有人能事先硬性规定。第二是“宗教共同体”的理念刚被明确提出来，还没有取得社会的认同就大谈如何实行，容易触及敏感线，也容易沦为空谈。何况“宗教共同体”这样重大的理念，也不是一人一书能全面探讨到位的。我的原意是抛砖引玉，引出学界和社会深入探讨的玉。

您对共同体实施操作方面的关注，倒是促使我做更多的思考。我想人为解构现有的五大宗教或者由五过渡到一可能没有必要，五大宗教可以保留现有建制以专业宗教的身份参加共同体活动，各宗教的信众、团契、家庭教会等也可以像目前没有宗教信仰的有神论者一样分别直接加入共同体新型组织活动。有信仰需求的无信仰者占中国人口的大多数，将来可能成为共同体的主要构成来源。共同体不是单一的宗教，也不要求各宗教放弃它们独特的身份和特色。共同体的主要目的是让各宗教相互包容、彼此互不排斥，可以和而不同、和合共生，在行使社会功能时彼此能够协调行动。我国现有的五大宗教在政府的协调指导下在很大程度上实际已经形成了共同体的雏形，具备了共同体协调行动的某些功能。在共同体时代，五大宗教应当摆脱政治化倾向，成为靠信仰力量吸引信众的真正的宗教组织，并且应当对其他宗教和现代化变革持开明、开放、包容、合作的态度。

为了协调“宗教共同体”内部管理和运作、代表中国宗教界在世界舞台亮相、负责与政府管理部门协调、接受政府指导和监控，某种形式的以民主方式产生的地方性和全国性的共同体常设管理协调机构是必要的。具体形式显然只能由信众间、宗教间、宗教与政治间、宗教与社会间互动演进决定。

卓新平：我想从这么几个方面来回应，第一，理想跟现实之间是有一定差距的。您谈到人类的发展是走向“合”的方向，但是现在采取了各种方式还是“合”不了。因为每个民族、每个文化都要寻根，都要守住自己的传统，在这种情况下“合”就遇到很大的张力。今天我们看政治上的共同体联合国已经建立了，经济上的共同体 WTO 也已经建立了，但是政治上的纷争依然，经济上的摩擦愈演愈烈。这种共同体有存在的必要，但是这种存在不一定能够反映人类向“合”的趋势，至少现在还不敢断言。多元化的存在或许是这个世界存在的方式之一，而且在一些人看来或许是更好的存在方式。从人类历史上看，从来就没有单纯的“合”，所以我不太相信终有一天人类都统一在一起，这种情况可以说是一种理想。

第二，“宗教共同体”的构建在学术上是没有问题的，可以发挥学术的想象力。在这种情况下，学者可以充分展示自己思想的深度和对未来理想的想象力，并对人们所向往的这些方面进行一些理性化构建，对这样一种发展态势加以探讨。

第三，则是“宗教共同体”存在的方式问题。现在五大宗教的共同活动实际上是政治行为。政治行为是在政府的支持下实现的。五大宗教自己会不会独立地去共同活动？一旦没有中国政府的政治性的支持的话，我感觉可能会很难继续下去。在政治的支持下维持现有的状况，按照您说的这不是愿景，而是现实，也就是说现在的五大宗教已经是共同体了，没有必要去构建了，今后这方面的工作更多的是协调。这个我觉得就会把您提出来的这些问题变成假问题。这样就等于说，你愿景的东西实际上就是一些现实存在的东西，是古已有之的，从唐朝以后就已经是这样了。这些现实存在其实是在政治力量影响下的一种社会整合行动，这个社会整合行动的许多方面不是直接关系到宗教方面的，实际上是一种社会活动的方式，而这种方式在中国国情中当然也可以理解。但是，我原来对“宗教共同体”的理解是想得更多了一些，我是想在五大宗教基础之上是不是有一种类似于 WTO 或者联合国这种象征性的机构，许多问题肯定不可能由这样的机构来解决。在这种机构的构建中间，会不会有什么部门出面来整合、主导或者说定位？这是一种政治的定位？还是一种学术的定位或者是一种宗教的定位？现在政府很多活动就是通过民族宗教委员会的方式来开展的，这个委员会你说它很虚也的确是很虚，但如果说它实那么的确也比较实，因为它的确能够做一些事情，甚至开展一些影响很大的活动。“宗教共同体”是不是也像民族宗教委员会这样的机构在功能上有一种整合，但这样其政治色彩就会更浓一些。如果在社会层面上能有这样一种比较松软的建构，在宗教活动方面能有一些相互理解和彼此呼应，那么不同宗教之间如果出现一些纷争的话，它就能够进行一些相应的协调和适当的处理。所以，我想到的是“宗教共同体”会不会有这个层面的发展，不至于太虚太空。当然，我讲的是未来发展的一种可能性，而不是说现在就有的宗教的统一。

安伦：您的话让我深思。我想，从“分合”关系来看，全球化其实就是人类走向大同——“合”的过程。我们作为身居其中的人，在我们生存的短暂时间里可能感觉不到这种融合的强烈趋势。但如果从以现在为中心往前和往后都放宽几千年的时间跨度来看，人类走向合的趋势就非常明显。尽管在融合的总趋势下会发生很多分裂，但全球化势必把人类推向融合，其中分裂是插曲或杂音，融合才是主调。例如，让人们很容易形成宗教分裂是趋势这一错觉的，是大量宗教分裂体或新兴宗教的存在。但如果放在较长时间段来观察，就会发现它们绝大多数是短命的。我同意多样化是事物存在的一种基本形式，但人类走向融合并不是对事物多样化的否定；多样化并不等于分裂，而是和而不同的共生形式。您提到，人类已经有了联合国等形式的政治共同体，有了 WTO 等形式的经济共同体等。虽然这些共同体面临种种挑战，但从长远视角看，各种类型的人类共同体只可能越来越加强和紧密化，人类走向融合的趋势也只能越来越明显。我很难想象人类会解散这些共同体，退回到鸡犬声相闻，老死不相往来的旧日状态。另外，我也很难想象当人类在政治、经济以及各个领域都实现共同体后，唯独宗教仍旧维持相互之间水火不容的关系。因此，我认为宗教和政治、经济等一样走向共同体是人类生存发展的必然演进趋势，而不是一种选择。人类如果不想被宗教冲突和战争毁灭，就必须形成能让人类和合共生的某种形式的“宗教共同体”。此外，虽然各民族都有坚守自己传统、本土化的张力，但“宗教共同体”是唯一非单一传统，并且海纳百川包容所有传统的文明，所以对这种张力具有天然的免疫力。从长远视角看，坚守传统和本土化的张力势必也会被淹没在全球化人类趋同的大潮中。

谈到学术的构建，我认为“宗教共同体”是历史发展的必然，而不仅仅是一种理想化的构建。有四方面的因素使“宗教共同体”在中国首先实现成为大概率事件。第一，前面讲过，全球化其实就是人类走向大同的进程。全球化迫使人类各宗教必须放弃对立排他，形成某种和平共处、和合共生的机制，这个机制就是某种形式的共同体，否则人类就只能在宗教冲突战争中走向毁灭。融入地球村的人类不可能在狭小的空间内维持水火不相容的信仰和价值体系而能够长期和平共存。中国作为唯一有条件首先实现共同体的世界大国成为这种人类和合共生机制的创导者是顺理成章的。第二，传统中华文明其实就是儒道佛三教，撇开儒道佛，就无所谓中华文明。从唐代以来儒道佛就实现了三教合一，这实际上就是当时条件下的“宗教共同体”。经历了“文化大革命”等运动对传统中华文明的毁灭，中国人砍断了自己的根，失去了自己的魂，丧失了自己的身份。这种状况不可能持久，中国人复兴中华文明、寻根追魂是不可避免的必然事件。中华文明的复兴不可能是单独对儒道佛其中之一的复兴，也不可能是复古，而将是在全球化背景下复兴儒道佛共同体的精华，并在此基础上发扬包容融合优势进一步吸收融合基督教、伊斯兰教等所有世界文明的精华而成。因此，复兴中华文明就是复兴“宗教共同体”。如果复兴中华文明是历史必然，复兴发展“宗教共同体”就也是历史必然。第三，宗教信仰是“人类学的常数”，中国人也不例外，在经历了数十年人为造成的信仰缺失后势必会向“人类学常数”回归。中国人根深蒂固的包容融合倾向和对中华传统文明的依恋决定了大多数中国人在向宗教信仰回归时不会走向单一宗教排他主义的道路。对大多数中国人来说，海纳百川的“宗教共同体”是比单一宗教排他主义更合理、更符合传统、更有吸引力的信仰形式。信仰的回归必然造成共同体在中国兴起。第四，中国人显著的功利主义的特色还构成共同体在中国实现的另一重要因素。中国的执政者也是中国人，不可避免地也有强烈的功利主义和实用主义的倾向。如果“宗教共同体”能够最有效地维护政权和社会的稳定、解决各种难以解决的社会问题、提供民族共同的核心价值和伦理规范、凝聚全民族民心、从精神信仰上维系对庞大民族的治理，并且有利无弊，那么执政者长期置若罔闻，或者知道了却拒不采用是不可能的。从这四个方面看，共同体在中国兴起几乎是必然的，而未必只是一种学术界理想化的愿景。

我同意中国五大宗教目前的共同行动是政治支持和指导下的行为，离开政治的影响也许难以为继。但如您书中分析，在中国社会里宗教绝不可能独立于政治而存在，总是要和政治保持政主教从的密切互动关系才能生存发展。这种既分离分工又相互配合的互动关系在共同体阶段将得到双方内在动力驱动的加强。共同体将有意识地通过发挥其积极社会功能成为政治治理和社会和谐稳定的重要支柱，执政者由于认识到共同体维护政治和社会稳定的关键作用将给以积极扶持，所以共同体不仅不会丧失政治的支持，而且应该能够获得政治更强有力的支持。另外，共同体成员的主要来源是目前没有信仰的有神论者和各宗教信众的直接参与，而未必是现有的五大宗教，所以会有很强的直接整合协调能力。因此，无论从政治支持还是自身整合能力来看，共同体都应当比现有五大宗教格局有更强的凝聚和协调能力。

我说五大宗教现有的状况已经具备共同体的雏形，是指共同体在中国已经有基础，并不是说这就是理想的共同体。五大宗教的现有状况是传统融合理念和中国政治双重作用下的被动产物，缺乏对共同信仰目标、共同价值伦理、各宗教荣辱与共等方面的自觉认识，也没有从全球化人类生存发展的高度看待处理宗教关系的主动意识，形式上也有待发展和改进。但是比起世界其他国家宗教间水火不容的状况是很大的进步，并且为实现“宗教共同体”提供了自然过渡到位的基础。“宗教共同体”将有多种可能的实现形式，把现有状况称为共同体的一种初级形式也无不可。

“宗教共同体”的整合、主导和定位，我认为应当由政府和宗教界分工合作来完成，其中政府可以通过立法界定共同体的分工领域和社会定位，通过行政支持、指导和监管共同体的宗教活动，宗教界可以通过某种民主方式产生共同体的地方和全国性机构，实施自我管理、整合和运作。根据中国的传统和国情，政府很可能会维持类似宗教管理委员会的各级机构，与各级共同体机构对接协调，行使行政的支持、指导和监管职能。对于中国社会来说，这些模式和条件基本具备，稍加调整变动就可运作，不需要激进的变革。

我认为共同体未必需要拘泥于某一种形式或某一种结合的紧密度。譬如，一种松散的组合形式是各宗教仍旧作为独立的宗教存在，但同时意识到本教只是多元中的一元，是通往同一终极神圣的一种进路，与其他宗教具有同等的地位，不仅能包容融合其他宗教，对其他宗教开放互动，而且能通过如联谊组织等各种形式积极与其他宗教协调配合活动。一种紧密的组合形式是尝试建立一种新型的公共信仰场所，对所有各宗教及其信徒和大众完全开放，开设各种宗教的讲经说道、仪式、灵修方式和课程，供信众自由选择参与。如果考虑发展的话，可以把这样的新型宗教信仰场所构建成日常开放的社区高雅文化中心，满足民众的多种精神和文化需求。新场所中氛围应亲切友好，参与者彼此待若兄弟姊妹，活动应丰富多彩，对民众具有真正的吸引力。可以举办的项目如灵修班、宗教经典讲习班、音乐会、音乐讲座、音乐班、美术展览、美术讲座、美术培训、艺术沙龙、文学沙龙、心理咨询班、气功班、瑜伽班等。传统宗教场所因为种种原因缺乏对信众的吸引力，如佛教和道教是出世宗教，缺乏传教布道意识和与信众的互动；基督教和天主教的教堂主要用于主日礼拜，形式单调，缺乏日常的互动和参与感。如果能建立这样每日对公众开放的社区高雅宗教文化场所，不仅能给精神空虚、情感失落的民众提供精神和高雅文化娱乐的日常归宿，提高他们的修养和情操，而且可以通过潜移默化实现对信众的道德教化。如果运营得当，这种新兴的宗教文化场所会吸引大量的人参与，使得共同体迅猛发展。中国社会中大多数人是没有宗教信仰的有神论者，存在巨大的对正信信仰的精神和文化需求，是共同体在中国成功发展的主要社会基础。宗教就是这样一回事，信众多了，影响就大了。共同体如果能在中国发展成为信众人数众多的信仰模式，对于世界信仰格局的影响力将是不言而喻的。

卓新平：您描述的这种情况啊，充满憧憬、富有激情；应该说，从现实社会中也可以找到一些与之相似之处，因此说理想与现实之间仍有其连接点。例如，至少有三个方面的现象可以供您参考。第一个方面，您谈的这个实践实际上是与宗教文化活动相关，包括具有宗教内容的文化娱乐这样的中心。在今天社会发展当中，您会看见企业家出面在这方面带来了很大的发展，而且这个发展既有涉及单一宗教的，也有整合多种宗教的。我们在中国社会中就可以看到，历史上曾有儒释道合为一个庙的，同一寺庙中会供有不同宗教的多神；在今天的现实当中我们也会看到在一些宗教文化场所（不是宗教礼拜场所）中把各种宗教的文化因素充分发挥，使不同宗教的造型汇聚在一起。有些企业家在开发文化产业时更倾向于多宗教、跨宗教的共聚，以文化形式而不是纯宗教形式将佛教、道教、基督教、伊斯兰教甚至印度教、苯教等多种元素相拼合，在共同的宗教文化活动中来展示其异彩纷呈。当然，它不仅有您刚才所说的文化、娱乐形式，而且还有拉动旅游这么一个效果。这是在现实中可以观察到的一种方式。

第二个方面就是多宗教的联合礼拜，不同宗教共同在同一个地点举行其礼仪活动。在国外，有很多宗教的不同教派会在一起礼拜，不过其联合只是相对而言的，就是它们是在一起，在相同的教堂里面参加宗教活动。这种宗教的共在现在已经进一步扩展开来，如在同一个地方有佛教的、基督教的、伊斯兰教的相关活动，或由它们共同组织的活动。比如说，“同一个地球”、“地球村”等观念使差异较大的宗教也不再彼此排拒，而能够和平共处。如在奥运会或亚运会的时候，实际上运动员等参会者的宗教活动场所也是相对集中的，大家也自然会以不同宗教信仰者的形象来相互面对、相互尊重。而且，在国际上很多大的机场候机厅都有宗教祈祷室，各个不同的宗教信徒都可以在里面各自祈祷、静修。在世界范围有不同宗教文明的对话，强调其共同的传统或相似的信仰；在中国则会突出不同宗教的“和合”及多种信仰的“融贯”。其主流应是争取化解人类冲突、避免文明冲突，共同构建和谐社会、和合世界。您的想法中还有一个值得我特别注意的，就是您谈到这个“宗教共同体”时我们多会突出其“共同”的寓意，但是从“体”这个意义上则应如何去理解呢？可以说，在这个“共同”方面，包括思想、理念等方面，现在大家对其意义谈得就很多了，已经有了基本共识。费孝通就曾说过：“各美其美，美人之美，美美与共，天下大同。”人们现在只是把他所说的最后一句“天下大同”改成了“和而不同”，表示一种有差异的“共在”。但实际上人们在真正的操作层面却很少谈到如何去促进、如何来实践，而相关之“体”则正是其得以实施、实现的关键建构。也就是说，我们在价值理性、纯粹理性方面取得了进展、达成共识，而在工具理性、实践理性方面却仍显不足，尚有缺陷。这种共识现在就是没有形成所谓的“体”，求观念的“共同”是达到“共同”了，但没有形成一个“体”的方式，缺乏实现“共同”的工具、过渡的载体或桥梁。

第三个方面，我们则看到在中国和世界的一些民间宗教、新兴宗教的发展中，的确也有寻找这种“共同”之“体”的努力。也就是说，它们会以“体”的方式来包容、涵括不同的宗教，比如说像福建历史上的三一教，就是儒释道融在一起，它是以民间信仰的形式来求这种“共同体”。再就是现在台湾及其在海外发展的一贯道，这也是蛮有意思的中国民间信仰发展，它在儒释道之外还加上了基督教、伊斯兰教的理念，从而在实际上已有五教合一的意向和态势。所以说，这跟20世纪50年代以前的那个一贯道的概念已完全不一样了，从本土层面表达了中国宗教及文化的开放性、包容性。那么在国外还有一个新兴的宗教即巴哈伊教，它更是主张九教合一、世界大同，故被中国人理解为“大同教”。它在信仰观念上又增加了很多东西，而且它的确有一个"体"，虽然没有严格意义上的神职人员，但是它有一个活动场所，欢迎不同信仰的人来参加它的活动。其活动场所称为灵曦堂，建得美妙绝伦，非常吸引人。所以，揣摩您说的这个"宗教共同体"当中的"体"应是一个什么样的状况，我就在这些方面作了一些构想，但同时也感觉到它的确有一定的难度。如果能有这样一个共同"体"的话，那真是一个创举，现在世界上显然还没有。从"体"的构建来看，要么是它自己以一个新的宗教来容纳各个宗教，那么它自己又会变成另外一个宗教。到目前为止，所有的尝试作为"共同"应该是没有问题的，但是作为一个"体"的方式来表述则到现在还没有看见过，上面讲的所谓"体"之各种尝试并没有得到人们的公认。所以，我看过您的书后在操作层面感到不是很乐观，因为这个"体"的构建太难了。今天跟您谈了之后呢，我的想法也就轻松了一些，因为您并不特别强调这个"体"，那么这个难度当然就小多了。

安伦：您讲的几种形式都包括在共同体存在的多种可能形式之中。这些都反映已经有许多人从不同角度对信仰融会贯通、宗教和合共生的理念产生了认识、愿望和尝试，为"宗教共同体"的最终实现增强了认识基础。但就达成共同体普遍共识来说，我个人认为这还远远不够：社会还没有对此形成普遍意识和实现这些理念的强烈愿望，当然更没有认真探讨什么是实现这些理念的最佳工具、载体或桥梁。您对这个"体"的关注实际是一种超前、开放的意识。其实"体"的问题在于对它的形式如何定义，如果把这个"体"只定义成一种紧密结合的组织，就需要对传统宗教理念和组织形式作出较大突破，实现难度也会大一些。如果把它定义为比较松散宽泛的组织，实现难度就会小得多。在我看来，关键是实现共同体的理念，至于实现的组织形式就是这个"体"，应该允许有多种方式并存，并且要有较大的灵活性和伸缩跨度。

卓新平：对，如在国际政治上，欧洲共同体是个共同体，联合国更是个共同体。

安伦：但是这两个"体"的结合紧密程度就差了很多，而且也都是在实践中逐步演进发展的。

卓新平：对，但是"体"跟"体"的形式也各有不同，例如"宗教共同体”这个“体”怎么来体现，这个就是您这本书里对未来发展远景应加以考虑的一个最关键之处。从对这个“体”的设想，那么就有两种可能性，一个就是一种理想，就是表述了对宗教发展远景的一种希望；还有一种就是从现实可操作性方面来讲，做一些事情，促成这方面的发展，形成一个新的模式。如果是后面一种情况发生的话呢，那您的贡献就大了，这个意义就非凡了，但是我明显感觉到要实现这一点的难度确实是非常之大。所以，如果暂且抛开您的书本身所提出的一些构想的话，我想在宗教现实层面完成“宗教共同体”这一形态暂时可能还很难实现。但是，倘若从宗教研究这个层面上来说的话，比如把几大宗教在社会文化活动、学术研究上整合在一起，有这样一个机构，有这样一种联谊的形式，大家在一起展开一种对话，谈谈共同合作的可能性，并且用这种方式来影响整个宗教界，或者说启发政界来加以某种实质性的推动，这倒是一种可行的设想，具有一定的可操作性。原来在我的理解中，看您的书时好像觉得您不仅仅是在描述一种愿景，而是要确确实实有所作为。这种作为如何去实现，是我还没有想好的，而且感到在目前宗教界的实施也颇有困难。如果先是与宗教界联合做一些大家都感兴趣、都积极支持的事情，我个人认为在目前情况下我们学术界倒是有可能朝着这个方向努力。但是，宗教界的“共同体”意向如何实施上，没有政治的支撑在目前看来是很难的。我们只能是从思想、文化、学术的层面来积极探讨，可以在理论上对它进行一番描述，因为我们毕竟不是宗教界的参与者，而是外在的观察者。从观察者的角度，我们对之做一些预设，进行某种可行性论证，当然是可以的，因为它不涉及一个直接的实践。如果从直接实践的角度来讲，其构设可否以及怎样来实施则还是有待于中国的宗教界。目前中国宗教界的状况仍准备不足，尽管其各教协作、整合的条件远比其他国家优越，却暂时还不能支撑这样具有突破性的革新和探索。

安伦：我同意在中国社会解决对宗教的认识问题之前实施共同体确实难度很大。但反过来说，一旦对宗教怎么看的问题解决了，中国社会普遍认识到宗教是人类常态，传统中华文明就是儒道佛的“宗教共同体”，宗教具有巨大的造福社会的潜能有待开发利用，共同体的可行性和必然性就陡然明朗了。因为当国人恢复了人类信仰常态，愿意积极发挥宗教的社会功能造福社会时，就会发现任何单一宗教都不能达到这样的效果，只有靠某种形式的“宗教共同体”来推行乃是不得不作出的选择。

在中国实现“宗教共同体”，不只是宗教界的事，而应当是政界、宗教界和学界互动的结果。其中政界居主导地位，没有政界对共同体的理解和积极支持，任何行动都是鲁莽的，任何进展都是不可能的。解决中国社会对宗教怎么看的问题，其中最重要的是解决政界对宗教怎么看的问题。一旦执政者认识到“宗教共同体”对社会治理的巨大潜能和利益，认识到宗教是友而不是敌，是维护政权和社会稳定的有力工具，愿意积极推行和支持，共同体就水到渠成了。我对共同体的利弊做过反复研究，至今为止的发现都是有百利而无一弊。无论从执政者政治治理需要、政权稳定、解决意识形态矛盾和核心价值体系缺失、突破目前宗教问题困境、凝聚全民族民心、抵御西方普世价值，还是从社会和谐稳定、解决信仰缺失、提供共同价值观、重建社会道德体系、满足国民需求角度来看，共同体都有举足轻重的积极价值。所以我对中国执政者最终采纳和支持共同体持乐观态度。

最难解决的是对宗教怎么看的问题。执政者没有时间和精力把宗教问题研究清楚，宗教界照现状来看也不可能完成这样的工作，老百姓当然更不具备这样的能力。这个问题只能靠学界研究透彻，然后把成果传播到政界和社会，让执政者和社会建立起对宗教问题更深入确切的认识，才有机会得到政界、宗教界和社会的认同和支持。就此而言，中国的宗教学界虽然势单力薄，而且目前关注这方面问题的学者少之又少，但却承担着复兴中华文明最原始的启蒙责任。只有首先发动宗教学界对此问题深入研究，引起学界普遍的关注和论证，进而启迪和影响政界和社会，才能最终解决对宗教怎么看的问题，否则中国社会就只能停留在对宗教问题认识混乱、意识形态自相矛盾的状态。在宗教被当作边缘化事宜时，关注者只有宗教界和宗教学界；但如果普遍认识到传统中华文明就是儒道佛宗教后，宗教就会成为全学界、全社会关注的重大事宜。因此，学界不只是观察者，而且是重要的参与者，可谓任重而道远。尽管这个问题目前还没有引起学界普遍关注，但已经有像您这样的学者对此深入研究思考，著书立说，我觉得是非常良好的开端。中国的觉醒取决于学界的首先觉醒。

对于“宗教共同体”来说，中国宗教界虽然是最终的实施主体，但目前并不起决定性作用。要等学界和政界解决了对宗教怎么看的问题，政界对共同体采取积极扶持态度后，宗教界才能真正有所作为。中国宗教界由于自身地位软弱、政治化、世俗化、边缘化等原因，目前难以起到决定作用。如果宗教界能够如您所说，形成某种形式的联谊，通过对话合作探讨共同体发展前景，启迪社会建立对宗教的正确认识，则不失为宗教界的积极贡献。

至于中国宗教界和社会能不能接受共同体理念，我做过很多测试，发现社会各阶层的接受度远远超过我原来的想象。我把关于共同体的书和文章拿给很多人看，或者把共同体的理念讲给很多人听，绝大多数的人都认为很合理，完全接受。至今表示质疑或反对的人不到百分之三。表示接受的人当中不仅有各宗教的信徒，也有没有宗教信仰的人；不仅有受教育程度低的人，也有受过最高教育的著名学者；不仅有平民百姓，也有“达官贵人”。同样的现象也发生在宗教界，我原来认为会强烈反对共同体理念的各宗教资深教职人员，如资深的基督教牧师、天主教神父、佛教法师、道教道长，看过书或文章之后，不仅表示认同，有的还表示愿意积极推动。我的书里预言反对“宗教共同体”的有两类人，一类是各宗教的原教旨主义者，另一类是宗教学家。但是据实看来，中国宗教界原教旨主义者并没有想象中那么多，许多在西方社会可能是原教旨主义者的资深教职人员不仅观念开明，而且有很强的包容性！宗教学界的认同接受度也远比我原来想象的高得多，至今接触过而表示反对的人很少，而且反对者几乎都是拒绝阅读和了解共同体理念就认为不可能的。宗教学者会把问题想得更复杂一些，更多受到定势思维的影响，这原本就在预料之中。关键还是中国社会各阶层绝大多数人能够很容易地接受共同体理念。

总之，实现共同体，要靠政界、宗教界和学界的互动和配合。学界有不可推卸的研究解决对宗教的认识问题和社会启蒙的责任，应当负责让政界和社会获得对宗教的正确认识。虽然共同体是否可行，关键取决于中国政界的认同和支持，但我并不认为共同体的实现应该由政府包办，这样效果可能会很差。政府应当通过立法和行政实施对宗教的定位、扶持、指导和监控，而不应越俎代庖。宗教界应当在政界和学界的积极支持和配合下，通过自身的努力完成共同体的构建和运作。这样的构建才能有生命力，也才能实现整个社会的和谐。

卓新平：其实您的“宗教共同体”愿景除了宗教内在的开放性之外，还积极提倡其外在的开放性，就是希望宗教能与这个世界和合共生、和谐发展。而这种和谐发展不仅对宗教自身有好处，对整个人类也都是大有好处的，这在您的基本构思中被视为是非常重要的。但是要做到这一点，不仅宗教界要努力，全社会也要创造更好的条件，双方要相互呼应。学术界在当前处境中推动并倡导宗教理解，就是想带来宗教与社会积极的双向互动。因此，有必要将社会表层的宗教认知深化到其思想内在的宗教理解，不应该仅仅看到宗教的社会作用，更应该探明宗教的精神世界，对宗教的境界和宗教的本质有客观、积极的分析和评说。宗教不可只被视为政治的阴影，而必须看到宗教也始终闪耀着文化的阳光。

安伦：说得好。我刚才所讲的是“俗谛”，宗教自有其崇高境界的“真谛”。但在社会主流还没有解决对宗教的认识混乱和无知问题之前，我怀疑是否会有很多人愿意潜心了解宗教的“真谛”。因此，现阶段我们不妨向佛陀学习，多讲一些适合社会主流理解和接受水平的“俗谛”。

我还有一个认识，就是宗教在以往几千年的历史当中，一直是自为、自在的，人类从来没有有意识地加以调控和引导。原因是宗教在人们的意识中一直被认为是完全神圣的，不能被干涉、调控或者修正。近代社会里，随着人们的认识能力不断提高，对宗教的这种认识也需要改观。虽然其崇敬的“神”是神圣的，但宗教本身并不一定是神圣的，因为宗教是人为的。宗教既然是人为产生和发展的，就不可避免地有错误缺陷，也就可以为了避免其负面危害、发扬其造福社会功能而对之加以人为调控、修正和变革。“宗教共同体”实际上就是为了人类社会共同福祉而理性调控宗教行为的机制。对这个问题的认识发展会很像人类对经济的认识发展过程：在亚当·斯密时代，人们对经济运行的态度是不应干涉，而应放任自流，依赖市场经济看不见的手自行运转，经济才会充分发展。到了凯恩斯时代，人们才认识到经济实际上不仅可以人为调控，而且必须调控，才能避免或消除经济危机的危害，健康发展，更好地造福社会。现代社会中对经济的调控进一步加强，已经成为经济生活中不言而喻的共识。宗教的处境非常相似，只是宗教处于更加滞后的阶段，社会还没有产生调控宗教的主动意识。

卓新平：宗教实际上一直是在调控中发展的，既有宗教本身内部的调控，亦有其所处社会各种因素对之加以外部的调控，如宗教改革本身对它就是一种内部的调控，而社会变革则是对宗教的外部调控，促使宗教必须“跟上时代”、“与时俱进”。不过，这些调控的主体可能会各不一样，比如说像英国的宗教改革，其情况就比较复杂，虽说是宗教内部的调控，世俗君主即英国国王却是其调控的主体。这些宗教革新、社会革命也应该是属于调控类型的，您说呢？

安伦：这也是一种调控，但不是我说的那种意义上的调控。类似宗教改革运动这样的调控大多是内部矛盾累积造成的对传统宗教的反叛或对抗，譬如说基督教的新教改革运动是内部矛盾累积造成的对天主教传统的反叛和冲击。我说的调控是宗教有意识地、主动、常规地检查和调控自己的教义、教规、组织和行为，以便真正做到抑恶扬善，增强自身的正确性和生命力。譬如说宗教理性化的问题，就是您说的“祛魅”问题。在您书里，“祛魅”是全球化时代宗教面临的趋势和现象，我所主张的是宗教应当自己主动“祛魅”。我所说的“魅”是指传统宗教中历史遗留下来的迷信和自相矛盾的东西。这些产生于千百年前的迷信产物在人们的教育和认识水平非常低下时可以维持，但让教育水平、认识和反思能力大幅提高的现代人继续接受并相信，就越来越行不通了。英国、德国、澳大利亚等西方国家去教堂人数急剧下降，宗教没有及时理性化赶上时代是主要原因。我自己接触过很多欧澳人士，跟他们聊天了解他们的信仰情况，结果是大多数人都是信仰上帝而不去教堂的。我问他们为什么不去教堂，回答几乎都是不相信教会讲的那一套。贵所学者孙艳燕在英国伯明翰做的信仰状况调查报告进一步证实了这种状况。宗教如果墨守成规，坚持传统经典和教规中的一切都是神圣的，拒绝作出任何变革，不断衰落就是必然结果。因此宗教主动实现理性化、现代化，不仅符合时代潮流，而且是避免宗教自身衰败的必然选择。其实，各大宗教教祖的原始教义本来就是非常理性的，譬如老子、孔子、释迦牟尼、大雄、琐罗亚斯德、《奥义书》先知作者等创立的教义都是深富理性的，几乎没有迷信成分。

另一方面，我主张有意识地调控宗教，以便充分发挥宗教造福社会的功能，避免宗教潜在的负面作用。您的书中对宗教的积极社会功能有详尽的阐述，我非常赞同。这些积极社会功能如果没有被有意识地挖掘和发挥，未必会自己产生作用。历史证明，由于缺乏自我检查和调控机制，宗教经常会违背自己的教义和伦理原则作出阴暗丑恶的事情。所以，我认为宗教应该从自在、自为向可以人为调控引导演进。

卓新平：这也有它的难度，中国人也强调理性信仰，但不完全是理性的。宗教的特点就是保持神秘的层面，离开了神秘它就不叫宗教了。神秘的因素不一定说是反理性的，但是理性很难把它涵括或说透。这方面的观察和分析是很重要的，这是宗教的特点之一。神秘性很讲究主客体之间的互动、呼应，而且通常会把宗教所处的自然、社会从整体意义上也看作“主体性”的，对之有着“人格化”的理解，因此如何对其加以积极引导就是很重要的。在宗教中也讲“道法自然”、“奉天承运”，既有“天择神选”，亦可“听天由命”、“谋事在人、成事在天”，各种的可能性都有。对之究竟应该怎样来引导？我认为还是积极引导比较好，让宗教及其选择向好的方面去发展。这样，在现代社会中对宗教积极引导还是比让其道法自然要好一些。我在研究宗教的过程中就感觉到，宗教教义、宗教理论包括很高的文化，有着博大精深的思想和崇高的境界，但是在现实生活中不少宗教人士达不到这一点。所以，从这个现实存在方面来说，对宗教的社会调控、引导仍很重要。这种调控不一定是针对宗教真理，而是针对在社会上的人，包括以宗教生活方式来存在的人。人有人的局限性，人也有社会责任和社会约束，在这些方面是可以调控的，可以形成宗教与社会的良性互动。我感觉到现在中国宗教的发展来势迅猛，但是要达到其与现代社会的一种良性互动还是要有所作为，不能无为。

安伦：非常赞同。只有通过有意识的积极调控引导，宗教才能更现代化、更理性化、更适合现代人的需求、更能发挥造福社会的功能。但是要做到这些，关键是要建立积极调控引导的意识和机制。

关于宗教的神秘性我和王志成教授做过一点辩论。他看了我的书以后担心宗教理性化可能会摧毁宗教的神秘性，把宗教的神秘性去掉以后宗教就不成其为宗教了。我认为这种担心是没必要的。在我的书中，理性的作用是检验宗教信念和教义，祛除愚昧迷信、逻辑混乱、自相矛盾的成分，而不是取代启示和宗教经验去发现“神”的真理，更不会破坏宗教内在的神秘性。终极神圣无形而且难以被认知，本身就有充足的神秘性。这种内在的神秘性是任何人都无法破坏的，所以并不需要人们用迷信和神话来人为制造更多的神秘性。人为的神秘性即便被制造了，到了人类认识水平更高的时候还是会被否定掉。理性信仰更符合教育和认知水平更高的当代人和未来人的需求，因而将有长远的生命力。

卓新平：时间过得很快，我们的对话只得暂时告一段落。对于宗教的理解，需要不同形式的对话，由此以求真正的沟通。“和而不同”是对话的姿态，“求同存异”是对话的动力。希望我们保持联系，在今后继续这种有益、友谊的对话。

（注：与安伦对话的部分内容已发表，载于《学术月刊》2010年第7期“世界宗教能否走向‘共同体’——关于全球化宗教发展愿景的对话”，以及《社会科学报》2010年7月15日第5版“全球化宗教发展愿景对话——‘宗教共同体’是否可能”。）

十九　加强文化战略　提高文化软实力

——2011年2月与社科网记者对话

记者： 卓教授，感谢您今天接受我们的采访。加强中国文化战略是一个非常宏大的命题，您能否先介绍一下，何谓文化战略，它的意义是什么？

卓新平： 今年是辛亥革命一百周年，辛亥革命后的进步知识分子发起了新文化运动。新文化运动给中国社会带来了翻天覆地的变化，但是人们在对中国文化的认知方面，也形成了一定的分歧。中国新文化应包括哪些内容，应向何处发展，当代中国有识之士对此一直在探索。改革开放之后，各种文化思潮涌现，在中国社会上呈现出对话、竞争的态势。西方学者关于“软实力”的提法引起我国社会各个层面的普遍关注和广泛讨论，文化“话语权”、文化“形象”、文化“走出去”等问题成为最近我国舆论界的热门话题。这样，人们开始从“文化”这一角度来考虑“国家形象”、“文化自我”、“民族精神”等具有文化战略意义的问题。对于文化及“软实力”的探讨，西方理论仅供借鉴和参考，我们应该走出具有自己特色之路。在改革开放以来中国经济发展取得卓越成就的形势下，我们有必要、而且必须尽快加强我国自己的文化战略举措，使我们的社会经济发展获得持久的、坚实的“潜在精神力量”的支持，有着稳固的文化后盾。但在当前这种文化交流乃至较量中，我国文化产业占世界文化市场比重很小，与国内生产总值、外汇储备等经济硬实力相比，我国文化软实力仍然较为落后，“西强我弱”格局明显。中国的文化有着五千年悠久的历史传统，为我们提供了丰富、宝贵的文化资源；而中国现在正成为世界上的第二大经济体，给我们当前的文化发展提供了很好的经济基础。在这样的背景下，应该从宏观的层面上提出一些必要的文化发展构思，因为制定相应的文化战略、增强我国的文化软实力已经时不我待。文化战略是一个国度或文化体系关于其文化发展的分析、比较、构设和举措，是对文化全局的宏观把握和自身文化状况的思考，有其系统性、前瞻性和可操作性。文化战略的科学制定和正确决策，对于相关国家和文化体系的发展至关重要、意义深远。我国系统、全面地考虑自己的文化战略已是水到渠成，也是全球化文化现状的大势所趋。

记者：您认为我国当前在推进文化战略的过程中，取得了哪些成绩，同时又存在哪些问题？

卓新平：目前文化建设的问题已得到社会广泛关注。从文化的角度来重新构建当代中国社会，这些年显然已经得到了长足的发展；一些文化品牌的创立、一批文化景观的建设、一系列文化活动的实施，应该说初有成效。但是，从目前来说，我们的文化建设还未进入系统的发展，在推动文化发展时一些随意性的、临时性的举措比较多。如果政府能够从宏观整体的层面、从可持续发展的角度，对文化战略进行比较系统和深入的考虑，有一个基本的梳理和构想，这样就会更有利于增强我国文化软实力、提高国民文化水平。我希望政府能有这方面的系列举措。

记者：前一段时间，由国务院新闻办公室发起拍摄的中国国家形象宣传片在国际主流媒体播出；文化部近期也下发通知要求各地公共美术馆、公共图书馆、文化馆向社会免费开放。这些举措是不是意味着政府在中国文化战略布局上已经开始有所行动？

卓新平：“三馆”开放的意义在于吸引广大民众进入这些公益性的文化单位，更多地接受文化教育，从而形成全民关注文化修养的风气，达到提高精神文明素质的目的；国家形象宣传片的推出是让世界了解中国文化，当然是非常积极的举措，但我认为还有更深层次的问题需要考虑。当前中国的文化战略可以从三个层面来拓展。

（一）树立国家的文化形象，在对外宣传中国文化特色、显示中国文化魅力上应加大力量，有相应的投入，启动让中华文化走出去并影响世界的“国家形象”工程，在世界舞台上多有中国文化精品、国家文化形象的亮相，以此能使国际社会对之产生深刻的印象和受到较强的感染。中华文明上下五千年，历史悠久，底蕴深厚，但迄今仍缺乏文化意义上明确代表“国家形象”的精心构设和品牌意识。过去在介绍、宣传我国文化时比较零散而不系统，没有相对集中、较为醒目、综合浓缩的中国文化形象的典型表述和精神结晶。因此，为了比较清晰、透彻地展示中国文化及国家形象，有必要发掘并宣传代表中国文化形象的“关键词”、“标志图”。

（二）在核心价值观上突出中国文化因素，表明并大力宣传代表中国文化的象征，如代表人物、象征符号、传世作品、名胜古迹等。对中国文化传统的反省、反思应促进中华文化共识的形成和彰显，增强中国人对中华文化的自我意识，形成对中华文化的自觉性、自信心和自豪感，弘扬中华文化自强不息的精神传统。对此，亦需要相应的培养和引导。目前人们对中国文化象征的认识仍很模糊，分歧较大，认同不易。例如，最近人们对中国历史博物馆门前立孔子塑像的讨论、争议，就可看出这些方面仍然存在的问题。从形成中华文化的认同感、凝聚力等意义上来说，孔子、老子作为中华文化代表人物，“儒”、“道”作为其传统文化象征符号，“四书五经”、“道德经”等作为中华古代文献之传世精品，以及西安、北京等古都，黄河、长江等大川，曲阜、泰山、黄帝陵、炎帝陵等圣地，都应作为中华文化瑰宝来宣传，树立其在人们心目中的重要地位。

（三）展示中国文化“海纳百川、有容乃大”的胸襟及其“自强不息”、“与时俱进”的发展。在中华文化“多元共存”、“多元一体”的构建中，应揭示其民族文化、宗教文化在多样中的共构、在不同中的和谐，并突出中国文化对外来文化的开放性、包容性。以此则可说明中国文化对外来优秀文化的认可、借鉴和吸纳，以及由此所推动的中国文化自我的不断更新、积极发展。中国当前的社会主义文化就是中外优秀文化有机结合的产物。而中国现代文化中对自己的传统文化有哪些继承、批判、扬弃、超越和更新，当今中国文化的典型表述是什么，应怎样向世界展示，都应有战略考量。中华文化具有对己“自知、自觉、自强”和对外“开放、包容、共存”的纵横坐标，这在北京古城的构思、建设中曾有非常形象的表达，如其南北纵向中轴线上皇家建筑系列所体现的权威、自信和统一，以及其东西横向各大民族宗教建筑布局所反映的多元共构、和谐共存。有不少专家建议，在北京等古老名城的建设布局和修复重构中，应注意这种文化理念的融入和展现，尤其是北京古城从东四往西四一线如朝阳门至阜成门及其周边地区各大宗教建筑群的恢复、修缮，对之加大宣传和对外开放，都具有文化战略的意义。

记者：在加强文化战略上可以有哪些具体举措呢？

卓新平：其具体举措则可以从四个方面来考虑，一是提出作为核心理念的中国文化观念，这是中华文化之魂，体现出中华文化的特色。比如说"和合文化"、"和谐文化"，它们是不是可以作为中国文化的价值理念，体现中国文化的特色。二是保护作为历史遗产的中国文化留存，如在文物古迹保护、非物质文化遗产保护上加大力度。三是推广作为生活方式的中国文化模式，增加日常生活元素中的中国文化色彩；现代中国社会中外来元素、尤其是西方元素越来越多，我们应关注并重视这一发展趋势；当然，这也体现着中国文化的开放性和多元性，但与此同时我们自己又要保持住中国文化上的自我意识；如宣传提倡具有中国文化因素的时尚、集会、节庆，凸显日常生活、文化娱乐中的中国元素，打造民族、地域文化特色突出的文艺品牌，开展弘扬中华文化优良传统的文化建设、文化工程。四是发挥作为社会功能的中国文化作用，文化作为一种精神力量，能够促使人们向善、推动社会向前发展。其中就包括发挥中国传统文化的文化功能作用，如中国文化的重要组成部分——宗教文化就特别值得发掘。如何使宗教的道德观念、价值追求能够与我们和谐社会的理念相吻合，能够在社会中起到和谐稳定的积极作用，这是值得深入探讨的话题；在此我们应该积极引导宗教在当代中国社会中的积极作用，以其道德功能、和谐风尚来服务社会、贡献社会。

此外，我们还需协调好民族文化、地域文化的关系，关注现代影视、媒体及网络文化的舆论导向，体现中国文化的丰富多彩、多元通和、有机共构、融合统一。为此，我们应该有所作为，打造和树立如建设中国文化名城，发展具有地域特色的多样文化圈或文化基地，扩充世界各地孔子学院的文化蕴涵，以及创办能有世界影响的文化论坛等中国文化品牌、中国文化样板，在这些方面应系统性地有所构设，积极推广。

在文化战略布局的具体操作层面，我认为政府在以下几个方面可以大有作为：一是古老城市重建和城市规划方面。目前我们正处在"文化接力棒时期”，一些重要的历史文化景观，比如泰山、曲阜等地的发展都需要继承和创新，在有关它们的建设规划中要有文化战略的构设；二是要有高质量、高水平体现中华文化海纳百川、和谐对话的文化论坛和文化交流。这方面我们已经有了一些成绩，比如近些年举办的北京论坛、中国学论坛、尼山文化论坛，都取得了一定的社会影响，但总体来说做得还不够，仍需继续努力；三是对后代的传统文化教育。什么是优良的文化传统？什么样的文化遗产值得继承弘扬？这需要社会各界的共同努力，形成尊重和传承优秀传统文化的社会氛围，让孩子们在这种氛围中成长，而不是简单地让孩子们诵读《三字经》、《弟子规》等经典读物。

记者：您谈到了宗教文化在中国传统文化中的重要地位，您认为它在我国的文化战略中能够发挥什么样的作用？

卓新平：在中国优良的传统文化中，宗教文化占有很大比重。但是因为中国社会对其认知上的敏感，宗教文化的宣传和建设好像没有太多的作为。当前人们仍然谈“宗”色变，不敢触及和涉猎，这是对我国宝贵文化资源的巨大浪费。中国对外开放以来，我们听到了在国际舞台上存在着的利用宗教问题来否定、批评中国文化发展的声音，一些敌对势力甚至利用宗教问题实施“西化”、“分化”中国的政治图谋。面对这些声音，我们不能消极地防范、反驳，而是应该利用丰富、优秀的宗教文化资源，让中国宗教文化走出去，用正面的形象向世人展示中国文化和谐繁荣的景观，让谣言不攻自破。中国社会的繁荣发展给宗教正常的生存和发展带来了很好的机遇，形成了很好的环境。前些年中国业内人士搞了两次世界佛教论坛，一次道德经论坛，社会反响很好，影响很大。类似的宗教文化工程建设应该说是很有必要的。目前这方面做得还不尽如人意，可以进一步深入探讨，我们宗教文化研究者也要积极呼吁。

记者：刚才还谈到了文化战略中的中国文化象征符号，您个人认为，中国文化最合适的象征符号是什么？

卓新平：费孝通先生曾经讲过“各美其美，美人之美，美美与共，天下大同”，有的学者把最后一句改为“和而不同”。这是因为“天下大同”很难做到，而“和而不同”却是我们中国文化的重要特色之一。中国文化的最大特点是多元共构、和谐共存，不能拿某一种象征作为我们全部文化的代表。但是它仍可以有相对集中的代表群体，比如说人物代表是孔子和老子，地域代表是长江、黄河、泰山，图腾象征是龙凤，文化经典有《四书五经》、《道德经》等。中国文化有漫长历史的积淀、上下五千年的传承，因而不能简单地用某一种来涵括所有。应有一个象征群体来代表中国文化，这个群体具体包含哪些成员，目前还没有达成共识。现在舆论的趋势是大家乐于批评或反驳其中某一种关于中国文化代表性表述的观点，却较少提出建设性的意见。我认为，我们应该更多地从建设性的方面来重塑中国文化的象征符号群体，真正让大家具有弘扬中国文化的自知、自觉和自信。

总之，应从加强中国文化战略有效举措入手来避免我国在新时期发展中可能潜在的文化危机，引导人们走出其文化盲区或误区，扭转西方文化在我国过于强势扩展甚至可能发展为颠覆性渗透的被动局面，以巩固中国文化传统本有的内在凝聚力和外在开放性，并通过强烈的中国文化意识来博古通今、固本化外，从而既能增加自信又会感染世界。

二十　湖湘文化：不仅是湖南的，更是世界的

——2011年3月《湖湘文化》记者访卓新平

记者：请您谈谈对湖湘文化的理解。

卓新平：我认为湖湘文化要从两个层面来理解。从第一个层面来看，湖湘文化有其地域性，体现湖南的即湖湘精神和文化特色，反映出湖南的历史积淀，展示着湖南的地区魅力，故有着湖湘的独特个性，人们曾用湖湘性格来表示；几年前湖南卫视曾拍摄过一组关于湖湘性格的电视系列片，以影视艺术手法对此加以总结概括。而从第二个层面来说，这又不仅仅是一个地域文化，因其影响力、辐射力而有着更广泛的影响，更深刻的意义；为此，我们还应该看一看湖湘文化在整个中国历史的发展上扮演过哪些角色，发挥过什么样的作用，湖湘文化所展示的精神文明是什么，有哪些独特风范和气质，给中国乃至世界的发展曾经带来了什么样的启迪和感召力？所以说，我们传承和弘扬地域文化，既要立足于地域文化本身，又要有更高的视野和境界。在文化交流、汇通的时代，地域文化有其地域特色，也有着全球关联。

记者：那么应怎样看待湖湘文化在中国社会转型发展过程中的意义和作用？

卓新平：在中国近现代社会转型时期，湖湘文化和湖湘精神曾有一个大的展现，达到过一个高峰，有其辉煌的历史。之所以有这么辉煌的历史，这和几百年甚至更长时间的文化积淀是分不开的。近现代以来，湖南人十分注重教育，讲究学术，比如培养了无数学者、名流的岳麓书院就以“造就人才，传道济民”而广有影响，其“道林三百众，书院一千徒”的

成就在中国教育史上留下了厚重的一笔。今天人们还津津乐道其“唯楚有材，于斯为盛”的豪情。而船山学社则让人联想到湖南在中国哲学、思想文化发展上的积极参与和独到贡献。此外，湖南人的秉性中还有一种勇于创新、敢为人先的开拓精神和求真务实的精神，人们习称为湖南人的“霸蛮”秉性。这样一段历史值得我们去研究，这样的湖湘文化值得我们传承和发扬光大。回顾这样一段历史，体现出湖湘文化有着悠久的传统、丰富的内涵。我们弘扬文化要有历史的回溯，要有思想文化上的挖掘，要有对其亮点的展示、对其规律的梳理和对其成就的总结，这样才能找到湖湘文化的核心、灵魂，讲清楚什么方为“湖湘之魂”。而文化的传承靠精心培养，靠一代一代的积累，这样才能“修成正果”。

现在中国正面临着经济社会大发展的大好时期，在当前中华民族振兴和现代文明建设的征程中，如何挖掘、研究和传承、光大湖湘人文精神，给她注入新的生机活力，激励湖湘和中华各族儿女，为推进湖南富民强省战略、中华民族的伟大复兴和世界和平发展尽一己之力，这才是研究湖湘文化的价值所在。

记者：湖湘文化有哪些特色、怎样来展现？

卓新平：一种文化大致会包括技艺、制度、精神、审美等方面，它们会相互交织，有机共构其文化全景。技艺属文化的物质层面，它作为文化的表层给人一种直观印象，特别是其科技成果会让人一目了然，可直接为人所用。我对科技史是外行，不了解历史上湖南的科技发展，但在直观印象上至少对历史上湘绣、湘菜技艺所达到的高度非常敬佩，而湖南的茶文化在中华茶艺中亦独树一帜。此外还有一些地域性强、主要在相关区域流行的民族、地方工艺也颇有特色、与众不同。这些地域文化传承在今天都非常值得弘扬。当前湖南在经济发展中提出要“弯道超车”，这就需要在今天科技发展上也应注意并突出湖南科技的特点、专长和优势。在制度层面，湖南大体上与整个中国的政治制度和社会结构相同，但在历史发展的一些相关时期也显现出湖南的地域特色，有着细节上的不同。例如，湖南历史上曾有一些怀才不遇、远离皇权政治核心的思想家、政治家在当地任职，他们在相对宽松的社会政治环境下曾尝试推动区域性的政治体制改革，或以文书的形式表达他们的政治抱负和主张，这对中国近现代的政治体制发展和改革都曾产生过重大影响。在精神层面，湖湘文化精神则可圈可点，感人至深。我们可以寻踪远古时代炎帝文化、蚩尤文化在中国农耕文化和相关少数民族文化中留下的痕迹，我们可以缅怀战国时期屈原忧国忧民的精神及楚湘文化的关联，我们可以体悟范仲淹《岳阳楼记》“不以物喜，不以己悲”、“先天下之忧而忧，后天下之乐而乐”的理想抱负给人们带来的触动和震撼，我们可以感慨谭嗣同变法维新、为救国救民而敢于自我献身的“壮飞”之举，我们更可以发扬毛泽东等老一辈革命家“敢上九天揽月，敢下五洋捉鳖”的大无畏革命气概。湖湘文化的灵气、灵魂，湖南人“敢为天下先”的精神，都值得我们深入研究和弘扬。在审美层面，也有很多内容值得我们去探讨、研究，其中对自然景观的欣赏、回归自然的情趣，对湖南灵秀山川的品味、鉴赏，对自然、人文景观的巧妙共构或有机融合，都体现出优杰的审美情趣和文化鉴赏的大手笔。当然，这种湖湘文化的理解应是开放性、吸纳性的，而不是一种排外、保守的自我封闭、孤芳独赏，因为湖湘文化积极参与了中华文化“海纳百川”的发展大趋势，并且正是在其激流勇进中而展示出其绚丽的浪花。

记者：湖湘文化在今天应如何参与中华文化的重建和弘扬？

卓新平：现在世界正处于一个知识大爆炸的时期，多元文化的涌动、交汇极为典型。应该说，当前中国已是多种文化涌进的态势，知识经济也是如火如荼，但同时我们也面临着一个俗文化的时代，浅层面的文化很活跃，却缺乏深度和持久性；许多人虽有知识但缺少一种文化精神，社会转型时期人们易产生的浮躁、不安、短期行为在文化上也比较典型。这样已经产生了“思无所依”的空虚，缺失那种“淡泊明志、宁静致远”的崇高境界。这在我们当前的转型时期虽不可避免，其延续则应是越短越好。所以，我们挖掘传统优秀文化的价值，进行民族精神的重塑就是一种必要的自我反思和自我调整。而进行这种反思和调整，挖掘文化的内涵和精髓，首先要有文化的意识，文化的自觉性，要从这种溯源性的文化自觉达到创新性的理论自觉。如果没有这种文化意识就不会去关注湖湘文化，而有了这种自我意识之后则会带给我们文化重建和创新的动力。现在已经到了中国文化重建创新的时候，中国几十年的改革开放给中国的经济社会带来了很大的改变，为文化复兴打下了很好的基础；但我们要认识到目前我们的文化建设仍还比较滞后，要想真正把中国文化搞好，确是一个很大的工程，具有很大的意义。在此，湖湘文化就应该发扬其“敢为天下先”的优良传统和坚韧精神，在中国文化重建中探路闯道，勇当先锋。“千里之行，始于足下”，我们湖南人弘扬中华文化就应该脚踏实地，从自己做起，自足下迈步，以湖湘文化的现代发展为始点。中国文化要立足于世界之林，需要不断挖掘、传承和发扬光大，在此，湖湘文化理应登台亮相了。

附一

卓新平学术简历

卓新平：男，土家族，1955 年 3 月 31 日生于湖南慈利，现任中国社会科学院世界宗教研究所所长，研究员，中国宗教学会会长。1972 年 5 月至 1974 年 7 月就读于湖南常德师专英语专科，1974 年 8 月至 1978 年 9 月任湖南常德师专英语科教师，其间曾于 1977 年 11 月至 1978 年 1 月在湖南大学英语培训班、湖南师范学院英语系进修；1978 年 10 月至 1981 年 9 月在中国社会科学院研究生院世界宗教研究系读基督教专业硕士研究生，1981 年获哲学硕士学位；1981 年 8 月至 1983 年 5 月任中国社会科学院世界宗教研究所助理研究员；1983 年 5 月至 1988 年 11 月留学德国慕尼黑大学，1987 年获哲学博士学位，1988 年 9 月当选为德国（欧洲）宗教史协会终身会员；1988 年 11 月至 1992 年 8 月任中国社会科学院世界宗教研究所副研究员，1989 年至 1993 年任中国社会科学院世界宗教研究所基督教研究室副主任，1991 年被人事部和国家教委评为“有突出贡献的留学回国人员”，1992 年 8 月被评为中国社会科学院研究员和享受国务院政府特殊津贴专家，1993 年 9 月至 1998 年 9 月任中国社会科学院世界宗教研究所副所长、基督教研究室主任，自 1994 年任中国社会科学院研究生院教授、硕士生导师，同年当选为中国国际文化交流中心理事和中国统一战线理论研究会理事，1995 年至 2001 年任中国宗教学会副会长，1996 年至 2003 年任中国社会科学院研究生院世界宗教研究系主任，1996 年任中国社会科学院研究生院学术委员会委员、博士生导师、任中国社会科学院基督教研究中心主任，被评为国家级有突出贡献的中青年专家和“新世纪百千万人才工程”国家级人选，当选为欧洲科学艺术研究院院士，自 1998 年 9 月任中国社会科学院世界宗教研究所所长，1999 年当选为中国统一战线理论研究会副秘书长、常务理事，2000 年至 2004 年任联合国教科文组织下属国际哲学与人文科学研究理事会副主席，2001 年当选为中国宗教学会会长，2002 年任清华大学伟伦特聘访问教授、美国伯克利联合神学研究院苏吉特·辛格学术讲座主讲，2003 年 8 月至 2004 年 7 月任英国伯明翰大学佩顿研究员（访问学者），自 2003 年任国家社科基金宗教学评审组组长，被评为优秀留学回国人员，任香港中文大学庞万伦基督教与中国文化讲座主讲，2003 年至 2009 年任美国亚洲基督教高等教育联合董事会董事，2004 年入选中宣部首批“四个一批”人才，连任中国统一战线理论研究会常务理事，2005 年任中国社会科学院学位委员会委员，2006 年 8 月当选为中国社会科学院学部委员，连任中国宗教学会会长；2007 年 12 月参加中共中央第十七届政治局第 2 次集体学习，与牟钟鉴教授共同就“当代世界宗教和加强我国宗教工作”问题进行了讲解；2008 年 3 月当选为十一届全国人大常委、民族委员会委员、资格审查委员会委员，同年任国务院学位办哲学组成员。

附二

卓新平主要著述目录

一　个人专著（独著）

《心曲神韵——随感集》，中国社会科学出版社，2010 年 7 月。

《以文会友——序文集》，中国社会科学出版社，2010 年 7 月。

《学苑漫谈——讲演集》，中国社会科学出版社，2010 年 7 月。

《全球化的宗教与当代中国》，社会科学文献出版社，2008 年 2 月。

《基督教与中国文化的相遇、求同与存异》，香港中文大学，2007 年 3 月。

《当代亚非拉美神学》，上海三联书店，2007 年 1 月。

《当代基督宗教教会发展》，上海三联书店，2007 年 1 月。

《神圣与世俗之间》（文集），黑龙江人民出版社，2004 年 1 月。

《基督宗教论》（文集），社会科学文献出版社，2000 年 9 月。

《基督教知识读本》，宗教文化出版社，2000 年 8 月。

《宗教理解》，社会科学文献出版社，1999 年 9 月。

《当代西方新教神学》，上海三联书店，1998 年 5 月（2006 年 2 月再版）。

《当代西方天主教神学》，上海三联书店，1998 年 5 月（2006 年 2 月再版）。

《基督教犹太教志》，上海人民出版社，1998 年 10 月。

《基督教文化百问》，今日中国出版社，1995 年 4 月。

《世界宗教与宗教学》，社会科学文献出版社，1992 年 6 月。

《尼布尔》，台湾东大图书公司，1992 年 9 月。

《圣经鉴赏》，（宗教文化出版社 2000 年 11 月版），中国社会科学出版社，1992 年 2 月。

《西方宗教学研究导引》，中国社会科学出版社，1990 年 7 月。

《宗教起源纵横谈》，湖南人民出版社，1988 年 12 月。

《宗教与文化》，人民出版社，1988 年 10 月。

《中西当代宗教理论比较研究》（德文），彼得·朗出版社，1988 年。

（*Theorie über Religion im heutigen China und ihre Bezugnahme zu Religionstheorie des Westens*, Peter Lang Verlag, 1988）

二　主编著作

《基督宗教研究》第十三辑，共同主编，宗教文化出版社，2010 年 11 月。

《基督宗教研究》第十二辑，共同主编，宗教文化出版社，2009 年 11 月。

《论马克思主义宗教观》，共同主编，社会科学文献出版社，2009 年 10 月。

《20 世纪中国社会科学·宗教学卷》，广东教育出版社，2009 年 7 月。

《基督宗教社会学说及社会责任》，共同主编，宗教文化出版社，2009 年 5 月。

《基督宗教研究》第十一辑，共同主编，宗教文化出版社，2008 年 12 月。

《中国宗教学 30 年》，中国社会科学出版社，2008 年 10 月。

《基督教小辞典》（修订版），上海辞书出版社，2008 年 7 月。

《当代中国宗教研究精选丛书·基督教卷》，民族出版社，2008 年 1 月。

《基督宗教研究》第十辑，共同主编，宗教文化出版社，2007 年 11 月。

《马克思主义研究论丛·宗教观研究》，共同执行主编，中央编译出版社，2007 年 9 月。

《基督宗教研究》第九辑，共同主编，宗教文化出版社，2006 年 11 月。

《基督教文化 160 问》，东方出版社，2006 年 6 月。

《基督宗教研究》第八辑，共同主编，宗教文化出版社，2005 年 11 月。

《宗教比较与对话》第六辑，宗教文化出版社，2005 年 10 月。

《中国基督教基础知识》，宗教文化出版社（1999 年 1 月版），2005 年 7 月。

《信仰之间的重要相遇》，共同主编，宗教文化出版社，2005 年 6 月。

《基督宗教研究》第七辑，共同主编，宗教文化出版社，2004 年 12 月。

《宗教比较与对话》第五辑，宗教文化出版社，2004 年 11 月。

《基督宗教研究》第六辑，共同主编，宗教文化出版社，2003 年 12 月。

《相遇与对话》，宗教文化出版社，2003 年 9 月。

《基督宗教与当代社会》，共同主编，宗教文化出版社，2003 年 8 月。

《宗教比较与对话》第四辑，宗教文化出版社，2003 年 8 月。

《基督宗教研究》第五辑，共同主编，宗教文化出版社，2002 年 11 月。

《20 世纪中国学术大典·宗教学》，执行主编，福建教育出版社，2002 年 9 月。

《基督教小辞典》，上海辞书出版社，2001 年 12 月。

《宗教比较与对话》第三辑，宗教文化出版社，2001 年 10 月。

《基督宗教研究》第四辑，共同主编，宗教文化出版社，2001 年 10 月。

《基督宗教研究》第三辑，共同主编，宗教文化出版社，2001 年 10 月。

《基督宗教研究》第二辑，共同主编，社会科学文献出版社，2000 年 10 月。

《宗教比较与对话》第二辑，社会科学文献出版社，2000 年 10 月。

《宗教比较与对话》第一辑，社会科学文献出版社，2000 年 1 月。

《宗教：关切世界和平》，共同主编，宗教文化出版社，2000 年 8 月。

《基督宗教研究》第一辑，共同主编，社会科学文献出版社，1999 年 12 月。

《本色之探：20 世纪中国基督教文化学术论集》，共同主编，中国广播电视出版社，1999 年 4 月。

《基督教文化面面观》，齐鲁书社，1991 年 10 月。

三　参与合著

《基督教词典》，文庸等主编，商务印书馆，2005 年 2 月。

《当代世界民族宗教》，李德洙、叶小文主编，中共中央党校出版社，2003 年 12 月。

《现阶段我国民族与宗教问题研究》，中央党校课题组编，宗教文化出版社，2002 年 9 月。

《当代新兴宗教》，戴康生主编，东方出版社，1999 年 12 月。

《宗教大辞典》（分科主编），任继愈主编，上海辞书出版社，1998 年 8 月。

《简明华夏百科全书》（“宗教学”分科主编），华夏出版社，1998 年。
《简明中国大百科全书》，中国大百科全书出版社，1997 年。
《当代基督新教》，于可主编，东方出版社，1993 年 7 月。

四 论文

以科学发展观研究新兴宗教，《世界宗教文化》2011 年第 1 期，1—3 页。

Christianity and Contemporary Social Developments in North-East Asia: Reflections on the Future Development of Christianity in China, Jan A. B. Jongeneel, Jiafeng Liu, Peter Tze Ming Ng, Paek Chong Ku, Scott W. Sunquist, Yuko Watanabe eds.: Christian Presence and Progress in North-East Asia, Historical and Comparative Studies, Peter Lang GmbH, Frankfurt am Main, 2011, 20—25.

China, Daniel Patte ed.: The Cambridge Dictionary of Christianity, Cambridge University Press, 2010, 203—206.

Comprehensive Theology: An Attempt to Combine Christianity with Chinese Culture, Miikka Ruokanen and Paulos Huang ed.: Christianity and Chinese Culture, William B. Eerdmans Publishing Company, Grand Rapids, Michigan / Cambridge, U. K., 2010, 185—192.

当代云南民族和睦、宗教和谐发展战略研究，金泽、邱永辉主编：《中国宗教报告（2010）》，社会科学文献出版社，2010 年 8 月，213—237 页。

佛教与当代中国社会文化，《宗风》2010 年夏之卷，18—27 页。

中国基督教“爱的神学”及其社会关怀，《天风》2010 年第 10 期，20—23 页。

Christianity and Dialogue between Chinese and Western Cultures（基督教与中西文化对话），郭长刚主编：《全球化、价值观与多元主义》，上海三联书店，2010 年 8 月，1—10 页。

必须关注如何正确认识宗教的问题，《西北民族大学学报》2010 年第 4 期，1—7 页。

世界文明与世界宗教，吾敬东、张志平主编：《对话，哲学与宗教》，上海三联书店，2010 年，84—110 页。

世界宗教能否走向“共同体”——关于全球化宗教发展愿景的对话，与安伦合作，《学术月刊》2010 年第 7 期，5—13 页。

澳门学与基督宗教研究，《广东社会科学》2010 年第 4 期，73—80 页。

马礼逊与中国文化的对话，《世界宗教研究》2010 年第 3 期，4—11 页。

当代马克思主义宗教观研究应关注的几个问题，《中国宗教》2010 年第 7 期，（促进马克思主义宗教观在中国的科学发展，《当代宗教研究》2010 年第 2 期，1—3 页）30—32 页。

中国文化处境中的《圣经》理解，《宗教学研究》2010 年第 2 期，93—97 页。

另一种形象——从世界汉学看传教士在沟通中西文化上的作用，张西平主编：《国际汉学》第十九辑，大象出版社，2010 年，171—179 页。

“全球化”的宗教与政教关系，高师宁、杨凤岗主编：《从书斋到田野：宗教社会科学高峰论坛论文集》（上卷，书斋篇），中国社会科学出版社，2010 年，115—126 页。

从中国社会和谐发展看基督宗教与儒家精神，《世界宗教文化》2010 年第 1 期，1—6 页。

“全球化”与当代中国宗教，《当代中国史研究》2009 年第 6 期，94—100 页。

“汉语神学”之我见，何光沪、杨熙楠编：《汉语神学读本》（上册），香港道风书社，2009 年，339—346 页。

庞迪我在中国的文化“适应”及“融入”之探，《明清时期的中国与西班牙国际学术研讨会论文集》，澳门理工学院，2009 年 10 月，9—15 页。

关于中国宗教现状及其发展的一些思考，《民族宗教研究动态》第 19 期，2009 年，11—27 页。（中国统一战线理论研究会民族宗教理论甘肃研究基地编：《当代中国民族宗教问题研究》第 5 集，中国社会科学出版社，2010 年 6 月，30—48 页）

中国基督教研究 30 年，《30 年回顾与评析》，社会科学文献出版社，2009 年 9 月，195—228 页。

Il pensiero filosofico occidentale e cinese nel Novecento（20 世纪中西方哲学思想）, *Chiesa a Cina nel Novecento*, 2009 eum edizioni universita di macerate, 49—60.

马克思主义宗教观的方法论探究，《论马克思主义宗教观》，社会科学文献出版社，2009 年 10 月，3—9 页。

“本土化”：基督教在中国的发展之途，《中国民族报》2009 年 9 月 1 日，6 版。

基督教与当代中国社会的关连，《基督宗教社会学说及社会责任》，宗教文化出版社，2009 年 5 月，3—12 页。

从超越境界到欣赏包容——基督教与中国文化的深度对话，与梁燕城合作，《文化中国》2009 年第 3 期，4—18 页。

文化碰撞与交流——基督教在中国近代和当代的传播，李灵、尤西林、谢文郁主编：《中西文化交流：回顾与展望》，上海人民出版社，2009 年 4 月，3—11 页。

“全球化”的宗教与当代中国，《中国宗教》2009 年第 4 期，22—26 页。

论“政教关系”——“全球化”的宗教与当代中国，《宗风》己丑春之卷，宗教文化出版社，2009 年 3 月，32—55 页。

宗教与哲学断想，《华侨大学学报》2009 年第 1 期，1—5 页。

金融危机与宗教发展，《中国宗教报告（2009）》，社会科学文献出版社，2009 年 6 月，23—34 页。

金融危机下的信仰重建，《绿叶》2009 年第 2 期，38—42 页。

Religionen und interreligiöser Dialog in China, Wolfram Weiβe（Hg.）: *Theologie im Plural, eine akademische Herausforderung*, WAXMANN, Münster 2009, 21—32.

海外华人的文化认同与政治认同，《中国民族报》2008 年 12 月 30 日，第 7 版。

公共生活中的神圣之维——当代中国的宗教理解，《宗教价值与公共领域：公共宗教的中西文化对话》，中国社会科学出版社，2008 年 12 月，304—316 页。

中国基督教“爱的神学”及其社会关怀，《中国民族报》2008 年 12 月 5

Huilin and Daniel H. N. Yeung ed：*Sino-Christian Studies in China*，Cambridge Scholars Press，Newcastle，UK，2006，252—264.

Chinese Academic Community：On the Relationship Between Science and Religion，Chan，Tak-Kwong，Tsai，Yi-Jia and Frank Budenholzer ed.：*Religion and Science in the Context of Chinese Culture*，ATF Press，Adelaide，Australia，2006，143—160.

Life Theology and Spiritual Theology in East-Asian Encounters，*Quest*，Vol. 4，No. 2，November 2005，75—91.

基督宗教与中国现代化，《宗教比较与对话》第六辑，2005 年，49—55 页。

当代基督宗教各派对话，《宗教比较与对话》第六辑，2005 年，83—123 页。

“生”之精神：中国宗教中的生命意义及生存智慧，《宗教比较与对话》第六辑，2005 年，171—178 页。

当代中国人对宗教与文化的理解，《信仰之间的重要相遇》，宗教文化出版社，2005 年，23—34 页。

Religion and Culture in the Understanding of Contemporary Chinese，《信仰之间的重要相遇》，宗教文化出版社，2005 年，353—366 页。

复杂的历史，当前的警醒——读《台湾基督教史》，《世界宗教文化》2005 年第 1 期，59—60 页。

现代社会中宗教对话的困境与希望，《世界宗教研究》2004 年增刊，54—62 页（《中国宗教》2005 年第 1 期，13—15 页）。

当代宗教研究中对“人”的关注，《宗教比较与对话》第五辑，2004 年，235—243 页。

宗教学术研究对宗教理解的贡献，《宗教比较与对话》第五辑，2004 年，1—38 页（释了意主编：《觉醒的力量——全球宗教对话与交流》，宗教文化出版社，2010 年，第一章，第 2—41 页）。

融贯神学：一种结合基督教与中国文化的尝试，《中国宗教学》（II），2004 年，283—290 页。

世界宗教中的人文精神，《中国宗教学》（II），2004 年，4—29 页。

宗教研究是一门“谋心”和“谋事”之学，《中国民族报》2004 年 9 月 3 日，第 3 版。

基督教哲学与西方宗教精神，《基督教思想评论》第一辑，上海人民出版社，2004 年，3—23 页。

道德意识与宗教精神，《基督教学术》第二辑，上海古籍出版社，2004 年，16—22 页。

宗教对社会的作用，《部级领导干部历史文化讲座》，国家图书馆编，北京图书馆出版社，2004 年 9 月，45—89 页。

Research on Religions in the People's Republic of China, "*Social Compass*" Vol. 50, No. 4, Dec. 2003, Oxford, 441—448 页。

中国教会与中国社会，《基督宗教与当代社会》，宗教文化出版社，2003 年 8 月，247—253 页。

讲透“社会主义的宗教论”需要新思想，《宗教工作的理论与实践》，宗教文化出版社，2003 年 6 月，412—415 页。

宗教与人类社会，《宗教比较与对话》第四辑，2003 年，1—34 页。

基督宗教与欧洲浪漫主义（上），《国外社会科学》2003 年第 5 期，2—6 页。

基督宗教与欧洲浪漫主义（下），《国外社会科学》2003 年第 6 期，6—11 页。

廿世纪中国学者的基督宗教研究及其对未来的影响，《基督教与中国社会文化》，香港中文大学出版社，2003 年，3—15 页。

Die Welt des Geistes und ein Leben im Geist, "*Christentum, Chinesisch in Theorie und Praxis*", Nr. 9, EMW, Hamburg, 2003, 85—93.

问题似路，《博览群书》2003 年第 2 期，5—7 页。

全球化与宗教问题，《大学演讲录》第 2 辑，新世纪出版社，2003 年，33—46 页。

开创 21 世纪中国宗教学的新局面，《中国宗教学》（I），2003 年，1—9 页。

全球化与当代宗教，《世界宗教研究》2002 年第 3 期，1—15 页。

中国宗教学研究的现状与未来——宗教学研究四人谈，（合著）《中国人民大学学报》2002 年第 4 期，9—21 页。

社会处境与神学建设，《中国宗教》2002 年第 4 期，42 页。

当代西方基督宗教思想研究，《国外社会科学》2002 年第 1 期，21—28 页。

西方宗教学与中国当代学术发展，《江苏社会科学》2002 年第 3 期，85—87 页。

中国知识界对宗教与科学关系之论，《桥，科学与宗教》，泰德·彼得斯、江丕盛、格蒙·本纳德编，中国社会科学出版社，2002 年 5 月，230—245 页。

精神世界与精神文明建设，《中国先进文化的理论探索与实践》，学习出版社，2002 年，216—223 页。

全球化进程与世界宗教，《学习时报》2002 年 3 月 11 日，第 5 版。

走向 21 世纪的基督教——机遇与挑战，《基督宗教研究》第三辑，宗教文化出版社，2001 年，1—5 页。

精神世界与精神生活，《宗教比较与对话》第三辑，宗教文化出版社，2001 年，1—12 页。

马礼逊汉学研习对基督新教在华发展的影响，《中澳情牵 400 年》，萧卓芬编，澳门 2001 年，105—129 页。

基督教思想的普世性与处境化，《基督教思想与 21 世纪》，罗秉祥、江丕盛主编，中国社会科学出版社，2001 年，26—42 页。

云南旅游业与民族宗教工作，《世界宗教研究》2001 年第 4 期，151—155 页。

基督宗教四次来华的历史命运，《中国宗教》2001 年第 4 期，46—47 页。

宗教在当代中国应有的自我意识和形象，《中国宗教》2001 年第 2 期，37—38 页。

“中国当代基督宗教研究”学术研讨会综述，《中国宗教研究年鉴 1999—2000》，宗教文化出版社，2001 年，413—417 页。

Discussion on “Cultural Christians” in China, “*China and Christianity*”, Stephen Uhalley Jr. and Xiaoxin Wu ed. M. E. Sharp Armonk, New York, 2001, 283—300.

基督教伦理与中国伦理的重建，《冲突与互补：基督教哲学在中国》，许志伟、赵敦华主编，社会科学文献出版社，2000 年，152—172 页。

Kontext der Christlichen Entwicklung in China, "*Die Welt des Mysteriums*", Klaus Krämer und Ansgar Paus hg. Herder, Freiburg 2000, 465—470 页。

Das Religionsverständnis im heutigen China, "*Christsein in China*", Monika Gänssbauer hg. Hamburg, 2000, 82—97.

基督教神学与哲学研究百年之路，《中国宗教研究年鉴 1997—1998》，宗教文化出版社，2000 年，432—444 页。

中国基督宗教的现代意义，《世界宗教文化》2000 年第 1 期，49—51 页。

宗教对话的时代——世界宗教百年回眸，《中国宗教》2000 年第 4 期，32—33 页。

化解冲突——宗教领袖对人类和平的新贡献，《中国宗教》2000 年第 6 期，24—25 页。

中国基督宗教研究的现代处境，《基督宗教研究》第二辑，社会科学文献出版社，2000 年，260—268 页。

对话以求理解，《宗教比较与对话》第二辑，社会科学文献出版社，2000 年，1—6 页。

民族主义，爱国主义与宗教信仰在中国，《宗教比较与对话》第二辑，2000 年，(2006 年，甘肃人民出版社) 90—99 页。

基督宗教在中国的文化处境，《宗教比较与对话》第二辑，2000 年，100—116 页。

对话作为共在之智慧，《宗教比较与对话》第一辑，社会科学文献出版社，2000 年，1—10 页。

中国基督宗教与中国现代社会，《宗教比较与对话》第一辑，2000 年，84—95 页。

中国传统伦理与世界伦理的关系，《宗教比较与对话》第一辑，2000 年，169—179 页。

中西天人关系与人之关切，《基督教文化学刊》1999 年第 1 辑，东方出版社，1999 年 4 月，35—53 页。

20 世纪中国宗教研究的历史回顾，《欧美同学会会刊》1999 年第 1 期，

45—47 页。

揭露愚昧迷信，保护宗教信仰，《世界宗教研究》1999 年第 3 期，1—4 页。

中国神学建设的沉思——读《丁光训文集》，《中国宗教》1999 年第 1 期，60 页。

中国宗教研究百年历程，《中国宗教》1999 年第 2 期，50—51 页。

中国基督教与中国现代社会，《世界宗教文化》1999 年第 3 期，28—31 页。

当代中国基督宗教研究，《基督宗教研究》第一辑，社会科学文献出版社，1999 年，1—14 页。

论基督宗教的谦卑精神，《基督宗教研究》第一辑，1999 年，145—160 页。

赵紫宸，《基督宗教研究》第一辑，1999 年，196—230 页。

Religion and Morality in Contemporary China, *China Study Journal* Vol. 14, No. 3, December 1999, London, 5—9.

索隐派与中西文化认同，《道风汉语神学学刊》第八期，1998 年春，145—171 页。

赵紫宸与中西神学之结合，《世界宗教研究》1998 年第 1 期，128—132 页（唐晓峰、熊晓红编：《夜鹰之志："赵紫宸与中西思想交流"学术研讨会文集》，宗教文化出版社，2010 年，第 1—11 页）。

当代中国知识分子对基督教的理解，《维真学刊》1998 年第 1 期，26—38 页。

基督教研究概说，《中国宗教研究年鉴 1996》，中国社会科学出版社，1998 年，279—283 页。

Dialog als Weisheit der Koexistenz, *An-Denken Festgabe für Eugen Biser*, Erwin Möde, Felix Unger, Karl Matthäus Woschitz hg., Verlag Styria, 1998, 231—237.

Die Bedeutung des Christentums für Chinas Modernisierung, *Christentum im Reich der Mitte*, Monika Gänssbauer hg., EMW, Hamburg, 1998, 78—86.

The Significance of Christianity for the Modernization of Chinese Society, *CRUX*: March 1997, Vol. XXXIII, No. I, 31—39.

当代宗教问题之思,《当代宗教研究》1997 年第 2 期, 10—17 页。

后现代思潮与神学回应,《中国社会科学院研究生院学报》1997 年第 3 期, 38—45 页。

中国知识分子与基督教,《建道学刊》第 7 期, 1997 年, 179—189 页。

基督教与中国文化的双向契合,《世界宗教文化》1997 年夏季号, 8—12 页。

欧洲基督教新动向,《世界宗教文化》1997 年冬季号, 36—37 页。

新福音派神学刍议,《世界宗教研究》1997 年第 4 期, 19—27 页。

基督教文化概览,《中国宗教》第三期, 1996 年秋, 29—32 页。

回应"社会变迁与香港、澳门天主教会的社会服务事业",《社会变迁与教会回应交流会论文集》, 张家兴主编, 香港公教教研中心有限公司, 1996 年 10 月, 230—231 页。

教会的社会服务事业: 机会与局限,《社会变迁与教会回应交流会论文集》, 1996 年 10 月, 271—278 页。

Die Entwicklung des Religionsverständnisses in China seit Beginn der achtziger Jahre, *China Heute*, XV 1996, No. 4, 115—120.

Das Christentum und die Chinesische Kultur, *Wege der Theologie an der Schwelle zum dritten Jahrtausend*, *Festschrift für Hans Waldenfels zur Vollzendung des 65. Lebensjahres*, Günter Risse, Heino Sonnemans, Burkhard Thess hg. , Bonifatius, Paderborn, 1996, 751—759.

The Concept of Original Sin in the Cultural Encounter Between East and West, *Christianity and Modernization*, Philip L. Wickeri, Lois Cole, ed. , DAGA Press, Hong Kong, 1995, 91—100.

The renewal of religion in the modernization of Chinese society, *Religion and Modernization in China*, *Proceedings of the Regional Conference of the International Association for the History of Religions held in Beijing*, *China*, April 1992, Dai Kangsheng, Zhang Xinying, Michael Pye ed. , Published for the International Association for the History of Religions, Roots and Brabch-

es, Cambridge, England, 1995, 45—51.
宗教与文化关系刍议,《世界宗教文化》1995 年春, 10—12 页。
中西文化交流中的基督教原罪观,《世界宗教研究》1995 年第 2 期, 74—78 页。
当代西方宗教,《中国宗教》第二期, 1995 年秋, 49—50 页。
十字架的象征意义,《中国宗教》第三期, 1995 年冬, 49 页。
基督教与中国社会现代化的意义,《维真学刊》第三期, 1995 年, 32—40 页。
Religion und Kultur aus chinesischer Sicht, *Dialog der Religionen*, 1994, Nr. 2, Michael von Brück hg. , Kaiser Verlag, 1994, 193—202.
Original Sin in the East-West Dialogue—A Chinese View, *China Study Journal*, Vol. 9, No. 3, December 1994, 11—15.
中国宗教更新与社会现代化,《维真学刊》1994 年第 1 期, 2—7 页。
改革开放与精神文明建设,《北京青年论坛》1994 年第 1 期, 7—9 页。
展开多层次的宗教探究,《世界宗教资料》1994 年第 2 期, 47—49 页。
宗教文化与精神文明建设,《中国社会科学》1994 年第 3 期, 21—23 页。
三教圣地——耶路撒冷,《世界宗教资料》1994 年第 4 期, 37—43 页。
Der kulturelle Wert der Religion im Verständnis der Chinesen in der Gegenwart, *Grundwerte menschlichen Verhaltens in den Religionen*, Horst Bürkle hg. , Peter Lang Verlag, Frankfurt am Main, 1993, 179—186.
Reflections on the Question of Religion Today, *China Study Journal*, Vol. 8, No. 2, August 1993, London, 4—15.
überlegungen zur Frage der Religion heute, *China Heute*, Jahrgang XII, 1993, Nr. 6 (70), 172—180.
欧洲宗教哲学纵览(一),《世界宗教资料》1993 年第 2 期, 30—37 页。
欧洲宗教哲学纵览(二),《世界宗教资料》1993 年第 3 期, 40—47 页。
西方的“新时代”运动与宗教复兴,《世界宗教资料》1992 年第 1 期, 1—7 页。
社会科学与现代化,《群言》1992 年第 10 期, 13—15 页。
基督教:欧洲发展的一面镜子,《世界知识》1992 年第 24 期, 10—11 页。

西方宗教社会学研究概况，《世界宗教资料》1991 年第 1 期，1—7、36 页。

范·得·列欧传略，《世界宗教资料》1991 年第 2 期，46—47、54 页。

莱因霍尔德·尼布尔，《永恒与现实之间》，傅伟勋主编，台湾正中书局，1991 年 3 月，216—239 页。

西方宗教学的历史与现状，《世界宗教研究》1990 年第 3 期，139—145 页。

西方传教士与中国古代文化，《世界宗教资料》1990 年第 3 期，1—7 页。

论利特的生命哲学和教育哲学，《德国哲学》第 8 期，北京大学出版社，1990 年，140—150、283—284 页。

Religion im heutigen China — Ein Interview mit Dr. Xinping Zhuo, *Der geteilte Mantel*, Nr. 1, 1989, 16—18.

笛卡尔与近现代西方哲学的反思——兼论西方宗教观的发展，《中国社会科学院研究生院学报》1989 年第 3 期，37—44 页。

Theorien über Religion im heutigen China, *China Heute*, Nr. 5, 1988, 72—80 页。

论朋谔斐尔的"非宗教性解释"，《世界宗教研究》1988 年第 1 期，60—69 页。

论西方宗教学研究的主体、方法与目的，《中国社会科学院研究生院学报》1988 年第 4 期，50—55 页。

宗教现象学的历史发展，《世界宗教资料》1988 年第 3 期，11—18 页。

略论西方思想界对宗教的理解，《世界宗教研究》1988 年第 4 期，51—57 页。

西方宗教学的起源与形成，《世界宗教资料》1987 年第 4 期，1—6 页。

"世俗神学"思想家——迪特里希·朋谔斐尔，《世界宗教资料》1984 年第 1 期，58—61 页。

基督复临派，《世界宗教资料》1983 年第 1 期，52—54 页。

近现代欧洲基督教思想的发展，《世界宗教资料》1983 年第 2 期，53—58 页。

《圣经》是怎样一部书，《环球》1982 年第 10 期，24—26 页。

“危机神学”的著名代表——卡尔·巴特，《世界宗教资料》1982 年第 2 期，48—51 页。
现代美国新教神学的派别，《世界宗教资料》1982 年第 2 期，6—12 页。

五　其他文章

宗教媒体与社会和谐，《中国宗教》2011 年第 1 期，34—35 页。
洛克：宗教宽容的倡导者，《竞争力》2010 年第 11—12 期，121 页。
霍布斯：西方政主教从的倡导者，《竞争力》2010 年第 11—12 期，120 页。
弗兰西斯·培根：知识就是力量，《竞争力》2010 年第 9—10 期，121 页。
斯宾诺莎：无神论和唯物论者的“摩西”，《竞争力》2010 年第 9—10 期，120 页。
“赵紫宸与中西思想交流”学术研讨会感言，唐晓峰、熊晓红编：《夜鹰之志：“赵紫宸与中西思想交流”学术研讨会文集》，宗教文化出版社，2010 年，339—344 页。
科学先驱伽利略，《竞争力》2010 年第 8 期，93 页。
海峡两岸宗教与区域文化暨梅山宗教文化研讨会总结发言，《湖南科技学院学报》2010 年第 9 期，9 页。
笛卡尔：我思故我在，《竞争力》2010 年第 7 期，93 页。
布鲁诺：对宇宙的无限猜测，《竞争力》2010 年第 6 期，93 页。
加尔文：人谋天成的“预定”，《竞争力》2010 年第 5 期，93 页。
梅兰希顿：“德意志之师”，《竞争力》2010 年第 4 期，93 页。
全球化宗教发展愿景对话——“宗教共同体”是否可能，与安伦合作，《社会科学报》2010 年 7 月 15 日，第 5 版。
纪念中国宗教学体系的开创者任继愈先生，《纪念任继愈所长图文集》，中国社会科学出版社，2010 年 5 月，43—48 页。
任继愈先生与我的学术生涯，《我们心中的任继愈》，中华书局，2010 年，85—87 页。
中国宗教学者的历史使命，《中国宗教》2010 年第 3 期，63—64 页。
路德：自我“因信称义”，《竞争力》2010 年第 2 期，91 页。

开创乌托邦传奇，《竞争力》2010 年第 1 期，91 页。

马基雅维里：奠立政治哲学，《竞争力》2009 年第 12 期，75 页。

伊拉斯谟：人文主义兴起，《竞争力》2009 年第 11 期，75 页。

网民：徜徉在孤寂与公共空间，香港《时代论坛》1140 期，13 版，2009 年 7 月 5 日。

这个社会不要都是“快”，香港《时代论坛》1133 期，13 版，2009 年 5 月 17 日。

宗教回归社会关爱，香港《时代论坛》1125 期，12 版，2009 年 3 月 22 日。

哥白尼：颠覆“地球中心论”，《竞争力》2009 年第 10 期，75 页。

库萨的尼古拉：有学识的无知，《竞争力》2009 年第 9 期，75 页。

奥卡姆：经院哲学的“剃刀”，《竞争力》2009 年第 8 期，75 页。

邓斯·司各脱：形而上学的沉思，《竞争力》2009 年第 7 期，75 页。

但丁：对神学的“诗化”，《竞争力》2009 年第 6 期，75 页。

爱克哈特：找寻神秘之光，《竞争力》2009 年第 5 期，75 页。

托马斯·阿奎那：攀援经院哲学的顶峰，《竞争力》2009 年第 4 期，75 页。

波拿文都拉：心向神圣之旅，《竞争力》2009 年第 3 期，75 页。

亨利·根特：集成与求新，《竞争力》2009 年第 2 期，75 页。

哈勒斯的亚历山大：修行与治学，《竞争力》2009 年第 1 期，75 页。

纪念中国宗教学体系的开创者任继愈先生，《中国宗教》2009 年第 8 期，26—27 页。

以马克思主义的基本立场看待当代中国的宗教问题，《中国社会科学报》2009 年 8 月 11 日，第 5 版。

改革开放三十年来的宗教学研究，《中国宗教》2008 年第 10 期，39—40 页。

抓住机遇，推动宗教研究的创新发展，《中国宗教》2008 年第 1 期，32 页。

全面贯彻党的宗教工作基本方针，《中国社会科学院院报》2008 年 1 月 17 日，第 1 版。

大阿尔伯特：德国哲学之始，《竞争力》2008 年第 12 期，75 页。
罗吉尔·培根：奇异博士，《竞争力》2008 年第 11 期，75 页。
格罗斯特：光之形而上学，《竞争力》2008 年第 10 期，71 页。
雨格：科学分类的尝试，《竞争力》2008 年第 9 期，69 页。
索尔兹伯里的约翰，《竞争力》2008 年第 8 期，75 页。
明谷的伯尔纳：爱与治疗，《竞争力》2008 年第 7 期，69 页。
阿伯拉尔：精神与情感，《竞争力》2008 年第 6 期，67 页。
安瑟伦：信仰与理性，《竞争力》2008 年第 5 期，69 页。
埃里金纳：机敏与神秘，《竞争力》2008 年第 4 期，66 页。
鲍埃蒂：苦难与慰藉，《竞争力》2008 年第 3 期，69 页。
奥古斯丁：悔过与创新，《竞争力》2008 年第 2 期，71 页。
奥利金：会通两希文明，《竞争力》2008 年第 1 期，67 页。
德尔图良：荒谬与信仰，《竞争力》2007 年第 12 期，67 页。
普罗提诺：充盈与流溢，《竞争力》2007 年第 11 期，67 页。
塞涅卡：回返心中的“天国”，《竞争力》2007 年第 10 期，67 页。
西塞罗：关注神圣，《竞争力》2007 年第 9 期，67 页。
亚里士多德：超然之探与形而上学，《竞争力》2007 年第 8 期，69 页。
柏拉图：对话与学园，《竞争力》2007 年第 7 期，69 页。
数与哲学，《竞争力》2007 年第 6 期，67 页。
爱智精神，《竞争力》2007 年第 5 期，71 页。
“契约”精神及其律法构建，《竞争力》2007 年第 3—4 期，153 页。
“神秘”精神及其超凡体验，《竞争力》2007 年第 3—4 期，152 页。
“禁欲”精神，《竞争力》2007 年第 2 期，78 页。
“拯救”精神，《竞争力》2007 年第 1 期，73 页。
“先知”精神及其未来洞见，《竞争力》2006 年第 12 期，73 页。
“超越”精神及终极关怀，《竞争力》2006 年第 11 期，74 页。
“普世”精神及全球观念，《竞争力》2006 年第 10 期，72 页。
“谦卑”精神，《竞争力》2006 年第 9 期，67 页。
精神与社会：“爱”之蕴涵，《竞争力》2006 年第 8 期，71—72 页。
精神上的温暖，《神州学人》2002 年第 5 期，11 页。

哲学家之路，《神州学人》1998 年第 10 期。

重访慕尼黑，《神州学人》1998 年第 6 期。

人文精神的弘扬，《神州学人》1997 年第 8 期。

香港印象，《神州学人》1997 年第 7 期。

中国智慧之断想，《神州学人》1997 年第 4 期。

呼唤社会沟通，《神州学人》1996 年第 10 期。

选择与定位，《神州学人》1996 年第 8 期。

处境与心境，《神州学人》1996 年第 6 期。

德国慕尼黑大学汉学院，《中国之友》1995 年第 5 期，55 页。

归国创业过三关，《神州学人》1994 年第 2 期，24—25 页。

精神之探的忧思与期盼，《群言》1994 年第 3 期，26—27 页。

成功不必得意，失败不必丧气，《追求奏鸣曲》，中国友谊出版公司，1992 年，57—60 页。

中青年学者谈改革开放，《群言》1992 年第 9 期，10 页。

现实人生觅真情，《神州学人》1992 年第 2 期，33—34 页。

在学海中遨游，《群言》1991 年第 3 期，35 页。

认识历史、认识国情、认识现实，《神州学人》1990 年第 3 期，9 页。

图书馆里的乐趣，《人民日报》（海外版），1988 年 6 月 7 日，第 4 版。

六　主编丛书

基督宗教译丛：华东师范大学出版社

（1）企业家的经济作用和社会责任，魏尔汉著，雷立柏等译，2010 年 3 月。

（2）基督宗教社会学说，何夫内尔著，宁玉译，2010 年 3 月。

（3）基督宗教伦理学（第一、二卷），修订版，白舍客著，静也、常宏译，2010 年 3 月。

“剑桥圣经注疏集”（译丛）：华东师范大学出版社

（1）《哥林多前后书》释义，科纳著，郜元宝译，2010 年 11 月。

（2）《雅各书》《犹大书》释义，布罗森特二世著，敬华译，2009 年 2 月。

(3)《出埃及记》释义，米耶斯著，田海华译，2009 年 1 月。

“世界宗教研究丛书”：社会科学文献出版社

(1) 宗教文化青年论坛（2010），中国社会科学院世界宗教研究所编，2010 年 11 月。

(2) 刚恒毅与中国天主教的本色化，刘国鹏著，2010 年 8 月。

(3) 藏区宗教文化生态，尕藏加著，2010 年 5 月。

(4) 宗教之和　和之宗教——中国宗教之和谐刍议，韩秉芳等著，2009 年 11 月。

(5) 徐梵澄传，孙波著，2009 年 10 月。

“世界宗教研究译丛”：中国社会科学出版社

(1) 多元主义中的教会，卫弥夏著，瞿旭彤译，2010 年 1 月。

(2) 宗教的科学研究（上下册），英格著，金泽等译，2009 年 6 月。

(3) 奥古斯丁《上帝之城》中的社会生活神学，罗明嘉著，张晓梅译，2008 年 11 月。

(4) 道德自我性的基础，阿奎那论神圣的善及诸美德之间的联系，德洛里奥著，刘玮译，2008 年 11 月。

“基督宗教与公共价值丛书”（共同）：中国社会科学出版社

(1) 科学与宗教对话在中国，江丕盛等编，2008 年 12 月。

(2) 宗教价值与公共领域：公共宗教的中西文化对话，江丕盛等编，2008 年 12 月。

“当代基督宗教研究丛书”：上海三联书店

(1) 当代基督宗教教会发展，卓新平著，2007 年 1 月。

(2) 当代亚非拉美神学，卓新平著，2007 年 1 月。

(3) 当代西方新教神学，卓新平著，2006 年 12 月。

(4) 当代西方天主教神学，卓新平著，2006 年 12 月。

(5) 当代东正教神学思想，张百春著，2006 年 12 月。

(6) 当代基督宗教社会关怀，王美秀著，2006 年 12 月。

“当代基督宗教译丛”：上海三联书店

(1) 基督教导论，拉辛格著，静也译，雷立柏校，2002 年 6 月。

(2) 日本神学史，古屋安雄等著，陆水若、刘国鹏译，卓新平校，2002

年 6 月。

（3）基督宗教伦理学（第一、二卷），白舍客著，静也、常宏等著，雷立柏校，2002 年 6 月。

“宗教研究辞典丛书”：宗教文化出版社

（1）拉-英-德-汉法律格言辞典，雷立柏编，2008 年 8 月。

（2）古希腊罗马及教父时期名著名言辞典，雷立柏编，2007 年 10 月。

（3）基督教圣经与神学词典，卢龙光主编，2007 年 5 月。

（4）汉语神学术语辞典，雷立柏编，2007 年 2 月。

（5）拉丁成语辞典，雷立柏编，2006 年 4 月。

（6）基督宗教知识辞典，雷立柏编，2003 年 11 月。

“宗教与思想丛书”：社会科学文献出版社

（1）十字架上的盼望——莫尔特曼神学的辩证解读，杨华明著，2010 年 11 月。

（2）“全球化”的宗教与当代中国，卓新平著，2008 年 12 月。

（3）诗人的神学，李枫著，2008 年 12 月。

（4）早期基督教的演变及多元传统，章雪富、石敏敏著，2003 年 10 月。

（5）古希腊罗马与基督宗教，雷立柏著，2002 年 7 月。

（6）超越东西方，吴经熊著，周伟驰译，2002 年 7 月。

（7）记忆与光照——奥古斯丁神哲学研究，周伟驰著，2001 年 4 月。

（8）论基督之大与小，雷立柏著，2000 年 11 月。

（9）张衡，科学与宗教，雷立柏著，2000 年 11 月。

（10）基督教在中古欧洲的贡献，杨昌栋著，2000 年 10 月。

（11）基督宗教论，卓新平著，2000 年 9 月。

“基督教文化丛书”：宗教文化出版社

（1）夜鹰之志，“赵紫宸与中西思想交流”学术研讨会文集，唐晓峰、熊晓红编，2010 年 12 月。

（2）汉语学术神学，黄保罗著，2008 年 8 月。

（3）公共神学与全球化：斯塔克豪思的基督教伦理研究，谢志斌著，2008 年 4 月。

（4）谢扶雅的宗教思想，唐晓峰著，2007 年 10 月。

（5）从《神圣》到《努秘》，朱东华著，2007 年 9 月。

（6）赵紫宸神学思想研究，唐晓峰著，2006 年 11 月。

（7）耶儒对话与融合，姚兴富著，2005 年 5 月。

（8）耶稣会简史，哈特曼著，谷裕译，2003 年 3 月。

（9）基督教文学，梁工主编，2001 年 1 月。

（10）基督教音乐，杨周怀著，2001 年 1 月。

（11）基督教的礼仪节日，康志杰著，2000 年 12 月。

（12）圣经与欧美作家作品，梁工主编，2000 年 11 月。

（13）圣经鉴赏，卓新平著，2000 年 11 月。

（14）圣经的语言和思想，雷立柏著，2000 年 10 月。